유교와 연고

유교와 연고

대한민국 발전의 사회·문화적 동력

류석춘

儒教와緣故

북앤피플

The Korean Economic Developmental Path
Confucian Tradition, Affective Network

Seok-Choon Lew
2013
Palgrave Macmillan

한글판 머리말 (2020)

연구대상의 가치라는 측면에서 우리나라의 근대화 즉 산업화와 민주화의 성취는 매우 높은 중요성을 갖는다. 왜냐면 우리나라는 전 세계에서 이를 가장 역동적으로 즉 가장 빨리 그리고 가장 최근에 완성한 거의 유일한 경우이기 때문이다. 우리나라에서 최근 급속히 도입되고 있는 '보편복지'의 전면적 시행이 이러한 사실을 직간접으로 뒷받침한다.

근대화 다시 말해 산업화와 민주화를 연구하는 학자들은 지금까지 그러한 현상이 벌어진 서유럽, 북미, 일본을 연구대상으로 삼지 않을 수 없었다. 세계의 나머지 지역에서는 그러한 현상이 미처 진행되지 않아 관찰의 대상이 될 수 없었기 때문이다. 그래서 근대화에 관한 연구는 대부분 선진국 중심으로 현상을 관찰하고 분석하면서 지식이 축적되어 왔다. 그렇다면 사회과학에서 우리가 비교우위를 누릴 수 있는 가장 확실한 연구의 대상은 바로 한국 현대사가 아닐 수 없다.

사정이 이러함에도 불구하고 우리나라 학자들은 한국의 사례가 가지는 연구대상으로서의 중요성을 애써 외면한다. 세계사에서 유례를 찾을 수 없는 성공을 만들어낸 우리의 경험을 우리나라 학자들은 관찰하고 분석하고 설명하려 하지 않는다. 대신 서유럽과 북미 그리고 일본의 이백 년에 걸친 자본주의와 민주주의에만 주목한다.

이에 더해 한국 현대사를 지배한 연구의 경향은 대부분 그 과정에서 나타난 문제점을 지적하는 데 치중해 왔다. 70년대 후반부터 유행하기 시작한 '종속심화·독점강화' 테제가 가장 대표적이다. 만약 당시의 한국이 대외적으로 종속이 심화되고 대내적으로 독점이 강화되는 사회였다면, 오늘날 한국은 성공이 아니라 실패한 사례가 되어 있어야 한다. 설마 종속 때문에 그리고 독점 때문에 오늘날 우리가 성공했다고 말할 사람은 없을 테니 말이다.

그러나 '문제'를 지적해서는 '성공'을 설명할 수 없다. 그럼에도 불구하고 한국의 학자들은 성공을 이룩한 한국 사례의 가치와 중요성을 일부러 회피한다. 하지만 다른 나라에서는 우리나라를 매우 귀중한 연구대상으로 주목하고 있다. 기회 있을 때마다 한국을 배워야 한다고 강조하는 미국 대통령들은 물론이고, 새마을운동을 공부하러 오는 개발도상국의 학자와 공무원들 그리고 한류 열풍을 따라 우리나라에 유학까지 오는 젊은이들이 대표적 예다. 이들은 한국의 성공을 공부하여 자신들의 발전에 도움을 얻고자 우리나라 사례에 관심을 기울인다.

그런데 막상 전 세계가 주목하는 성공을 스스로 만들어 낸 한국의 학자들은 한국의 문제점을 비판하는 작업에만 몰두하고 있다. 한국의 문제점을 비판하는 작업이 가치가 없는 것은 아니지만, 그 작업을 통해서는 한국의 '성공'을 절대 설명할 수 없다. 연구대상으로서 한국 현대사가 갖는 가치를 우리나라 학자들만 외면하는 이 역설이야말로 또 다른 연구가 필요한 연구의 대상이다.

한국의 성공을 설명하기 위해 저자는 2013년 Palgrave Macmillan 출판사에서 영문으로 *Korean Economic Developmental Path: Confucian Tradition, Affective Network*라는 책을 출판했다. 이 책은 이 영어 책의 국문판이다. 물론 영문을 국문으로 바꾸면서 미세한 수정이 없지 않았지만,

기본적으로 이 국문판은 영문판과 동일한 내용을 담고 있다.

책의 마지막 9장에 보론으로 들어간 강신욱의 글만이 영문판에 없는 새로운 글이다. 강신욱은 2018년 봄 저자가 연세대에서 교양과목으로 개설한 수업 '대한민국의 산업화와 민주화'를 수강한 생활디자인 전공의 학생이다. 이 과목 과제 중의 하나가 이 책의 국문 번역 원고를 읽고 서평을 쓰는 일이었다. 강신욱이 제출한 서평은 놀라웠다. 자신의 집안 어른들의 삶이 이 책의 내용과 너무나 일치하고 있음을 잘 보여주었기 때문이다. 출판에 동의해 준 강신욱에게 감사한다.

영문판 출판에 비해 국문판 출판이 지체된 이유는 여러 가지다. 2017년 3월부터 1년간 연구년을 얻어 과제를 시작했었다. 그러나 같은 해 7월 '자유한국당'의 '혁신위원장'이라는 능력에 넘치는 요구를 겁도 없이 수용하면서 연구는 지체되기 시작했다. 박근혜 대통령에 대한 탄핵 국면으로부터 문재인 정권의 출범이라는 한국 현대사의 또 다른 격랑이 전개되는 과정에서 보수우파 정치의 회복을 위해 노력했다. 같은 해 12월 혁신위원장 자리를 마치고 이듬 해 3월 학교로 복귀했다. 그러나 4월로 예정된 지방선거를 대비한 자유한국당의 조직강화특위 활동과 공천 등 정치권에 진입한 뒤처리 작업을 외면할 수 없었다. 나름 최선을 다했으나 결과는 영 신통치 않았다. 계란으로 바위를 치는 느낌이 들뿐이었다. 이에 더해 책을 마무리할 즈음인 2019년 9월 19일 담당 과목 '발전사회학' 강의를 둘러 싼 소동이 시작되면서 이 또한 과제를 끝낼 수 없도록 하는 큰 이유가 됐다. 그나마 2020년 8월 예정인 정년을 한 학기 남긴 이 시점에서라도 연구를 마무리 할 수 있어 다행으로 생각한다. 독자들의 용서를 구하며, 출판에 선뜻 응해 준 북앤피플 김진술 대표께 감사한다

2020년 2월 19일

영문판 머리말 (2013)

미국에서 박사학위를 마치고 1987년 모교인 연세대 교수로 부임하여 지금까지 활동하면서 수많은 사람들로부터 여러 가지 조언을 들었다. 그 중 가장 뼈있는 말은 '학문 수입상'에 머물지 말고 '한국의 현실에 맞는 진짜 학문'을 하라는 말이었다. 학내외 사회과학을 전공한 선후배 및 동료들은 물론이고, 전문 학술지나 대중 매체의 편집자들도 기회 있을 때마다 그런 말을 했다. 그들은 특히 내가 쓰는 글에서 분석의 프레임으로 사용하는 개념 그리고 그에 따라 수집된 경험적 자료들이 한국의 현실에 적절하고 타당한 것인가를 따지곤 했다.

그러나 이런 그런 요구를 하는 사람들 중 가장 까다로운 집단은, 믿거나 말거나, 내가 가르치던 학생들이었다. 이 책은 바로 그런 학생들로부터 끊임없이 압력을 받은 결과로 쓰여 졌다. 이를 뒷받침 하는 가장 확실한 증거는 다름 아닌 이 책의 공동 저자들이 모두 나의 대학원 학생들 즉 조교 출신들이라는 사실이다. 장미혜는 3장과 4장, 최우영은 2장, 김태은은 3장, 그리고 왕혜숙은 2장 6장 7장을 공동으로 집필했다. 모두 이들이 석·박사 과정을 하던 대학원 시절 이루어진 일이었다. 이들은 이제 각자의 길을 가고 있다. 그러나 나는 이들 역시 지금 모두 사회과학의 토착화를 위해 노력하고 있다고 믿어 의심치 않는다.

이들이 대학원에 재학할 때 이 책에 포함된 챕터들의 초고를 준비하면서 우리는 심지어 고함을 지르고 원고를 집어던지며 싸운 경우도 없지 않았다. 대학원 학생들과의 공동저술은 많은 사람들이 생각하듯 그렇게 쉽지 않다. 이들이야말로 내가 강의실에서 설교하는 말과 그 말이 내 실제 생활에서 실천되고 있는지를 가장 잘 확인할 수 있는 심판자들이기 때문이다. 사실 이들을 속이는 것은 불가능하다. 그런 의미에서 우리는 함께 가시밭길을 걸어 온 사이다. 이들의 열정과 지성 그리고 파트너십에 다시 한 번 감사한다.

유교 그리고 연고에 관한 나의 관심은 1990년대 후반으로 거슬러 올라간다. 비록 폐간이 되어 역사 속으로 사라졌지만 1997년 여름 계간지 『전통과현대』를 창간하면서 지금은 '한국 정신문화의 수도'라는 자부심 하나로 버티고 있는 시골 도시 안동의 한 서원에서 유교를 주제로 한 국제학술회의를 개최한 바 있다. 이 회의를 통해 나는 함재봉, Gilbert Rozman, Daniel Bell, 장윤식, Geir Helgeson, Joseph Chan, de Bary 등 국내외 최고의 유교 전문가들을 만날 수 있었다. 이들은 한국 그리고 동아시아의 유교 유산이 오늘날에 미치는 영향에 관해 엄청난 지적 자극을 제공했다. 이 책은 그로부터 지금까지 내가 대학원 학생들과 한국의 유교 유산을 재해석하는 문제와 씨름하면서 쓴 논문들을 재정리한 결과다.

이 책은 지금까지 한국의 발전을 설명하고 분석하는데 '빠져있는 고리(missing link)' 즉 문화적이고 사회적인 차원의 역할에 주목한다. 한국 근대화에 관한 지금까지의 연구 동향은 주로 정치적이고 경제적인 차원에서 한국의 성공을 가져온 국가의 정책이나 제도에 관한 분석이 주를 이루어 왔다. 반면에 사회적인 그리고 문화적인 차원의 성공 요인을 설명하는 접근은 찾아보기 어려웠다. 한국의 근대화가 규범적인 차원에서 항상 도덕적이지 못하다는 비난을 받아 온 배경이기도 하다. 그러나 과연 그런가? 이 책은 그렇지 않다는 설명을 위해 공식적인 국가와 시장의 역할에 조응한 비공식적 영역 즉 사회문화적 영역의 역할을 적극적으로 조명한다.

'서론'인 제1장 "한국의 발전, 설명에 빠진 고리"에서는 정치적이고 경제적인 접근 즉 국가와 시장의 역할만으로 한국의 발전을 이해할 때 발생하는 실증적이고 논리적인 문제점을 검토한다. 이어서 그러한 문제점을 극복하기 위해서는 사회문화적 차원의 접근이 추가되어야 할 필요성을 설명한다. 역사로부터 물려받은 한국의 사회와 문화는 당연히 전통적인 유교의 가치 그리고 그로부터 비롯된 인간관계인 연고(緣故)의 역할이 매우 중요하다.

'제1부'는 문화적 차원의 유교 전통과 유산의 의미를 다룬 하나의 장으로 구성되어 있다. 제2장 "유교 가치와 한국 자본주의 정신: 효를 중심으로"는 유교전통에 기초한 문화적 가치지향이 합리화를 지향하는 자본주의와 친화력을 가지고 있음을 보여주는 글이다. 서구 자본주의 정신이 청교도 윤리에서 비롯되었다면, 한국 자본주의 정신은 유교 가치 특히 효(孝)에서 비롯되었음을 주장한다. 조상을 기억하고 재현할 것을 요구하는 효의 가치가 근대화의 정신적 에토스로 작용하면서 한국인들은 가족에 대한 의무로서 선대보다 향상된 삶을 살아야 한다는 사회문화적 압력을 받는다. 이러한 도덕적 압력이 한국인들에게 근면하고 성실하게 일해서 성공해야 한다는 노동윤리를 체화(體化)하게 만들었다.

'제2부'는 사회적 차원에서 연고를 사회자본으로 해석하는 제3장, 그리고 그러한 연고의 역사적 기원과 발전을 설명하는 제4장으로 구성된다. 제3장 "연고집단과 사회자본 그리고 한국의 근대성"은 유교적인 인간관계 즉 혈연·지연·학연과 같은 연고를 '사회자본(social capital)'으로 접근하는 글이다. 연고와 같은 '정서적 연결망(affective network)'의 부정적 효과를 비판하는 기존 연구 경향과는 달리, 여기서는 연고를 지나간 과거의 나쁜 잔재가 아니라 산업화와 민주화를 가능케 한 우리의 사회적 자원 즉 사회자본으로 접근한다.

제4장 "연고집단의 역사적 발전: 비정부/비영리 영역과 유교전통"은 3장에서 설명한 내용이 우리나라에서 역사적 연속성을 가진 현상임을 보여주는 글이다. 조선 시대의 비공식 연결망인 사림(士林)이 권력에 대한 감시는 물론 경우에 따라 권력을 추구하기도 했다면, 오늘날 비정부·비영리 영역의 주역인 시민단체 역시 그 내·외부의 비공식 연결망을 통해 권력에 대한 감시는 물론 경우에 따라 권력을 추구하는 모습을 보여주고 있기 때문이다.

'제3부'는 정치적 차원에서 국가와 사회가 맺고 있는 관계를 분석하는 세 개의 장으로 구성된다. 제5장 "박정희의 유교 자본주의: 가능성과 한계"은 '정경유착'을 근본 속성으로 하는 '유교 자본주의'의 정당성 문제를 분석한다. 박정희 대통령의 국가주도형 산업화를 이 책은 "유교 자본주의"로 개념화한다. 왜냐하면 서구적 의미의 시민사회는 물론 시장도 충분히 성장하지 못한 상황에서 위로부터 도입된 경제발전 계획이 기업의 의사결정을 뛰어넘어 국가의 정책적 필요에 따라 민간부문을 자극하고 동원하며 경제를 발전시켰기 때문이다.

제6장 "사회자본 개념으로 재구성한 한국의 경제발전"은 한국의 경제발전을 '강한 국가(strong state)'와 '약한 사회(weak society)'의 조합으로 설명할 수 없다고 주장한다. 이 조합은 경제발전을 이룩하지 못한 제3세계 권위주의 국가 특히 '약탈국가(rogue state)'라 불리는 경우에 적용되어야 한다. 대한민국과 같은 '발전국가(developmental state)'에서 사회는 오히려 국가의 발전전략을 수용하고 또한 그에 적극적으로 반응하는 '강한' 모습을 보여 왔기 때

문에 발전의 시너지를 만들 수 있었다. 박정희 시대에 나타난 '마을과 국가' 그리고 '기업과 국가'의 관계를 사례로 분석한다.

제7장 "외환위기는 발전국가를 변화시켰는가?"는 이러한 발전의 경로가 국가 '자율성(autonomy)'과 '역량(capacity)'의 차원에서 1997년의 위기를 겪으면서 어떻게 변화하였는가를 '공적자금'의 조성과 집행을 통해 분석한다. 외환위기는 국가의 자율성을 높이는 계기를 만들었지만, 높아진 자율성에도 불구하고 위기를 관리하던 당시 정부는 공적자금의 회수라는 국가의 경제관리 '역량' 에서 심각한 한계를 보여주었다. 박정희 정부 이후 지속되어 온 발전국가 경로는 1997년 외환위기를 계기로 특히 역량의 차원에서 심각하게 훼손되기 시작했다.

마지막으로, 책 전체의 결론으로 제시된 제8장 "발전의 도덕경제"는 한국의 근대화 혹은 경제발전이 주어진 역사적 맥락에 따라 도덕적 가치를 추구하여 온 결과라는 사실을 정리하고 있다. 한국의 성공은 발전에 있어서 비공식적인 혹은 사회문화적인 차원의 가치와 규범 그리고 그에 따른 인간관계의 패턴 즉 사회자본(social capital)이 얼마나 중요한 역할을 했는지를 강조한다. 특히 제도에 의해 만들어지는 '비인격적 신뢰'보다는 인간관계에 의해 만들어지는 '인격적 신뢰'가 자본주의와 민주주의를 발전시키는데 필요한 사회자본이라는 사실을 이론적으로 정리한다.

종합적으로, 이 책은 대한민국 발전의 기원을 사회문화적이고 도덕적인 차원에서 추적하고 있으며 1997년 경제위기 이후 약화된 국가의 역량 또한 근본적인 규범과 규율의 상실에서 찾고 있다. 이 책은 기존 연구에서 한국사회의 경제발전과 정치발전을 저해하는 요인으로 비난의 대상이 되곤 했던 사회문화적 유산 즉 유교전통과 연고 네트워크 그리고 국가개입의 긍정적 효과를 적극적으로 발굴하여 제시한다. 나아가서 이와 같은 문화적 특징들이 대한민국의 근대화 과정에서 일정한 발전의 경로를 형성하여왔기 때문에, 앞으로의 발전 또한 이러한 경로로부터 이탈하면 성공할 수 없다고 주장한다.

목차

결론

보론

그림 목차

표 목차

서론

| 1장 |

한국의 발전, 설명에 빠진 고리

제1장 | 한국의 발전, 설명에 빠진 고리

1. 한국 발전의 핵심 동력은 무엇인가?

한국을 포함한 동아시아 국가들의 급속한 발전을 설명하는 문헌은 셀 수도 없을 만큼 많다. 그중 일부 학자들은 이 지역 국가들의 특별한 역할에 주목한다(Johnson, 1982; Amsden, 1989; Wade, 1990). 국가가 전략적으로 선택한 산업에 자원을 집중적으로 배치하고 공기업을 통해 산업의 기반시설을 확충하는 동시에, 이러한 정책을 뒷받침할 인력개발을 위해 교육환경의 개선에 노력했기 때문이다. 그래서 이들은 한국과 일본 그리고 대만과 같은 동아시아 국가들을 '발전국가(developmental state)'라 부르며 발전을 성공시킨 국가의 역할에 주목한다.

그러나 다른 한편 발전을 주된 연구과제로 삼는 국제기구 예컨대 세계은행(World Bank, 1993)은 일본이나 한국 그리고 대만과 같은 동북아시아 국가뿐만 아니라 싱가포르, 인도네시아, 말레이시아, 태국과 같은 동남아시아 국가들까지 포괄해 이 지역 국가가 발전한 이유는 시장이 주도적인 역할을 했기 때문이라고 지적한다.[1] 비록 세계은행의 1993년 책이 동북아의 '선도적 신흥개발국 그룹'과 동남아의 '이차적 신흥개발국 그룹'을 나누고 두 지역 국가 간에 발전의 초기 조건은 물론 산업화의 시기도 차이가 났음을 인정하고 있지만, 동시에 이 책은 이들 국가의 발전은 모두 '시장의 힘(market force)' 또는 '시장친화적(market- friendly)' 산업정책 때문이었다고 분석한다.

무엇이 맞는가? 국가의 역할이 중요한가? 아니면 시장의 역할이 중요한가? 혹시 더 중요한 다른 무엇이 있는 것은 아닌가? 이 문제에 대한 답은 물론 실제 있었던 사실에 어느 쪽의 설명이 더 근접하고 있는가를 기준으로 평가할 수밖에 없다. 만약 두 입장 모두 있었던 사실과 다른 주장을 한다면 또 다른 대안을 모색할 필요도 있다.

실제로 동아시아 국가들은 발전의 경로는 물론이고 국가의 속성이나 시장의 기능에 있어서 서로 다른 모습을 보여 왔다. '동아시아의 작은 네 마리 용'이라고 불리는 선도적 신흥공업국들 내부에서조차도 '따라잡기'에 사용된 전략, 산업정책, 그리고 국가의 개입 정도는 사실 모두 달랐다. 물론 그에 따라 각각의 국가가 보여 준 발전의 궤적 또한 모두 다르다(Feenstra & Hamilton, 2006).

예컨대 신장섭·장하준(Shin & Chang 2003)은 '일본과 한국' 그리고 '대만과 싱가포르'가 전혀 다른 발전전략을 구사했다고 설명한다. 일본과 한국

1) World Bank. 1993. The East Asian Miracle: Economic Growth and Public Policy. New York: Oxford University Press. 『동아시아의 기적: 경제성장과 공공정책』이라고 제목을 번역할 수 있는 이 책은 이들 경제가 성장과 분배라는 두 마리 토끼를 동시에 잡는 데 성공했기 때문에 주목해야 한다고 특별히 지적하고 있다. 세계은행으로 대표되는 이러한 연구 경향은 모두 이 지역의 경제가 통합되어 있고 응집력이 있으며 동질적이라고 분석한다. 이들은 '아시아-태평양(Asia-Pacific)', '태평양 아시아(Pacific Asia)', '동아시아(East Asia)', '아시아의 기적(Asian Miracle)', '엔 통화권(Yen Bloc)', '기러기편대(flying geese)', '호랑이(tigers)', '용(dragons)' 등과 같은 용어의 사용을 통해 스스로의 입장을 드러내고 또한 확산시켜 왔다(Jomo, 2001).

은 선진국 '시장을 대체하는 전략(market-substituting strategy)'을 추구했던 반면, 대만과 싱가포르는 선진국 '시장을 보완하는 전략(market-complementing strategy)'을 추구했다고 주장한다.[2] 신장섭·장하준은 거센크론(Gershenkron, 1962)의 논지를 따라 같은 대체전략을 추구한 일본과 한국마저도 발전의 수준과 상황에 따라 국가의 역할이 다를 수밖에 없었고 또 실제로 달랐다고 제시했다. 그렇다면 이 지역의 경제가 어떻게 발전할 수 있었는가 하는 문제에 모두가 동의하는 해석은 사실상 없는 셈이다.

이와 같은 혼란을 배경에 두고 이 책은 특히 한국의 발전을 이해하는데 가장 핵심적인 쟁점과 그에 대한 해답이 과연 무엇인지를 살펴보려 한다. 구체적으로 이 책이 관심을 기울이는 대상은 한국에서 이른바 '발전국가'가 본격적으로 작동한 박정희 대통령 집권 기간이다(1961~1979). 그 이후 1993년 김영삼 대통령이 집권하여 발전국가를 해체하고 신자유주의 정책을 도입하기까지 거쳐 간 전두환 및 노태우 대통령의 집권 기간도 물론 발전국가의 관성이 상당한 정도 유지되었던 시기임에 틀림없다. 그러나 이 책은 발전국가 시스템을 본격적으로 가동시킨 박정희 시대를 중심으로 논의를 진행한다. 물론 필요한 경우 그 전후 한국 현대사도 논의의 대상으로 삼는다.

또한 이 책은 한국의 발전에 있어서 지금까지 상대적으로 주목받지 못한 측면 특히 경제발전의 배후에 존재하고 있는 사회문화적 맥락의 중요성에 주목하고자 한다. 역사로부터 물려받은 다양한 집단에 존재하는 가치와 규

2) 시장대체적 산업화는 선진국 경제를 따라잡아 결국은 선진국 경제를 대체할 수 있는 풀세트(full-set) 산업화를 목표로 한다. 풀세트 산업화란 1차 산업부터 2차 산업은 물론 3차 산업까지 산업의 모든 영역에서 선진국 경제와 같은 산업화를 추구하여 마침내 선진국 경제를 완벽히 대체할 수 있는 발전을 목표로 하는 산업화 전략이다. 일본과 한국이 대표적 예다(핫또리, 2007: 246). 시장보완적 산업화는 선진국 경제와 같은 산업화를 추구하는 것이 아니라 선진국 경제가 필요로 하는 조건을 해당 국가의 '니치'로 만들어 선진국 경제에 편승하는 전력이다. 싱가포르의 금융산업 발전 혹은 대만의 중소기업 발전이 대표적인 예다.

범은 국가와 시장이 선택한 발전의 전략이 사회문화적 차원에서 집행되고 또 환류되는 공간이다(Platteau, 1994a & 1994b). 그러나 지금까지 한국의 발전에 관한 접근은 대부분 한국 경제의 제도적 특징과 국가의 정책적 선택에만 초점을 맞추어왔다. 그 결과 이 시각은 한국과 엇비슷한 발전전략을 구사한 다른 후발국가들이 왜 성공하지 못했는지를 설명할 수 없었다.

발전에 효과적이라고 알려진 특정한 제도와 정책은 국가 간에 얼마든지 복제할 수 있다. 그러나 제도와 정책을 운용하는 국가와 시장이 놓여 있는 사회문화적 맥락은 국가마다 다르기 때문에 복제할 수 없다. 역사와 전통을 바꿀 수 없기 때문이다. 그렇다면 같은 제도와 정책이더라도 국가와 시장이 처한 사회문화적 맥락에 따라 그 결과가 다르게 나타날 가능성은 얼마든지 존재한다(Chang H J, 2007). 한국의 국가와 시장은 과연 어떻게 사회문화적 영역과 상호작용을 했기에 발전이라는 원하는 결과를 만들 낼 수 있었는지 살펴보는 작업이 중요하지 않을 수 없는 까닭이다(Evans, 1995; Woolcock, 1998).

물론 이렇게 하여 한국 발전 모델에 대한 분명한 이해가 이루어진다 하더라도, 다른 제3세계 국가가 발전을 위해서 한국 모델을 그대로 따라야 한다고 주장할 수 없다. 한국의 경우를 이해하는 문제와 다른 나라가 이를 따라할 수 있는가 하는 문제는 또 다른 별개의 문제다. 한국과 다른 제3세계 국가들 간에는 너무나 크고 많은 차이가 존재한다. 따라서 다른 제3세계 국가가 한국의 발전 모델을 복제하여 효과적인 결과를 만들어 낼 수 있으리란 생각은 매우 현실성이 떨어지는 이야기다.

대신, 이 책은 발전을 추구하는 국가는 모두 스스로의 역사와 전통을 기초로 각국이 지닌 잠재적 혹은 명시적 사회문화적 맥락을 정치적이고 경제적인 발전의 전략 수립에 적극적으로 활용해야 한다고 주장한다(Rodrik,

2007). 이런 맥락에서 한국의 발전 경로를 만들어 내는데 역사로부터 주어진 사회문화적 전통은 어떤 역할을 했는지, 나아가서 정치와 경제는 그러한 전통으로부터 어떤 도움을 받았는지를 확인하는 작업은 매우 중요하다. 그렇다고 이 책이 발전의 초기 조건 즉 경제적이고 정치적인 제도의 정비와 정책의 선택이 중요하지 않다고 주장하는 것은 결코 아니다. 다만 국가와 시장이라는 제도적 조건과 선택의 영역 역시 역사적으로 주어진 시공간에서 작동하는 사회문화적 맥락의 영향을 벗어날 수 없음을 강조할 뿐이다.

오늘의 한국이 발전할 수 있었던 까닭을 역사적으로 물려받은 전통과 연관시켜 분석하는 작업은 한국의 경우 유교 문화 그리고 그에 따른 사회적 특성인 연고집단의 존재를 고려하지 않을 수 없다. 정치적 혹은 경제적 차원의 근대화를 위한 제도의 도입과 선택은 역사로부터 비롯된 문화적 차원의 가치와 규범이라는 맥락은 물론 사회적 차원에서 형성된 인간관계의 패턴 속에서 작동하기 때문이다. 구체적인 제도의 구성과 배치 그리고 정책의 선택은 결국 국가와 시장이라는 두 영역의 갈등과 조화는 물론, 그러한 위로부터의 선택이 역사적으로 주어진 사회문화적 맥락 속에서 아래로부터의 반응과 어떻게 결합하는가에 따라서 발전 혹은 저발전이라는 구체적인 결과로 모습을 드러낸다(Putnam, 1993a; Evans, 1996).

2. 시장 중심 접근의 문제

시장의 역할을 강조하는 대부분의 연구는 한국이 경제적으로 합리적이고 또한 기술적으로 전문성 있는 정책을 선택했기 때문에 발전에 성공했다고 설명한다(Johnson, 1982; Amsden, 1989; Wade, 1990; World Bank, 1993; Woo-Cumings, 1999; Haggard et al., 2003; Shin J S & Chang H J, 2003). 이들은 특히 정부

가 시장에 개입할 때 '규율 있는 지원(support with discipline)'이라는 원칙과 함께, '시장친화적(market-friendly)' 혹은 '시장증진적(market-enhancing)' 산업정책을 활용했기 때문에 한국이 성공할 수 있었다고 강조한다.

그러나 실제로 한국 정부가 행한 역할과 정책은 '시장지향적'인(market-oriented) 것에만 국한되지 않았다. 경우에 따라서는 '시장대체적'인(market-substituting) 모습도 보여 주었다. 한편, 다른 일부에서는 한국의 사례가 경제발전의 교과서적인 모습이라고까지 주장한다. 이른바 자유시장과 자유무역을 기본으로 하는 제도와 정책으로 글로벌화된 앵글로색슨(Anglo-Saxon)형 세계 경제에 적극적으로 참여해 성공한 경우가 한국이라고 보기 때문이다. 바로 이러한 견해가 시장증진적 혹은 시장친화적 시각을 대표한다(Balassa et al., 1981; World Bank, 1991; 1993; Aoki, Kim H K & Okuno-Fujiwara, 1997). 그러나 만약 이러한 시각을 받아들인다면 '한국 발전 모델'이라는 개념 자체를 논의할 필요가 없다. 왜냐면 한국형 발전 모델과 앵글로색슨형 발전 모델은 사실상 같은 것이 되어 구분이 불가능하기 때문이다(Chang H J, 2006).

그러나 이와는 정반대의 입장도 존재한다. 이들은 한국의 빠른 성장이 신고전적(neo-classical) 경제원칙을 전략적으로 위반했기 때문에 가능했다고 주장한다. 바로 시장대체적(market-substituting) 시각이다. 따라서 이들은 1993년 출판된 세계은행의 책이 완전히 잘못된 것이라고 비판한다. 아시아의 기적은 '시장의 힘(market forces)'이나 '가격을 올바로 책정(getting prices right)'한 결과가 결코 아니라고 주장한다(Amsden, 1989; Wade, 1990; Shin J S & Chang H J, 2003; Chang H J & Grabel, 2004; Chang H J, 2006). 오히려 이들은 한국의 발전이 의도적으로 '가격을 잘못 책정(getting prices wrong)'해서, 즉 시장가격을 왜곡한 결과로 이뤄졌다고 본다.

이같이 대립적인 시각을 평가하기 위해서는 한국의 발전국가가 실제로 보여준 제도적 특징이 과연 어떠한 것이었는지를 보다 분명히 살펴볼 필요가 있다. 한국 발전국가의 제도적 특징 가운데 가장 널리 알려진 측면은 '규율을 통한 지원(support with discipline)'이다(Davis, 2004). 하지만 이 특징은 시장지향적(market-oriented) 모델에서도 정도의 차이는 있을지언정 일반적으로 나타난다.[3] 그렇다면 '규율을 통한 지원'이라는 한국의 발전 모델이 어떤 이유로 앵글로색슨 모델을 압도하는 효율과 효과를 가져 올 수 있었는가? [표 1.1]에 제시된 3가지 정책 즉 투자정책, 산업정책, 통상정책에 관한 분석이 이 질문에 대한 대답의 실마리를 제공한다. 특히 국가가 재정적 지원을 누구에게 그리고 어떻게 제공했기에 그 지원을 받은 수혜자들이 국가의 규율을 적극적으로 받아들이게 되었는지를 이해하는 것이 중요하다.

[표 1.1] 한국 발전모델의 경제정책: 규율과 지원

정책	지원	규율
산업정책	경쟁력 있는 유치산업 선택적 지원	수혜자에 대한 주기적 감시·감독
투자정책	국가 소유 은행을 통한 금융지원	자본 유출 통제
통상정책	수출 위한 현지 정보제공 및 금융지원	불필요한 수입 금지 혹은 중과세

출처: Lew & Wang 2010: 179.

한국이 수출에 성공한 사실은 통상정책에 있어서 자유무역의 비교우위론이 틀리지 않았음을 뒷받침하는 전형적인 사례로 꼽히기도 한다. 그러나 이 시각은 기업의 수출에 있어서 해외시장에 관한 정보를 제공하고 또 금융지원까지 해 준 정부의 역할이 얼마나 결정적이었는지를 과소평가하는 문제를 안고 있다. 개발도상국 기업이 해외시장에서 이미 자리를 차지하고

3) 시장지향적 모델은 자본주의의 실제 역사 속에서 순수한 형태로 단 한 번도 구현된 적이 없다. 왜냐하면 어떤 국가이건 정도의 차이는 있을지언정 시장에 항상 개입하기 때문이다(Chang H J, 2002; Polanyi, 2001 [1944]; Fligstein, 1996; 2001).

있는 선진국 기업과 경쟁하는 일은 사실상 불가능하다. 이런 상황에서는 비교우위의 원칙을 따르기보다는 '유치(幼稚, infant)' 산업이 국제적인 경쟁력을 확보할 때까지 개발도상국 정부가 주도면밀한 지원을 해야 한다(Lin & Chang H J, 2009).

수출 기업을 돕기 위해 한국 정부는 수출보조금 제도를 만들었다(Amsden, 1989). 보조금 제도에는 수출 기업에 대한 특혜 대출, 수출에 상응하는 관세 환급, 수출에 국내자원을 활용하는 기업에 대한 특별보조금 등의 제도적 장치가 포함된다(Chang H J, 2006). 또한 정부는 해외시장에 대한 정보를 기업에 제공하기 위해 공기업인 대한무역공사(KOTRA: Korea Trade Agency)를 활용하기도 했고, 경우에 따라서는 국가 기구인 외교부 조직을 동원하기도 했다. 나아가서 정부는 이러한 활동이 원활하게 이루어지도록 수출협회, 산업협회, 종합상사 등과 같은 민간조직도 적극 활용했다.

그렇지만 그러한 지원이 산업의 모든 분야 혹은 모든 기업에게 모두 골고루 제공되었던 것은 결코 아니다. 정부는 장래 국제시장에서 경쟁력을 가질 수 있다고 판단한 산업에 국한해서 그런 지원을 시행했다. 이를 위해 정부는 지나치게 경쟁적인 상황 때문에 '규모의 경제'가 이루어질 수 없는 산업에 대해서는 인수합병을 장려하기도 했고 또한 시장에 대한 진입장벽을 만들기도 했다. 특정 산업의 합리화 혹은 현대화를 위해서는 공장시설을 개선하는 보조금도 지원했고, 공공 연구기관이나 교육기관을 통해 기술훈련 및 연구개발을 지원하기도 했다. 나아가서 정부는 특정 산업에서 유용하게 활용될 기술에 관한 정보를 각종 관변기관을 통해 보급하기도 했다. 이러한 정책 덕택에 국내기업들은 차츰 '규모의 경제'가 가능하게 되었다.

특정한 산업부문 심지어는 특정한 기업을 겨냥해 '선택적'으로 정부가 개입하는 문제에 회의적인 사람들은 흔히 이러한 개입이 시장을 왜곡하고,

관리가 어렵고, 이해관계가 있는 집단에 의사결정이 포획되어 부정부패가 생기는 문제가 발생한다고 지적한다. 그러나 산업정책을 아예 시행하지 않는다면 몰라도 일정한 수준의 시행이 불가피하다면 제한된 자원 그리고 제한된 행정력이라는 한계 때문에 정도의 차이는 있을지언정 '선택과 집중'이라는 전략을 사용하지 않을 수 없다. 즉 산업정책을 시행하는 한 이 문제는 일정한 부분 어쩔 수 없이 벌어질 수밖에 없는 일이다. 특히 행정 능력이 부족한 개발도상국의 경우에는 오히려 목표가 분명한 정책이 행정에 필요한 자원의 낭비를 줄일 수 있다.

그렇지만 정부의 지원은 전체 이야기의 반쪽일 뿐이다. 나머지 반쪽의 이야기도 살펴보아야 한다. 왜냐하면 싱가포르나 타이완도 민간자본에 대해 한국의 경우와 엇비슷한 재정적 지원을 시행했지만 전혀 다른 결과가 나왔기 때문이다(Jomo, 2003; Shin J S & Chang H J, 2003; Shin J S, 2005a & 2005b). 이 두 나라의 경우와 한국을 구분할 수 있는 가장 중요한 대목은 국가의 개입에 규율이 동반되었는가 하는 문제다. 한국의 발전국가는 특히 지원을 받는 민간의 자본이 생산적으로 활용되는 문제에 매우 민감하게 반응했다(Davis, 2004).

어느 나라건 그리고 발전의 초기 단계인 나라라면 더욱더 자본의 해외 유출을 막아야 한다. 그래야 추가 투자에 필요한 자본이 국내에 머물게 된다. 물론 한국도 예외가 아니었다. 한국은 1990년대 초반 김영삼 정부가 들어서기까지 해외로 자본이 유출되지 않도록 매우 엄격한 관리를 시행했다. 외환이 개입된 모든 거래는 정부 소유 혹은 관리 하의 은행을 통해 이루어져야 했고, 혹시라도 외화를 밀반출하는 경우가 드러나면 최고 사형이라는 처벌까지도 감수해야 했다.

또한 정부는 특히 재투자가 가능한 새벌의 자본이 소비로 사라지지 않도록 매우 엄격한 관리를 시행했다. 발전의 초기 단계에서 사치재를 수입하는 경우 엄청나게 높은 관세를 부과하는 동시에 국내에선 아예 사치재 생산 자체를 할 수 없도록 규제했다. 사치재에 대한 통제는 경제적인 이유도 있었지만, 오히려 정치적인 이유가 더 컸다. 특권층이 사치재 소비를 할 수 없도록 규제하는 것이 경제발전의 과정에서 과실은 물론 부담까지도 국민 모두가 골고루 나누어 갖는다는 책임의식을 공유할 수 있었기 때문이다(Chang H J, 2006: 28). 이 같은 분위기가 확산되면서, 투자의 활성화는 물론 정치적 안정도 이루어졌다.

지금까지 설명한 한국 발전국가의 시장 개입 모습은 세계은행이 말하는 이른바 '자유무역(free trade)' 혹은 '기본을 올바로 하는 일(getting basic things right)'과는 엄청 거리가 먼 일들이다. 심지어 국가는 의도적으로 독과점적 시장을 만들기까지도 했다. 신고전경제학은 시장경쟁이 없으면 비효율이 발생하고 자원의 낭비가 초래되어 결국 도덕적 해이에 빠지게 된다고 주장한다. 그러나 시장만이 제한된 자원을 최적으로 배분하는 기제는 아니다. 시장 조정이 실패하는 경우 시장은 더 큰 사회적 낭비를 초래할 수도 있다. 한국의 경우, 국가의 관리가 '합리적 바보(rational fools)'들이 만들어 내는 지나친 경쟁 그리고 그에 따른 자원 배분의 비효율과 낭비를 억제할 수 있었다. 다시 말해 한국에서는 국가가 만든 경쟁의 기제가 시장경쟁의 기제를 압도하며 주목할 만한 성과를 만들어 냈다(Amsden, 1989; Chibber, 1999).

3. 국가 중심 접근의 문제

지원과 규율을 통해 시장에 효과적으로 개입하기 위해서는 '자율성'과 '능력'을 갖춘 국가가 필요하다. 경제 제도와 정책이 아무리 완벽하더라도 그것은 반드시 국가에 의해 집행이 되어야 한다. 바로 이러한 이유로 한국과 비슷한 산업정책을 선택한 다른 국가가 있더라도 그 국가가 경제성장과 사회발전에 반드시 성공한다는 보장이 없다. 이 문제와 관련해 일부 학자들은 한국이 경제발전 과정에서 보여 준 합리적이고 기술적으로 전문성 있는 정책의 선택과 집행의 중요성을 무시하는 경우도 있다. 이들은 국가 엘리트들이 자율성을 배경으로 전략적인 판단을 한 사실을 무시하고 역사적 상황의 우연한 전개가 그러한 결과를 만들었다고 해석하기도 한다(Chibber, 2003). 또한 계획의 실행 전에는 성공할지 확신하지 못하다가, 그러한 성과가 확인되면 사후에 그것이 전략적으로 합리적이고 전문적이었다고 평가하기도 한다(Davis, 2004: 151-52).

그러나 자본가들로 하여금 발전을 위한 전략에 동참하도록 유도하는 강력한 국가가 없었다면 '규율을 통한 지원'은 가시적 성과를 이끌어 낼 수 없다. 국가와 자본의 관계에서 국가의 자율성(autonomy)이 중요하다는 주장을 하는 연구는 많이 있어 왔다. 이들은 한국의 국가가 자본가 계급으로부터 너무도 자율적이어서 기업이 어떤 반응을 보일지 아무런 걱정도 하지 않고 국가가 발전에 필요한 전략을 강요했다고 설명한다(Chibber, 2003: 52). 그러나 이들 중 누구도 한국의 국가가 어떻게 구체적으로 대기업들의 성장을 지휘하고 감독했는지 그리고 나아가서 개별 기업에게 어떻게 구체적인 과제를 할당하고 또 수행하게 했는지 분명하게 설명하는 학자는 없다.

그 이유로 일부는 국내 자본가 계급의 미성숙을 말하기도 하고(Hamilton, 1986; Amsden, 1989 & 2000), 다른 일부는 식민지 유산의 긍정적 측면을 지적하기도 하며(Kohli, 2004), 또 다른 일부는 유교적 전통을 들기도 한다(Berger, 1988; Clegg, Higgins, & Spybey, 1990; Appelbaum & Henderson, 1992; Shin D C, 2011). 그러나 이러한 설명은 모두 왜 그러한 현상이 이승만 시대(1948~1960)에는

나타나지 않다가, 박정희 시대(1961~1979)에야 비로소 나타나게 되었는지를 해명할 수 없다. 연대기적 연속성과 구조적 연속성은 전혀 다른 문제다(Lynn, 2005).

그러므로 박정희 시대 즉 1960년대와 1970년대 한국의 발전국가를 설명하기 위해서는 반드시 그러한 국가의 자율성이 도대체 어떻게 얻어질 수 있었는지 즉 자율성의 기원이 무엇인지를 파악할 수 있어야 한다. 이 문제에 답하기 위해서는 국가의 '능력(capacity)'에 관한 논의가 추가로 필요하다. 국가의 능력은 두 가지 차원으로 나누어 살펴볼 수 있다. 하나는 국가 관료집단 내부의 응집력 문제이고, 다른 하나는 국가 관료집단 외부에 대한 규율의 문제이다(Chibber, 2002; 2003).

관료집단 내부의 응집력은 국가의 의사결정 과정에 있어서 국가 내부를 구성하는 여러 조직과 기관들 사이에 얼마나 조율이 잘되는가 하는 문제다. 한편, 관료집단 외부에 대한 규율의 문제는 국가 외부의 다양한 집단 특히 자본가 집단에 대해 국가가 의사결정을 집행할 때 얼마나 규율을 가지고 집행할 수 있는가 하는 문제다. 종합하면 국가 능력이란 다양한 국가 기구 내부를 관통하며 정책을 응집력 있게 만들어 내고 또한 이를 외부의 민간 행위자들에게 규율을 가지고 집행할 수 있는가 하는 문제다(Wade, 1990; Chibber, 2002).

국가의 능력을 높이려면 국가 내부에서 응집력 있는 정책을 만들고 또한 집행을 일관성 있게 추진할 수 있어야 한다. 내부적 응집력은 '관료적 합리성'을 가지고 성실하게 규칙을 존중하도록 훈련받은 관료집단이 존재할 때 나타난다(Johnson, 1982; Evans, 1995). 그러나 국가의 능력을 확보하기 위해선 이 문제보다 더 중요한 국가 기구 간 내부의 문제가 해결되어야 한다. 다름 아닌 정책을 만들고 집행하는 국가 기구 사이의 권력관계가 적절히 그리고 명확하게 구조화되어 있어야 한다. 이런 맥락에서 한국의 경제발전 과정에서 존재했던 '기술관료(technocrats)'의 역할은 내부적 응집력을 보여주는 관료집단의 전형적인 예가 된다(Chibber, 1999; Kim H A, 2004).

국가 내부의 응집력이 향상되었음을 가장 확실히 보여주는 증거는 박정희 혁명정부가 1961년 정부의 최상위 자리에 경제발전의 모든 과정을 총괄하는 부서로 경제기획원을 설치한 일이다. 그 전까지는 경제정책의 개발이 정부의 여러 부서들로 흩어져 있었지만, 경제기획원이 출범하고는 모든 의사결정이 이곳을 중심으로 이루어지도록 정리가 되었다. 물론 국가는 이 새 부서에 경제문제에 관한 전전인 권한을 위임해 정부 내부의 의사결정에 관한 권력관계를 명확히 했다. 경제기획원은 정책 결정 및 집행 과정에서 벌어지는 모든 현안을 직접 관리했을 뿐만 아니라, 다른 정부 부서의 관할인 사안까지도 상시적으로 감시·감독할 수 있었다(Chibber, 2002: 75-6; Kim E M, 1997).

그리하여 경제기획원은 국가의 예산을 준비하고 집행하는 역할은 물론 산업정책을 총괄하는 역할까지도 도맡게 되었다. 나아가서 경제기획원은 은행대출은 물론 해외로부터의 차관과 원조를 국내에 배분하는 역할도 맡았다(Woo-Cumings, 1999). 이와 같은 기능을 가진 경제기획원의 설치로 최고지도자는 경제개발 정책의 개발과 집행에 관한 국가 부서들의 행태와 성과를 보다 손쉽고 정확하게 확인할 수 있었다(Shin J S & Chang H J, 2003). 이러한 권한을 가진 경제기획원이 경제발전의 과정에서 탄생시킨 작품은 수없이 많지만 가장 대표적인 성과를 하나 꼽으라면 바로 그 유명한 박정희 정부의 '경제개발 5개년계획'을 들 수 있다.

다른 한편 대외적인 국가 능력의 향상은 경제에 대한 국가의 통제를 강화하면서 이루어졌다. 이를 위해 필요했던 가장 중요한 절치는 1961년 박정희 혁명정부가 출범하자마자 시행한 '부정축재처리법'이다(Kim H A, 2004). 이승만 정부 당시 특혜로 돈을 번 기업인 특히 재벌 총수들의 재산을 몰수하고 이들을 사법처리해서 감옥에 보낼 수 있도록 한 이 법은, 나중에 기업보국(企業報國)을 명분으로 사법처리 대상이 된 기업인들을 대부분 석방시키면서 '용두사미'로 끝나 언론의 비난을 받기도 했다.

그러나 이 법은 국가의 경제에 대한 통제력을 향상시켰다는 측면에서 엄청난 효과를 가져왔다. 이 법을 통해 기업인들이 부정한 방법으로 모은 재산을 국가에 헌납하게 만들었고, 그에 따라 민간소유의 은행이 대부분 국유화되었으며 또한 국책은행을 대거 출범시켜 자본가 집단에 대한 국가의 감시와 규제 능력을 결정적으로 향상시켰다(Woo-Cumings, 1999; Kim H A, 2004; Davis, 2004). 금융자원을 동원할 다른 대안이 없는 조건에서, 국가가 금융자본 즉 은행을 지배하게 된 상황은 기업으로 하여금 정부의 정책에 역행할 수 없도록 만드는 중요한 수단이 되었다(Chibber, 2003: 58).

이를 종합하면 발전을 위한 정치적 제도화의 두 가지 핵심 요소를 확인할 수 있다. 하나는 기업을 규율할 수 있는 응집력 있는 정부 기구의 존재이고, 다른 하나는 규율을 위한 수단으로 금융자원을 정부가 통제하는 방식이다. 이와 같은 제도적 혁신을 바탕으로 박정희 정부는 경제에 대한 통제력을 확보하고 기업의 의사결정이 경제성장을 위한 정부의 정책에 부응하도록 유도했다. 정부는 정책에 협조하는 기업에 대해서는 보상을 했고, 그렇지 않은 기업은 대가를 치르도록 했다(Chang H J, 2006). 물론 이 과정에서 정부는 기업에 대해 비경제적 수단 예컨대 세무사찰 등의 사용도 주저하지 않았다.

그러나 정치적 제도화에 관한 이 설명은 여전히 다음과 같은 질문에 답하지 못한다. 왜 그처럼 엄청난 권한을 가진 한국의 국가 관료들이 당시 다른 강한 국가의 경우에서 흔히 발견되는 사리사욕 추구에 빠지지 않고 국가발전을 위해 매진하게 되었는가?(Kim H A, 2004). 사실 대부분의 저개발국가에서 이른바 '강한 국가(strong state)'는 '약한 사회(weak society)'로부터 사리사욕을 채우기 위해 자원을 빼돌려 '약탈국가(rogue state)'로 전락하는 경우가 대부분이다(Evans, 1995). 이런 이유로 국가의 자율성은 약탈국가의 필요조건이기도 한다. 그렇다면 자율성이 높은 강한 국가가 '발전국가' 혹은 '약탈국가'라는 두 가지 서로 다른 길로 가게 되는 이유를 설명할 수 있어야 한다. 이 경로의 결정에는 두 가지 요소가 작용한다. 하나는 국가 내부의 요인으로 관료들 사이에 규율적 윤리가 존재하는가의 문제이고, 다른 하나는 국가 외부의 요인으로 강한 국가에 대응할 수 있는 '강한 사회(strong society)'[4]가 존재하는가의 문제이다.

앞서 설명한 바와 같이 한국 발전국가의 가장 큰 특징은 '규율을 통한 지원'이다. 여기서 규율이란 보다 넓은 의미에서 규율적 윤리를 의미한다. 규율적 윤리란 "일을 하는 데 있어서 상당한 수준의 금욕성을 자기 규제 및 훈련을 통하여 내부적으로 확보한 상태"이다(Davis, 2004: 11). 그렇다면 왜 그리고 어떻게 한국의 국가 관료들이 그러한 규율적 윤리를 갖게 되었는가를 설명할 수 있어야 한다. 데이비스는(Davis 2004: 13) 그 이유를 박정희 정부의 "농촌 중간계급 배태성(rural-middle-class embeddedness)"에서 찾는다. 박정히 정부의 출범은 한반도 역사에서 처음으로 농촌 중간계급 출신의 정치지도자들이 국가 권력을 손에 넣었음을 의미하기도 한다. 왜냐하면 박정희 본인을 포함하여 정권의 실세 대부분이 농촌 출신의 군인으로 이들이 군사쿠데타를 성공시키며 정치의 전면에 포진했기 때문이다. 이승만 시대는 물

4) 여기서 강한 사회란 각종 사회적 관계를 통해 다양한 집단의 구성이 활성화되어 있는 즉 사회자본이 풍부한 사회를 말한다(Putnam, 1993a; Woolcock & Narayan, 2000).

론이고 그보다 앞선 식민지 시대나 조선 왕조의 상황과는 전혀 다른 새로운 정치적 상황이 등장한 것이다.

박정희는 농촌의 소농계급이 가지고 있는 자연스러운 근면함과 규율적 생활을 이상적인 삶이라 여겼다(박정희 2017 [1963]: 255).[5] 또한 그는 그것을 돈을 물 쓰듯 하면서 과시적 소비와 부정부패를 일삼는 지주와 자본가의 삶과 대비하곤 했다(Davis, 2004: 104). 박정희는 농촌의 중간계급이 체화하고 있는 근면하고 자조적이며 절약하는 생활을 중시했고, 경제발전을 위해서는 바로 그러한 윤리가 필요하다고 생각했다(Davis, 2004: 105). 바로 이 대목이 근검절약 즉 저축을 통해 경제를 발전시키는 박정희 발전전략의 핵심적 요소를 잘 드러낸다. 박정희는 이와 같은 농촌 중간계급의 삶의 양식을 체화한 사람이었기 때문에 농촌의 가난이 고리대금업에 기반해 수입대체를 추구하는 지주와 자본가로부터 비롯되었다고 생각했다(Kim H A, 2004).[6]

그와 같은 비도덕적인 자본가들을 바꾸기 위해서 박정희는 국가가 자원에 대한 통제를 강화해서 농촌의 중간계급에게 직접적인 혜택이 돌아가도록 해야 한다고 생각했다(Davis, 2004: 99). 그에게는 농촌에 뿌리를 둔 규율적 정신을 자본가 계급이 받아들이도록 하여 경제발전을 이루고 나아가서 국가를 건강하게 만드는 일이 조국을 근대화시키는 과제와 동일한 일이었다

5) 박정희는 1963 년 자신의 저서 『국가와 혁명과 나』에서 "땀을 흘려라! 돌아가는 기계 소리를 노래로 듣고 … 이등 객차에 불란서 시집을 읽는 소녀야. 나는, 고운 네 손이 밉더라"고 하며 "우리는 일을 하여야 한다. 고운 손으로는 살 수가 없다"고 특권층을 향해 외쳤다. 이어서 그는 "기름으로 밝히는 등(燈)은 오래가지 못한다. 피와 땀과 눈물로 밝히는 등(燈)만이 우리 민족의 시계(視界)를 올바르게 밝혀줄 수 있다"고 선언하며 고운 손에 대한 민족적 동참을 요구하였다(박정희, 2017 [1963]: 270-1).

6) "표면상 국가의 경제력을 발전시킨다는 명분 아래 개인적인 이익에 혈안이 된 대기업이 무시무시한 힘을 발휘하는 데는 자유로운 경쟁이 존재할 수 없다… 그러기 때문에 대경제력의, 특히 사적인 대경제력의 국가에 의한 조정과 지도 감독은 자유로운 경제정책의 중심과제가 되지 않을 수 없다"(박정희 1962: 254).

(Davis, 2004: 108). 이로부터 출발해 박정희는 규율적 윤리를 사회 전체로 확산시켰다. 새로 등장할 노동계급은 물론이고(류석춘, 2018), 토지를 가진 도시의 경영자 집단이나 자본가 집단도 이러한 정신과 가치가 확산되도록 박정희는 전력을 기울였다. 박정희는 다른 누구보다 특히 국가의 관료들이 이러한 가치를 내면화하도록 요구했다(박정희, 1961: 18~33; Davis, 2004: 103).

관료에게 국가의 규율을 학습시키는 과제는 여러 가지 방법을 활용했다. 박정희는 특히 행정의 능률과 효율을 강조했다. 박정희에게 비효율은 국가에 대한 헌신이 없는 것과 다름없는 일이었고, 그렇기 때문에 바로 그것은 국가에 대한 배신이자 비윤리적인 일이었다. 비효율은 도덕성이 결여된 결과로 여겨졌으며 당연히 엄격한 처벌을 받아야 했다. 그와 동시에 박정희는 관료의 행정 능력을 향상시키기 위해 다양한 재교육 수단을 동원하여 성과에 따른 보상 즉 신상필벌을 철저히 시행했다(좌승희, 2015). 이런 맥락에서 박정희는 중단없는 '서정쇄신(庶政刷新)'을 엄격하면서도 꾸준히 지속적으로 추진했다(Kim, H-A, 2004).

이러한 입체적인 과정을 통해 박정희는 국가 관료들이 규율적 가치를 체화하도록 하는데 상당한 성공을 거두었다(Davis, 2004: 106). 관료들은 국가의 발전을 위해 그리고 국가 공동체의 발전을 위해 스스로를 훈련시키지 않으면 안 되었다. 물론 이러한 규율의 습득이 단지 지도자의 요구만으로 이루어진 것이 아니었다. 관료들 스스로도 자신의 헌신이 국가의 생산성을 높이고 또한 그것이 결국 공공의 이익은 물론 자신의 사적인 이익에도 부합할 것이란 확신을 가지게 되었기 때문이다.[7] 다시 말해 공공의 이익이 증진

7) 정주영이 세운 대표적 기업 '현대중공업'의 사훈이 이러한 인식을 잘 드러낸다. 울산의 현대중공업 정문에 가면 지금도 큰 글자로 쓴 다음과 같은 사훈을 건물 외벽에서 읽을 수 있다. "우리가 잘되는 것이 나라가 잘되는 것이고, 나라가 잘되는 것이 우리가 잘 될 수 있는 길이다." '일빈회된 호혜성'의 원리를 이보다 더 잘 설명할 수 있는 문장은 없다(류석춘·유광호, 2015: 64~5).

되면 자신은 물론 자신의 가족도 그로부터 혜택을 받을 것이란 믿음을 갖게 된 것이다(Kim H A, 2004). 마침내 관료들은 모두 국가의 번영이 자신의 번영을 가져올 것이라 생각하게 되었다. 이와 같이 공유된 신념에 기초해 국가의 관료들은 외부의 자본가 집단을 규율하기 위해 내부적 응집성과 자율성을 키울 수 있었다(Chibber, 1999; 2003).

바로 이런 이유로 박정희 정부의 관료들은 도시의 수입대체를 중심으로 하는 자본가 집단의 이해관계에 포획되지 않고 자율성과 능력을 가질 수 있었다(Evans, 1995). 국가의 '농촌 중간계급 지향성'은 당시 국민의 절대다수를 차지하던 농민들로부터 상당한 지지를 받았고, 박정희는 이를 당시 사리사욕만 챙기던 도시의 산업 및 금융 자본가들을 통제하고 제압하는 정치적 지렛대로 사용했다. 이렇게 하여 국가의 지도 및 감독 하에 경제발전을 할 수 있는 길이 열리게 되었다. 농촌 중간계급의 가치에 배태되어 있던 박정희의 정책 덕택에 농촌과 도시의 경제가 조화되면서 한국 경제는 급속한 성장을 하면서도 불평등의 수준을 낮추는 사회통합적 발전을 만들어 낼 수 있었다.

박정희가 지향한 국가의 특성을 에커트는 다음과 같이 네 가지로 정리한다(Ekert 2016: 2~3). 첫째, 국가적 위기 상황에서 군대가 정치에 개입하는 것은 권리만이 아니라 의무이기도 하다. 둘째, 국가적인 차원에서 부와 힘을 축적하기 위해서는 무제한적으로 사적 이윤을 추구하는 자본주의 시스템을 방치할 것이 아니라 국가 권력이 감시하고 통제하고 계획을 세워 개입할 수 있어야 한다. 셋째, 이러한 목적을 달성하기 위해서는 아무리 어려운 상황이라도 '하면 된다'와 같은 정신적 헌신이 필요하다. 넷째, 사회를 구성하는 모든 당사자들은 국가적 목표를 이루기 위한 과업에 자발적인 동시에 규율을 가지고 참여해야 한다(류석춘 2019).

4. 역사·문화적 맥락을 고려한 접근: 유교가치와 연고집단

한국의 발전에 관한 지금까지의 연구는 대부분 경제발전을 가져온 제도적이고 공식적인 영역에 관한 논의였다. 즉 경제적이고 정치적인 차원의 논의였다. '공식 영역(formal sector)'의 역할이 그만큼 각광을 받은 까닭에 '비공식 영역(informal sector)' 즉 오랜 역사와 전통을 배경으로 공식영역을 뒷받침하고 있는 사회문화적 영역의 역할은 큰 주목을 받지 못했다. 그러나 사회문화 영역의 역할이 없었다면 법과 제도 그리고 정책이라는 공식적인 방법으로 위로부터 이식된 발전의 전략이 반드시 사회의 밑바닥까지 침투해 국민들의 자발적 참여와 헌신을 끌어낼 수 있었는지는 누구도 확신할 수 없는 일이다(Leys, 1996).

이 책은 비공식적인 영역에서 활동하는 다양한 집단이 발전을 위한 과제에 어떻게 반응하여 적극적인 역할을 수행하게 되었는지를 상세히 검토한다. 그렇게 해야만 국가와 사회 간에 발전을 위한 시너지가 만들지는 과정을 이해할 수 있기 때문이다. 공식적인 제도와 정책의 집행만으로 발전의 과정과 모습을 총체적으로 이해할 수 없다. 공식적이고 제도적인 영역의 배후에서 작용하는 비공식적 영역 혹은 사회문화적 영역의 중요성을 간과할 수 없는 이유다(Li and Xie, 2019). 비공식 영역의 중요성은 특히 최근 주목받고 있는 '사회자본(social capital)' 개념이 등장하면서 더욱 강조되고 있다(Putnam, 1993a; Platteau 1994a; 1994b; Portes, 1998; Woolcock, 1998).

퍼트남(Putnam 1993a: 167)은 "사회자본을 협력적 행위를 촉진시켜 사회적 효율성을 향상시킬 수 있는 사회조직 즉 신뢰, 규범, 그리고 네트워크로 정의하면서, 자발적 협력은 호혜성의 규범과 시민적 참여의 네트워크 등과 같은 사회자본이 충분히 축적된 공동체에서 더 쉽게 달성된다"고 주장한다

(퍼트남 2000 [1993a]: 281 [167]). 나아가서 그는 "전통적인 자본과 마찬가지로, 사회자본을 가진 사람은 보다 더 축적하는 경향이 있다. 신뢰와 같은 사회자본의 형태는 허쉬만이 '도덕적 자원'이라 명명한 속성을 가지고 있다. 도덕적 자원은 사용하면 할수록 그 공급이 많아지고 사용하지 않으면 고갈되는 속성을 지닌 자원이다"고 설명한다(퍼트남, 2000[1993a]: 285[169]).

따라서 퍼트남의 시각에서 보면 공동체의 사회자본은 경제적이고 정치적인 발전을 이룩하는데 가장 결정적인 요소다. 그에게 있어서 민주주의와 자본주의를 제대로 작동시키는 문제는 바로 공동체에 사회자본이 얼마나 풍부한가 하는 문제와 동일하다. 공동체의 사회자본 없이 경제적이고 정치적인 제도 자체만으로 사회 구성원들의 적극적 참여와 협동을 이끌어 낼 수 없기 때문이다(Woolcock, 1998; Woolcock & Narayan, 2000). 그러므로 퍼트남에 따르면 공동체에 사회자본이 많은 사회를 '강한 사회'라 부를 수 있고, 바로 그 강한 사회가 존재해야 강한 국가와 결합해 발전의 시너지를 만들 수 있다.

서구사회의 기준에서 한국은 국가는 강한데 사회는 약한 경우로 분류한다(Migdal, 1988). 바로 이러한 이유로 한국에서 장기간 권위주의적 정권이 들어설 수 있었고 또한 강한 국가가 별 저항 없이 허약한 시민사회를 통제하고 또 그로부터 자원을 추출할 수 있었다고 설명한다. 또한 같은 이유로 한국사회는 근대 자본주의 발전에 필요한 결사체가 내부적이고 자생적인 방식으로 조직되지 않은, 다시 말해 전근대적이고 전통적인 공동체 사회가 지속되어 왔다고 인식한다.

그러나 사회자본의 시각에서 바라보면 한국 사회는 발전과 협동을 만들어 낼 수 있는 풍부한 사회적 자원을 차고 넘치게 가지고 있다. 왜냐하면 한국 사회를 특징짓는 가장 중요한 현상 중의 하나가 바로 국가/비국가, 공식/비공식 영역에 걸쳐 광범위하게 거미줄처럼 구축된 연결망이 존재이기 때문이다. 혈연, 지연, 학연 즉 연고(緣故)로 얽힌 이 사회적 관계는 개인에게 행위의 자원을 제공하여 원하는 목표를 이루는 기회를 제공하는 수단으로 활용되기도 한다. 그렇기 때문에 한국 사회의 개인은 부단히 이 연결망을 만들고 유지하는 사회적 투자에 열중하고 있다.

지난 몇 십 년간 입이 닳도록 서구 선진사회를 모델로 '지역주의 청산' '폐쇄적 연고주의 타파' '부정부패 일소' '시민적 책임의식, 준법, 자발성'을 외쳐 왔고 누구나 규범적으로는 이를 수용하고 있지만 정작 현실은 전혀 변하지 않아 왔다. 일종의 공범의식 속에서 연고에 기반한 관행들이 지속적으로 재생산되어 왔다. 이것은 역설적으로 한국 사회에 연고에 의존한 사회구조와 비공식적인 거래가 지속되도록 하는 강력한 사회문화적 압력이 존재한다는 사실을 거꾸로 입증해 주고 있다.

무엇이 한국의 이런 현실을 강제하고 지속적으로 재생산하도록 하고 있는가? 이런 '병폐' '과도기적 폐해'로 인식되는 사회관행 속에서도 지난 몇 십 년 동안 엄청난 경제적 성장과 근대화를 이룩할 수 있었던 원인은 그러면 어디에서 찾아야 하는가? 많은 국가들이 발전국가의 전략을 구사하였지만, 동아시아의 소수 국가만이 경제발전에 성공했다. 그리고 한국은 그 대표적 사례다.

그런 의미에서 최근 몇몇 학자들에 의해 시도되고 있는 '사회자본'으로서의 연결망 구조에 관한 연구는 한국사회의 비공식 영역에 존재하는 전통적 공동체 특히 혈연·지연·학연에 기초한 집단을 분석하는데 매우 유용한 문제의 설정과 분석의 도구를 제시한다. 그러나 이러한 노력 역시 연결망의 '도구성'에만 관심을 기울일 뿐, 집단을 구성하고자 하는 '완성적 동기'[8)]

8) '완성적 동기(consummatory motivation)'에 따른 행위는 특정한 행위를 하는 이유가 그 행위 자체로

에 기초해 근대 이전부터 존재해 온 연고집단이 근대로 접어들면서 시장 즉 자본주의 그리고 국가 즉 민주주의와 어떻게 결합하고 있는지, 나아가서 그러한 결합이 근대화 과정에서 어떤 역할을 수행해 왔는지를 설명하지는 못하고 있다.

이는 서구의 역사적 경험을 바탕으로 문제를 설정하고 개념을 발달시켜 온 한계, 예를 들면 '국가와 시민사회' '공적 영역과 사적 영역' '개인과 집단' '전근대와 근대' 등의 이분법적 접근 때문이다. 이러한 서구적 이분법은 한국 사회의 특수한 역사적 배경과 맥락을 포착하지 못한다. 여기서는 동아시아의 역사문화적 배경과 밀접한 관련이 있는 공동체적 전통 즉 연고라는 사회관계의 특수성을 재조명하고, 나아가서 연고를 한국 사회의 발전을 위해 활용할 수 있는 자원으로 접근하는 문제를 검토한다.

한국의 연고에 관한 연구는 거의 모두 '근대화이론(modernization theory)' 즉 산업화 과정에 필수적으로 동반해 나타나는 사회적 이동의 증가가 전통적 공동체를 약화시킬 것이라는 주장을 전제로 이루어져 왔다. 즉 전통적 공동체의 기반이 된 연고는 근대화의 진행과 함께 결국에는 소멸할 것이라고 가정한다(이재혁 1999a). 그러므로 연고는 저발전의 상징 혹은 근대화의 적으로 그려진다. 특히 1997년의 경제위기 이후 국가의 모든 정책은 '측근주의(cronyism)' 즉 사회 전반에 스며든 연고를 척결하는 방향으로 이루어져 왔다. 물론 그러한 판단은 연고가 비효율적일 뿐만 아니라 전통적 농업사

만족스럽기 때문이다. 반면에 '도구적 동기(instrumental motivation)'에 따른 행위는 특정한 행위를 하는 이유가 제3의 숨겨진 혹은 드러난 목적을 이루려는 의도로 행해지는 행위를 말한다. 완성적 동기는 1차 집단 속에서의 정서적 행동에서 흔히 발견되는 반면, 도구적 행위는 2차 집단 속에서의 이해관계나 권력관계에 기초한 행동에서 흔히 발견된다. 사회적 행위의 '완성적' 동기와 '도구적' 동기에 관한 설명은 류석춘, 2002, 「한국의 시민사회, 연고집단, 사회자본」(자유기업원)의 제 6장 및 Portes(1998)와 Lin(2002) 참조.

회의 특징이기 때문에 근대화 즉 합리화가 진행되면 결국에는 없어질 것이라는 가정에 기초하고 있다.

많은 선행연구가 지적하고 있듯이 연고의 가장 논쟁적인 측면은 연고가 집단에 소속되어 있는 사람과 그렇지 않은 사람을 공정하게 대우하지 않는다는 사실이다. 파당적인 연결로 만들어진 호혜성 그리고 개인적인 신뢰는 그들끼리만 배타적으로 공유되어, 집단에 소속하지 않은 '일반적 타자'에게까지는 그러한 혜택이 주어지지 않는다고 생각한다. 다시 말해 연고가 '공정한 게임의 룰'을 손상시킨다는 주장이다. 따라서 연고는 공정한 경쟁을 침해하고 생산적 거래를 잠식하여 결국에는 자원배분에 비효율을 초래한다고 평가한다(이재혁 1999a: 49).

그러나 이와 같은 연고의 문제점을 인정하더라도 경제발전 과정에서 연고가 가진 긍정적 역할을 무시할 수 없다. '합리적 선택(rational choice)' 이론을 따르는 일부 학자들은 급속한 산업화 과정에서 법과 제도에 대한 신뢰보다 사적인 연결망에 대한 신뢰가 보다 효율적인 결과를 가져올 수 있다고 주장한다(김용학 1996: 106). 급속한 산업화 즉 정치사회적으로 법과 제도가 불안정한 환경에서 개인은 사적으로 믿을 수 있는 연고에 의지하여 거래비용을 낮출 수 있기 때문이다. 그러므로 이 입장은 연고에 대한 의존은 상황에 대한 개인의 합리적 선택의 결과라고 주장한다.

그러나 이 견해 또한 민주주의나 자본주의 같은 제도가 차츰 발전하여 결국 성숙한 환경이 조성되면 연고는 공식적인 영역에서 더 이상 활용할 가치가 없으므로 그 기능이 결국 축소될 것으로 이해한다. 그러나 이 해석은 '비정상적인' 한국사회의 현실이 지속되는 이유를 설명할 수 없다. 한국이 민주주의와 자본주의의 성숙을 향해 빠르고 분명한 변화를 겪고 있음에도 불구하고 연고의 기능은 약화되지 않고 오히려 지속적으로 강화되는 모습을 보이고 있기 때문이다. 정치에서의 지역주의, 경제에서의 재벌체제, 그리고 엘리트 구성에서 학연이 차지하는 위상 등이 이러한 주장을 뒷받침하는 생생한 증거들이다.

이런 현상이 벌어지는 이유는 일반적인 인식과는 반대로 연고가 전근대적인 일차적 집단에만 존재하는 것이 아니기 때문이다. 오늘날 한국은 물론이고 동아시아 전체를 보아도 연고는 기업과 같은 경제영역은 물론, 관료제와 같은 국가영역, 그리고 심지어는 시민사회의 자발적 결사체와 같은 영역에서도 그 존재가 쉽게 발견될 정도로 강력한 영향력을 행사하고 있다(류석춘·왕혜숙, 2006). 역사적으로 유래를 찾아보기 어려운 급속한 경제성장과 정치발전 속에서 오히려 더욱 다양한 양상으로 전개되고 또한 강화되고 있는 연고를 우리는 어떻게 이해하여야 하는가?

이런 맥락에서 국가와 시장, 혹은 국가와 시민사회를 이분법적으로 구분하고 서로 대립적인 관계로 파악하는 것은 서구적인 기준이다. 서구사회의 시장관계에서 비경제적 요소 특히 가족주의와 같은 인간관계가 큰 영향력을 발휘하지 못한 이유는 종교개혁과 시민혁명을 거치면서 자라온 개인주의 문화가 경제적 교환을 매개하는 자유시장의 배경으로 자리 잡고 있기 때문이다. 그러나 중국을 비롯한 유교문화의 전통을 가지고 있는 동아시아에서는 혈연·지연·학연과 같은 인간관계의 연결망이 경제적 교환을 매개하는 시장의 기능과 강력하게 결합되어 있다(류석춘, 1997a; 1997b). 그렇기 때문에 개별적인 경쟁과 성취가 평가의 기준이 되어야 하는 시장과 국가의 영역에서 연고는 어떤 기능을 하고 또 어떻게 결합하고 있는지를 더욱 더 이해할 필요가 있다.

예컨대 가장 대표적 연고인 가족주의가 경제발전에 미친 영향을 살펴보자.[9] 가족주의는 '효'라는 가치를 통해 경제적 발전과 협력을 위한 가족 내부의 동력을 만들어 낸다. 유교의 가족주의는 다음과 같은 세 가지 종류의 압력 즉 '발전적'이고, '계승적'이고, '집합적'인 차원에서 가족 구성원들의 경제적 성취를 자극하는 압력으로 작용한다. '발전적 압력'이란 각각의 가족 구성원이 가지고 있는 동기와 능력이 시간의 흐름에 따라 가족 전체를 위해 발전적으로 향상되어야 한다는 가족 내부의 규범과 규율을 말한다. '계승적 압력'이란 교육과 같은 다음 세대를 위한 투자에서 가족이 가지고 있는 제한된 자원의 효과가 세대 간에 극대화될 수 있도록 이어져야 한다는 가족 내부의 규범과 규율을 뜻한다. '집합적 압력'이란 경제적 발전의 동력은 물론 경제적 발전의 결과 또한 가족 구성원들 사이에서 모두 공유되어야 한다는 가족 내부의 규범과 규율을 말한다.

이 세 가지 차원의 압력은 가족구성원들로 하여금 첫째, 오늘보다 내일에는 가족의 경제적 상황이 호전되어야 하며, 둘째, 세대가 이어지면서 아랫세대가 윗세대보다 잘 되어야 하고, 셋째, 그러한 성취의 과정에 가족구성원들 모두가 집합적으로 참여해야 한다는 믿음을 심어주어 결국 가족 전체의 경제적 성취를 자극하게 만든다. 이와 같은 심리적이고 문화적인 기제의 작동에 대한 이해가 없다면 한국의 근대화와 산업화를 추동한 노동윤리를 이해할 수 없다.

나아가서 이러한 가족주의는 다양한 방식으로 구체적인 모습을 드러낸다. 예컨대 한국의 기업은 대부분 '재벌'이라고 불리는 가족 중심의 지배구조를 가지고 있다(Granovetter, 2005). 삼성, 현대, LG 등과 같이 세계적 경쟁력을 가진 기업은 물론이고 나머지 대부분의 기업도 모두 창업자의 가족 구

9) 이 책의 제2장 참조.

성원 예컨대 창업자의 형제, 아들, 조카, 손자 등이 의사결정에서 핵심적 역할을 한다. 물론 이러한 특징은 중소기업으로 가면 더욱 강화된다. 그나마 해외시장을 상대로 한 대기업은 '글로벌 스탠다드'에 맞추는 노력을 기울이는 동시에 재벌 체제의 유지를 위해 상당한 긴장을 겪지 않을 수 없지만, 국내시장을 상대로 하는 중소기업의 경우엔 아예 그러한 긴장조차 존재하지 않는다. 중소기업이건 대기업이건 한국의 기업이 자식에게 기업을 물려주어야 한다는 가족주의적 가치를 따르고 있는 현실을 부정할 수 없다.

마찬가지 방식의 조직원리가 동창회나 향우회와 같은 연고집단에도 그대로 적용된다. 특히 학연은 정부나 정치권에서 일하는 사람에게 다른 무엇보다도 중요한 연결망이다. 우리나라 엘리트 사회에서 학연이 차지하는 비중은 다른 어느 나라의 경우와 비교해도 결코 뒤지지 않는다. 대표적인 학력 엘리트 집단을 일컫는 이른바 'KS'[10]가 우리나라의 정치 경제 사회 문화 각각의 영역에서 차지하는 비중은 상상을 초월한다(참여연대, 2005; 류석춘·왕혜숙 2006).

또한 한국의 정치와 선거에서 지역주의는 점점 더 중요한 역할을 하고 있다. 한국 정치의 민주화를 상징하는 순간이라고 평가되는 1997년의 수평적 정권교체 즉 김대중의 집권은 다른 무엇보다 DJP 연합이라는 호남과 충청의 연합이 영남을 이긴 지역주의의 산물이었다. 만약 그러한 정권교체를 통해 한국의 민주주의가 공고화되었다는 평가를 한다면, 지역주의야말로 한국 민주주의를 발전시킨 원동력이다(Kang, 2003). 또한 1997년부터 2019년 현재까지 약 20여 년 동안 한국의 선거에서 지역주의가 작동하지

10) "KS"는 경기고등학교 출신이자 서울대학교를 졸업한 사람을 일컫는 말로, 한국 최고의 학력을 가진 엘리트를 지칭하기 위해 두 학교의 영문 '이니셜'을 따서 만든 용어다. 이들은 정치, 경제, 사회, 문화 등 우리나라 모든 분야의 최고 엘리트로 평가된다.

않은 경우는 없다. 지역주의의 작동 양태가 그 때 그 때 달랐을 뿐이다. 그렇기 때문에 이 기간에 등장한 김대중, 노무현, 문재인 대통령은 물론 이들과는 정치적 대척점에서 권력을 잡은 이명박, 박근혜 대통령도 지역주의적 선거에 의한 집권이라는 평가를 벗어날 수 없다.

이러한 관점에서 접근한다면 연고에 기초한 인간관계 그리고 그로부터 비롯된 집단의 역학관계는 오히려 한국의 발전을 만들어내는 가장 근본적인 동력으로 평가되어야 한다. 경제적 발전에서는 혈연에 기초한 재벌기업이 세계시장을 석권했고, 정치적 발전에서는 지연에 기초한 지역주의 투표가 민주주의의 발전을 가져왔기 때문이다. 학연에 기초한 네트워크 또한 이 두 영역의 발전과 긴밀히 얽혀 그 때 그 때 상황에 따라 필요한 의사결정을 수행하는 엘리트 집단을 만들어 내며 한국의 발전을 견인해 왔다. 그렇다면 연고야 말로 한국의 발전을 이끈 동력이라고 보아야 하는 것 아닌가.

위의 사례들은 모두 연고관계가 구성원들 사이에 협력을 이끌어 내는 동시에 개인으로 하여금 집단의 공공선을 만들어내는 과제에 적극 참여하도록 압력을 행사하는 가능성을 암묵적으로 전제하고 있다. 그러므로 연고관계는 이른바 '합리적 개인'이 단기적이고 사적인 이해관계에 포획되어 결과적으로 '합리적 바보'가 되는 사회적 낭비를 예방할 수 있는 '일반화된 호혜성(generalized reciprocity)'[11]을 제공하기도 하다. 바로 이런 까닭으로 연고는 사회자본이 될 수 있다. 연고를 가진 사람들이 공유하는 가치와 규범이 스스로의 이기적이고 단기적인 행동을 억제하고 집단의 이익을 위해 기여하는 동기를 불러일으키기 때문이다.

연고를 공유한 사람들이 가지는 신뢰는 개인으로 하여금 '죄수의 딜레

11) '일반화된 호혜성(generalized reciprocity)' 개념에 관해서는 이 책의 제6장 "강한 국가와 강한 사회의 일반화된 호혜성: 박정희와 한국의 발전경로"에서 자세히 설명하고 있다.

마'를 극복하도록 하여 경제적 발전을 향해 협동할 수 있도록 만든다.[12] 물론 연고는 이 과정에서 자원을 동원하고 소통을 도와주는 창구 역할을 한다. 만약 발전을 위한 정책과 제도를 만들고 또 집행하는 과정이 완전히 탈역사화되고 탈맥락화될 수 있다면 그것은 비공식 영역 즉 연고와 아무런 관련 없이 진행될 수 있다. 그러나 공식적인 제도와 정책은 결코 진공 속에서 만들어져 집행되지 않는다. 어떤 국가건 발전은 역사적으로 형성된 사회문화적 맥락을 배경으로 진행된다. 그러므로 한국의 발전도 그러한 맥락에서 검토되어야 한다.

지금까지 살펴보았듯이 한국의 발전은 강한 국가와 강한 사회가 만나 서로 상승작용을 일으켜 가능했다. 국가는 사회를 규율할 수 있었으며, 그 규율은 국가 관료의 사적인 지대추구를 위한 것이 아니라 발전을 이루기 위한 공적 목적을 가진 것이었다. 그리고 사회는 그러한 국가의 목표에 적극적으로 반응해서 연고를 포함한 각종 사회자본을 활용해 자원을 동원하며 참여했다. [그림 1.1]은 바로 이러한 한국의 발전과정에서 각각의 영역이 서로 어떻게 연결되어 결합하고 있는지를 시각적으로 보여 주고 있다. 이 책의 나머지 부분에서는 지금까지의 연구에서 한국의 발전경로를 이해하는데 빠져 있는 연결고리가 무엇인지, 그리고 이를 보완하기 위해서는 어떤 시각과 자료를 동원해서 [그림 1.1]에 등장하는 각각의 연결고리를 분석해야 하는 지를 단계별로 또한 심층적으로 접근한다.

12) 사회자본이 없으면 신뢰의 문제 즉 거래의 상대방이 '기회주의적 행동(opportunism)'을 하는 문제를 해결하기 위한 '안전장치(safeguard)' 예컨대 보험이나 공증과 같은 추가 장치의 도입이 필요하다. 그러나 만약 거래 당사자들 간에 사회자본이 형성되어 신뢰가 존재한다면 보험과 같은 안전장치는 계약에 따른 거래의 비용을 높이기만 하는 거추장스러운 절차가 될 뿐이다. 따라서 사회자본은 거래비용을 줄이는 중요한 기제다(Granovetter, 1985).

[그림 1.1] 한국 발전모형에 나타난 공식 및 비공식 영역의 결합: 정치·경제·사회문화적 차원

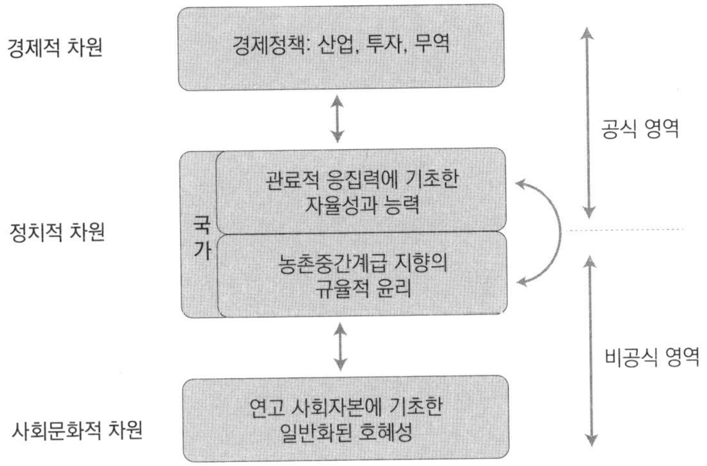

SourceL Lew & Wang, 2010: 191

5. 책의 구성과 장별 내용 요약

이 책은 지금까지 한국의 발전을 설명하고 분석하는데 '빠진 고리(missing link)' 즉 문화적이고 사회적인 차원의 역할을 강조한다. 한국 근대화에 관한 지금까지의 연구 동향은 주로 정치적이고 경제적인 차원에서 한국의 성공을 가져온 국가의 정책이나 제도에 관한 분석이 주를 이루어 왔다. 반면에 사회적인 혹은 문화적인 차원의 성공 요인을 설명하는 접근은 찾아보기 어려웠다. 한국의 근대화가 규범적인 차원에서 항상 도덕적이지 못하다는 비난을 받아 온 이유도 바로 이 때문이다. 그러나 과연 그런가? 이 책은 그렇지 않다는 설명을 위해 공식적인 국가와 시장의 역할에 조응한 비공식적

영역 즉 사회문화적 영역의 역할을 적극적으로 조명한다. 책은 다음과 같이 구성되어 있다.

제1장 "한국의 발전, 설명에 빠진 고리"는 정치적이고 경제적인 접근 즉 국가와 시장의 역할만으로 한국의 발전을 이해할 때 발생하는 실증적이고 논리적인 문제점을 검토한다. 이어서 그러한 문제점을 극복하기 위해서는 사회문화적 차원의 접근이 추가되어야 할 필요성을 설명한다. 역사로부터 물려받은 한국의 사회와 문화는 당연히 전통적인 유교의 가치 그리고 그로부터 비롯된 인간관계인 연고(緣故)의 역할이 매우 중요하다.

제2장 "유교 가치와 한국 자본주의 정신: 효를 중심으로"는 유교전통에 기초한 문화적 가치지향이 합리화를 지향하는 자본주의와 친화력을 가지고 있음을 보여주는 글이다. 서구 자본주의 정신이 청교도 윤리에서 비롯되었다면, 한국 자본주의 정신은 유교 가치 특히 효(孝)에서 비롯되었다. 조상을 기억하고 재현할 것을 요구하는 효의 가치가 근대화의 정신적 에토스로 작용하면서 한국인들은 가족에 대한 의무로서 선대보다 향상된 삶을 살아야 한다는 사회문화적 압력을 받는다. 이러한 도덕적 압력이 한국인들에게 근면하고 성실하게 일해서 성공해야 한다는 노동윤리를 체화(體化)하게 만들었다.

제3장 "연고집단과 사회자본 그리고 한국의 근대성"은 유교적인 인간관계 즉 혈연·지연·학연과 같은 연고를 '사회자본(social capital)'으로 접근하는 글이다. 연고와 같은 '정서적 연결망(affective network)'의 부정적 효과를 비판하는 기존 연구 경향과는 달리, 여기서는 연고와 같은 정서적 연결망을 지나간 과거의 나쁜 잔재가 아니라 산업화와 민주화를 가능케 한 우리나라의 사회적 자원 즉 사회자본으로 접근한다.

왜냐하면, 삼성을 비롯한 우리나라의 재벌기업은 혈연에 기초한 경영에도 불구하고 세계적인 기업으로 성장했기 때문이다. 또한 우리나라의 정치는 1997년 지역연합인 DJP 공조를 통해 '수평적 정권교체'를 이룩하면서 민주화의 분수령을 맞이했고, 그로부터 2019년 현재까지도 지역주의 정치 즉 지연에 기초한 정치를 계속하고 있음에도 불구하고 민주주의를 발전시켜 왔다. 그렇기 때문에 한국의 경제와 정치를 발전시키는 원동력이 역설적이게도 혈연과 지연이 만들어 내는 동력이라고 주장할 수 있다.

이 책은 이로부터 한 걸음 더 나아가 연고와 같은 정서적 연결망을 한국사회가 근대화를 완성하면서 겪게 되는 원자화의 문제를 해결할 수 있는 사회문화적 자원으로 접근한다. 탈근대 사회에서 원자화된 개인들을 연결하고 또 그 연결에 의미를 부여해 주는 '간주관적(間主觀的, inter-subjective)' 관계의 형성에 연고가 디딤돌 역할을 할 수 있기 때문이다. 나아가서 연고는 시장과 정치라는 공식영역을 통해서만 긍정적 혹은 부정적 역할을 수행했던 것만도 아니다. 오히려 시장과 국가를 넘어선 비공식 영역에서 공식영역을 지원 혹은 견제하는 역할도 마다하지 않았다.[13)]

제4장 "연고집단의 역사적 발전: 비정부/비영리 영역과 유교전통"은 3장에서 설명한 내용이 역사적 연속성을 가진 현상임을 보여주는 글이다. 조선 시대의 비공식 연결망인 사림(士林)이 권력에 대한 감시는 물론 경우에 따라 권력을 추구하기도 했다면, 오늘날 비정부·비영리 영역의 주역인 시민단체 역시 그 내·외부의 비공식 연결망을 통해 권력에 대한 감시는 물론 경우에 따라 권력을 추구하는 모습을 보여주고 있다(류석춘·왕혜숙 2006).

연고집단이 현실에서 강력한 영향을 미치는 이유는 이들이 역사적으로

13) 이러한 저자의 관심은 근대화 과정에서 사회적 약자에 제공되는 복지의 상당 부분이 연고에 의해 제공되고 있는 현실을 분석하는 작업으로 연결되어 왔다(왕혜숙·류석춘, 2013; 류석춘·왕혜숙·백용운, 2011). 저자가 지도한 다음의 석사 논문들도 같은 관심의 소산이다(소은, 2014; 응웬 밤무 으잉, 2013; 채소린, 2012).

이어져 내려온 공동체에 대한 헌신 즉 '일반화된 호혜성'이라는 도덕적 가치를 담지하고 또 실천하고 있기 때문이다. 나아가 이들의 역할과 기능은 비공식 영역에만 머무르지 않고 국가와 시장이라는 공식영역에까지 침투하고 있기 때문에 더욱더 주목하지 않을 수 없다. 문재인 정부의 등장 이후 특히 문제가 되고 있는 이른바 좌파 운동권 인맥의 이너서클이 권력을 장악하는 과정도 같은 맥락에서 벌어지는 현상이다.[14]

제5장 "박정희의 유교 자본주의: 가능성과 한계"는 '정경유착'을 근본 속성으로 하는 '유교 자본주의'의 정당성 문제를 분석한다. 박정희 대통령의 국가주도형 산업화를 이 책은 "유교 자본주의"로 개념화한다. 왜냐하면 서구적 의미의 시민사회는 물론 시장도 충분히 성장하지 못한 상황에서 위로부터 도입된 경제발전 계획이 기업의 의사결정을 뛰어넘어 국가의 정책적 필요에 따라 민간부문을 자극하고 동원하며 경제를 발전시켰기 때문이다.

만약 이러한 계획과 동원 즉 산업정책을 "정경유착"이라고 부른다면, 대한민국은 어떻게 정경유착이라는 '사회적 낭비'를 최소화하고 경제적 효율을 추구하여 산업화에 성공할 수 있었는가? 죽음을 무릅쓰면서 상소를 올리던 유교 선비의 후예인 지식인 그리고 언론이 권력을 감시했기 때문이다. 이들은 부당한 유착 즉 "경쟁력 없는 유착"을 비판했지, 정당한 유착 즉 "경쟁력 있는 유착"은 오히려 옹호했다. 박정희와 박태준의 만남으로 이루어진 '포항제철'과 김영삼의 아들 김현철과 기업 총수 정태수의 만남으로 이루어진 '한보그룹'의 예가 각각 정당한 유착과 부당한 유착의 사례로 제시된다.

14) 이 문제는 과거 박정희 정권 시절 육군사관학교 출신이 군 내부의 이너써클 '하나회'를 만들어 문제가 된 모습, 그리고 노무현 정권의 '참여연대' 혹은 문재인 정권의 '우리법연구회'가 각각 정권 내부의 이너써클을 형성하여 문제가 되고 있는 모습과 같은 맥락의 문제다(류석춘·왕혜숙, 2006; 최우석, 2017).

제6장 "사회자본 개념으로 재구성한 한국의 경제발전"은 한국의 경제발전을 '강한 국가(strong state)'와 '약한 사회(weak society)'의 조합으로 설명할 수 없다고 주장한다. 이 조합은 경제발전을 이룩하지 못한 제3세계 권위주의 국가 특히 '약탈국가(rogue state)'라 불리는 경우에 적용되어야 한다. 대한민국과 같은 '발전국가(developmental state)'에서 사회는 오히려 국가의 발전전략을 수용하고 또한 그에 적극적으로 반응하는 '강한' 모습을 보여 왔기 때문에 발전의 시너지를 만들 수 있었다. 박정희 시대가 대표적인 모습이다.

박정희 시대에 나타났던 강한 국가와 강한 사회의 상승작용은 새마을운동을 통한 '마을과 국가'의 상호관계 그리고 산업정책을 통한 '기업과 국가'의 상호관계에서 잘 드러난다. 두 경우 모두 미시적인 개인 혹은 기업이 거시적인 마을 혹은 국가 공동체에 대한 도덕적 의무를 기초로 '일반화된 호혜성(generalized reciprocity)'을 실천했기 때문에 발전을 위한 시너지를 만들어 낼 수 있었다. 이러한 호혜성의 실천은 "우리가 잘되는 것이 나라가 잘되는 것이고, 나라가 잘되는 것이 우리가 잘 될 수 있는 길이다"라는 현대중공업의 사훈, 나아가서 '기업보국(企業報國)'을 경제활동의 근본으로 삼은 수많은 기업인의 존재로 확인할 수 있다.

제7장 "외환위기는 발전국가를 변화시켰는가?"는 이러한 발전의 경로가 국가 '자율성'과 '역량'이라는 차원에서 1997년의 위기를 겪으면서 어떻게 변화하였는가를 '공적자금'의 조성과 집행을 통해 분석한다. 외환위기는 IMF 등과 같은 국제기구의 지원으로 국가로 하여금 도합 168조에 이르는 공적자금을 조성하도록 했고, 국가는 이 자금을 기반으로 기업 혹은 자본에 대한 개입을 강화하는 구조조정을 통해 '자율성(autonomy)'을 높이는 계기를 만들었다. 그러나 높아진 자율성에도 불구하고 위기를 관리하던 당시 정부는 공적자금의 회수라는 국가의 경제관리 '역량(capacity)'에서 2006년

현재 회수율 50%에도 못 미치는 한계를 보여주었다.[15)]

위기극복 실패는 자율성을 기초로 한 국가개입 그 자체로부터 유발된 것이라고 보기 보다는, 오히려 국가의 개입 역량이 부족하여 나타난 결과라고 보아야 한다. 따라서 박정희 정부 이후 지속되어 온 국가의 자율성과 역량에 기초한 발전국가의 경로는 1997년 외환위기를 계기로 특히 역량의 차원에서 심각하게 훼손되기 시작했다. 시장의 기준에서 경쟁력 있는 기업을 선별하여 지원하던 "규율에 따른 지원"이 사라지고, 정치적 고려의 대상이 되는 기업을 무조건 밀어주는 "규율 없는 지원"으로의 경로 이탈이 바로 이때 시작되었다. 오늘날 회자되고 있는 이른바 '경제민주화' 정책은 이러한 이탈의 연장선에 속한 현상으로 보아야 한다.

책 전체의 결론으로 제시된 제8장 "발전의 도덕경제"는 한국의 근대화 혹은 경제발전이 주어진 역사적 맥락에 따라 도덕적 가치를 추구하여 온 결과라는 사실을 정리하고 있다. 한국의 성공 사례는 발전에 있어서 비공식적인 혹은 사회문화적인 차원의 가치와 규범 즉 사회자본이 얼마나 중요한지를 보여주는 사례로 평가되어야 한다. 유교와 같은 문화적 전통은 물론이고 혈연·지연·학연과 같은 연고에 기초한 사회적 연결망 또한 근대화 과정에서 시장과 민주주의를 발전시키는 사회자본으로 활용될 수 있음을 보여주고 있기 때문이다. 한국의 국가와 시장 그리고 사회는 공동체에 대한 헌신 다시 말해 '일반화된 호혜성'이라는 도덕적 가치를 중심으로 상호 배태되어 있었기 때문에 기적과 같은 성공을 만들 수 있었다.

종합적으로 이 책은 대한민국 발전의 기원을 사회문화적이고 도덕적인

---

15) 박정희 시대의 차관을 포함한 외자는 경부고속도로와 같은 사회간접자본의 건설 및 포항제철 등과 같은 중화학공업 분야에 대한 투자를 통해 비용의 몇 천 배, 몇 만 배 이윤을 남겼다. 이에 비해 1997년 위기 당시 구제금융 수단으로 사용된 공적자금은 원금의 절반 정도만을 건지는 실패로 귀결되었다. 이 책의 제 7장 참조.

차원에서 추적하고 있으며, 1997년 경제위기 이후 약화된 국가의 역량 또한 근본적인 규범과 규율의 상실에서 찾고 있다. 이 책은 기존 연구에서 한국사회의 경제발전과 정치발전을 저해하는 요인으로 비난의 대상이 되곤 했던 문화적 유산 즉 유교전통과 연고 그리고 국가개입의 긍정적 효과를 적극적으로 발굴하여 제시한다. 나아가서 이와 같은 문화적 특징들이 대한민국의 근대화 과정에서 일정한 발전의 경로를 형성하여왔기 때문에, 앞으로의 발전 또한 이러한 경로로부터 이탈하면 성공할 수 없다고 주장한다.

1부

문화적 차원: 유교

| 2장 |

유교 가치와 한국 자본주의 정신:

효(孝)를 중심으로 (최우영·왕혜숙 공저)

제2장 | 유교 가치와 한국 자본주의 정신: 효(孝)를 중심으로[16)]

최우영[17)]·왕혜숙[18)] 공저

1. 효를 말하며

일찍이 베버는 종교적 가치의 사회적 효과에 대해 탁월한 분석을 했다(Weber, 1930 [1920]). 사회학의 고전이 된 논의를 통해 베버는 기독교 개신교에 함축된 가치지향이 서구 근대 자본주의가 만들어지는데 결정적 동력을 제공한 근면하고 성실한 노동윤리를 형성시켰음을 밝혔기 때문이다. 나아가 그는 이 종교적 가치의 발전론적 효과가 서구 이외의 지역에서는 발견되지 않거나 아니면 체계적으로 차단되었다고 진단한다(Bella 1957). 대표적인 경우가 바로 중국을 필두로 한 유교 문화권이다(Weber 1951 [1920]). 물론

16) 이 글은 2005년 '한국사회학' 39집 6호에 "유교 윤리와 한국 자본주의 정신: 효를 중심으로"라는 제목으로 처음 발표되었다. 이후 영문으로 2011년 Journal of East Asian Studies 11(2)에 "Confucian Ethics and the Spirit of Capitalism in Korea: The Significance of Filial Piety"라는 제목으로 발표되면서 내용이 대폭 수정되었다. 2013년 출판한 필자의 영문 책은 2011년 영문논문을 그대로 인용했다. 최종적으로 이 책에 포함된 글은 2013년 영문책 내용을 번역한 결과다. 따라서 2005년의 국문 논문과 현재의 글은 상당한 차이가 있다.

17) 신라대 사회학과 교수

18) 홍익대 초빙교수.

한국 역시 예외가 아니었다(Tu, 1991: 류석춘, 1992; 차성환, 1992; 박성환, 1994).

이 글은 바로 이러한 베버의 유교 진단에 의문을 제기하며, 그 반론의 계기를 유교의 효에서 찾고자 한다.[19] 이 대목에서 분명히 할 것이 하나 있다. 다름 아니라 이 글이 하고자 하는 것은 베버의 자본주의 이론에 대한 반론이 아니라, 베버의 유교 해석에 대한 반론이라는 사실이다. 우리는 '효'라는 유교의 가치가 심리적이고 문화적인 차원에서 사람들의 경제적 활동에 미치는 효과를 추적해 보면, 베버의 주장대로 전통적 가치의 발전론적 중요성을 확인할 수 있다고 믿는다. 일부에게 효라는 규범 가치를 경제적 효과와 연계시키는 작업이 여전히 낯설어 보일 수 있다. 얼핏 보기에 지극히 가치 합리적인 효라는 덕목과 수단합리성의 총아인 경제가 도무지 어울릴 것 같지 않기 때문이다.

하지만 이 연계의 타당성은 역설적이게도 서구 유럽에 관한 베버의 논의가 확인해 준다. "자본주의에 관한 베버의 최종 이론(Weber's Last Theory of Capitalism)"이라는 도발적 제목의 연구성과를 발표한 콜린스에 따르면(Collins, 1980) 베버는 제도적 조건의 인과적 결합을 중심으로 자본주의의 등장을 설명했지만, 그럼에도 불구하고 그는 서유럽에 특징적인 종교적 이념과 동기가 경제에 미친 영향을 매우 중시했다. 우리 역시 자본주의 발전에서 다양한 구조적 조건과 사회·정치적 제도의 결합이 중요하지만, 그럼에도 도덕적인 동기가 추동하는 심리·문화적 지향 역시 중요한 역할을 수행한다고 믿는다. 따라서 우리는 사회적 조건이 제공하는 거시적 맥락 속에

19) 이 글은 베버를 한편으로는 따르고, 다른 한편으로는 반박하는 글이다. 따르는 부분은 종교 혹은 심리적인 차원의 긴장이 현세에서의 삶 특히 경제적인 차원에서 강력한 동기를 유발한다는 방법론이다. 반면에 반박하는 부분은 유교가 현세적인 윤리여서 그러한 긴장을 만들어내지 않는다는 베버 이론의 유교에 관한 내용이다. 유교도 종교의 본원적 기능 즉 영원한 삶에 대한 나름의 처방이 있어, 그로부터 생기는 긴장이 경제적 동기를 자극한다는 주장과 분석이 이 글의 핵심 내용이다.

서도 여전히 미시적인 개인의 심리적 지향과 신념이 노동윤리와 교육적 성취에 영향을 미쳐 결과적으로 경제적 발전을 만들어 내는 인과관계를 성립시킨다고 본다.

절대자가 없는 한국의 종교 그리고 문화적 전통에서 절대자의 존재를 전제로 한 서구의 자유와 평등 나아가서 민주주의와 자본주의를 도입하는 문제는 매우 어렵고 복합적인 과업이다. 우리나라에서 이 문제에 가장 먼저 체계적인 관심을 기울인 학자는 함병춘이다. 그는 "인간의 제일차적 의무가 서양의 경우에서는 신에 대한 복종과 충성인 것과는 달리, 한민족에 있어서는 다른 인간들 즉 가까운 혈족, 친우, 혹은 동향인에 대한 정(情)이었다"(함병춘 1969; 1993: 295~334)고 지적하여, 유대기독교의 개인주의적 세계관과 유교의 인륜 중심 세계관의 차이를 명확히 했다.

함병춘(1993: 303~4)은 예수의 다음과 같은 말씀을 근거로 우리의 주의를 환기시킨다. "내가 세상에 화평을 주러 온 줄로 생각지 말라. 화평이 아니라 검을 주러 왔노라. 내가 온 것은 사람이 그 아비와, 딸이 어미와, 며느리가 시어머니와 불화하게 하려 함이니, 사람의 원수가 자기 집안 식구리라. 아비나 어미를 나보다 더 사랑하는 자는 내게 합당치 아니하고, 아들이나 딸을 나보다 더 사랑하는 자도 내게 합당치 아니하고, 또 자기 십자가를 지고 나를 쫓지 않는 자도 내게 합당치 아니하니라"(마태복음 10: 34~38).

함병춘의 지적은 가족을 비롯한 자신의 주변인들에 대한 평안을 기도하는 한국의 구복(求福) 기독교인들에게 정말이지 받아들이기 어려운 긴장을 불러일으킨다. 가족과 지인을 선택할 것이냐 아니면 하나님을 선택할 것이냐를 놓고 고민하지 않을 수 없게 만들기 때문이다. 그렇다면 우리는 이러한 긴장에 어떻게 대응하며 자유와 평등 그리고 민주주의와 자본주의를 발전시켜 마침내 복지국가의 반열에 들어설 수 있게 되었는가?

절대자 즉 신이 없는 상황에서 나의 존재를 영원으로 이어 줄 수 있는 방법은 없는가? 있다. 나를 둘러싼 인간관계에 내가 죽어서도 계속 개입되어 있으면 가능하다. 신의 구원 대신 주변 사람들의 기억에 내가 남아 그들이 나의 존재와 의미를 재현해 준다면 나는 영원히 살 수 있다. 누가 이런 영생을 가장 확실하게 보장해 주는가. 두말할 것도 없이 자식이 첫째다. 둘째는 나를 둘러싼 지인(知人)들 즉 인간관계다.

자식이 나를 기억해 주고 재현해 주면 나는 죽지 않는다. 자손은 나와 나의 미래가 영원으로 이어지는 매개 수단이다. 마치 기독교인이 영원히 살기 위해 하나님의 구원을 얻으려 노력하듯이, 유교인은 자식을 키우면서 자신을 '기억하고 재현'하게 만드는 노력을 기울여 영원히 살려 한다. 유교 전통을 가진 사회가 자식 교육의 문제에 특별한 관심을 기울이는 것은 바로 이런 이유 때문이다. 후대에 대한 의무인 교육과 짝을 이루는 현상이 선대에 대한 의무인 제사다. 전통사회에서 제사가 중요했다면, 근대화된 오늘날에는 교육이 더욱 중요하다.

세상의 어느 부모가 자식을 함부로 대하랴마는, 절대자 즉 신을 가진 문화에서는 자식도 신 앞에서 상대화되지 않을 수 없다. 그러나 절대자 즉 신이 없는 문화에서는 절대자의 자리를 자식이 차지한다. 그래서 유달리 자식교육을 강조하지 않을 수 없다. 우리나라의 근대화 과정에서 교육이 중요한 역할을 했다는 분석은 이제 상식이 되었지만, 왜 유독 유교문화권 특히 우리나라에서 교육을 강조하였는가 하는 문제는 바로 이러한 역사문화적 맥락을 고려할 때에만 이해가 가능하다.

유교적 맥락에서 자식의 '기억과 재현'은 기독교적 맥락에서 '절대자의 구원'과 같은 효과를 갖는다. 기독교 신자가 절대자의 구원을 얻기 위해 이 세상에서 도덕적인 삶 즉 근검절약을 실천해야 하듯이, 유교적 지향을 가진 인간은 조상을 기리고 즉 기억하고, 또 자식을 교육하기 위해 즉 자신을 재현시키기 위해 도덕적인 삶 즉 근검절약을 실천해야 한다. 이에 실패하면 유교적 맥락에서의 영원한 삶을 보장받을 수 없다. 유교의 이상적 인간 즉 선비(군자)는 바로 이러한 '기억과 재현'에 필수적인 수양과 도덕을 실천하는 사람이다.

유교적 맥락에서 나의 존재를 영원으로 이어 줄 또 다른 방법은 나를 둘러싼 인간관계에 내가 죽어서도 계속 개입되어 있으면 가능하다. 신의 구원 대신 주변 사람들의 기억에 내가 남아 그들이 나의 존재와 의미를 재현해 준다면 나는 영원히 살 수 있다. 그래서 우리는 2차적인 인간관계는 물론 1차적인 인간관계 다시 말해 혈연·지연·학연과 같이 연고에 기초한 인간관계를 매우 중시한다. 심지어 우리는 '죽어서도 개입하는 인간관계'를 '조상의 음덕(蔭德)'이라 부르며 '기억과 재현'의 수단으로 삼는다. 유교 사회에서 자식은 돌아가신 부모의 연고와 연결되어 부모의 삶을 다음 세대로 이어가며 기억과 재현에 헌신한다.

그렇다면 한국의 근대화는 서구 기독교 문명의 청교도가 제공한 사명감과 도덕 같은 윤리적 가치가 부재한 천민적 자본주의 그리고 타락한 민주주의일 뿐인가? 그렇지 않다는 사실을 밝히기 위해 우리는 유교의 가치 그 중에서도 '효'가 갖는 경제적 효과와 의미를 따져 보고자 한다. 우선 '효'가 가지는 철학적인 의미를 살핀다. 이 과정에서 효가 유교의 다른 가치에서 볼 수 없는 독특한 '종교적' 의미와 효과를 가지고 있음을 드러내고자 한다(Taylor, 1990). 효의 종교·철학적 측면에 주목하면 효가 죽음과 영원의 문제를 처리하는 유교 특유의 종교적 기제임이 드러난다. 이 과정에서 효는 '선대를 기억하고 재현'하는 독특한 실천을 통해 잠재적이지만 강력한 경제적 동기를 부여하게 된다.

다음에는 이처럼 효에 수반된 경제적 동기가 현실의 맥락에서 어떻게 발현되는지 살펴본다. 구체적으로 효가 '가족주의'라는 삶의 원리와 어떻게 결합되어 있고 또 그 결합은 어떤 효과를 만들어 내는지도 규명한다. 이 과정에서 효는 '발전적'이고, '계승적'이고, '집합적'인 기억과 재현의 동기를 만들어, 결과적으로 강력한 경제적 자극 및 규범을 요구하게 됨을 보여 줄 것이다. 이러한 작업의 궁극적 목표는 전통적 가치인 유교의 효를 '한국 자본주의 정신'의 근본적 기초로 확립하여 문화적이고 심리적인 차원에서 종교적 윤리가 노동과 교육에 대한 인간의 태도와 성향을 어떻게 형성하는지를 설명하는 데 있다.

2. 효: 죽음을 넘어 영원으로

2.1. 효 사상의 종교성

종교는 인간의 존재를 확인해주는 가장 원초적이면서도 궁극적인 의식(意識) 기제다. 물론 인간 존재의 확인은 종교 이외의 다른 기제를 통해서도 불가능한 것이 아니다. 하지만 인간의 존재성을 궁극적 실재와의 관계 속에서 영원으로 확장시키는 것은 종교가 유일하다. 영원한 존재성의 확보라는 종교적 요청은 숙명적으로 '죽음'의 문제와 대면할 수밖에 없다. 피할 수 없는 생물학적 죽음은 그 자체가 공포일 뿐 아니라 영원한 존재성의 치명적인 걸림돌이기 때문이다. 그런 의미에서 존재의 영원성을 보장하려는 종교는 필연적으로 죽음의 해석과 처리를 자신의 '하드코어(hard core)'로 할 수밖에 없다(Eliade, 1985: 9~11). 보다 정확히 말하면 죽음의 해석과 처리로부터 비로소 종교가 성립한다.

일찍이 베버가 유교를 종교의 범주에 포함시키는 데 주저한 사실은 시사하는 바가 크다. 그에게 비친 유교는 초월적 절대자의 부재, 세속을 구원하는 메시지의 부재, 천년왕국이라는 내세의 부재 등 종교적 요소를 전혀 가지고 있지 않았기 때문이다. 베버가 유교를 현세의 질서와 관습에 적응하는 것을 목표로 하는 전형적인 속인(俗人)의 윤리로, 교양 있는 세속인을 위한 정치적 준칙이나 사회적 예의범절을 지키는 거대한 사상 체계로 본 것은 어쩌면 당연한 결과였다(베버, 1991 [1920]: 225). 그에게 있어 유교는 죽음을 적절히 처리하여 존재를 영원으로 확장시키는 이른바 하드코어가 빠져 있는 종교였기 때문이다. 죽음이라는 문턱에서 존재의 영원성이 좌절된 유교인들에게 남아있는 대안이란 현세에 대한 강렬한 집착일 수밖에 없다. 베버가 유교의 특징으로 '현세적 적응'을 지적한 근본적 이유는 바로 여기서 찾아진다(베버, 1991 [1920]: 350). 문제는 베버 역시 기독교적 맥락에 갇혀 있어(류석춘·국민호, 1992; 김석근, 1999), 결과적으로 효를 통해 발산되는 유교의 종교성을 포착하지 못했다는 사실이다.

그렇다면 종교로서의 유교는 죽음과 영원의 문제를 어떻게 풀고 있는가? 이를 설명하기 위해서는 논의를 잠시 우회하여 기독교의 경우를 먼저 살펴보는 절차가 필요하다. 기독교가 죽음을 처리하는 방식 그리고 그로부터 존재의 영원성을 담보해내는 방식은 잘 알려져 있다. 기독교는 초월적 절대자의 완전무결한 의지와 역사함을 전제로 한다. 그리고 그 절대자의 의지와 역사함은 명백한 목적으로 지향되어 있다. 영원한 생명의 시공간으로서 천년왕국(천당)이 바로 그 목적이다. 물론 이 시공간은 인간의 견지에서 보면 탈역사화된 시공간이다. 구원이라는 통로로만 진입하게 되는 천년왕국에서 인간은 비로소 자신의 존재를 영원으로 확장시킬 수 있다. 천년왕국 즉 천당이야말로 절대자에 의해 태초부터 계획된 인간 존재의 궁극적

안식처이다.

바로 이 천년왕국 프로그램에 입각해 기독교는 현실과 인간의 역사를 상대화한다(Troeltsch, 1958 [1912]). 현세는 천년왕국에 이르는 과정에서 볼 때 궁극적 삶이 잠시 유예된 잠정적 과도기에 불과하다. 이 강력한 상대화의 효과가 현실에 존재하는 영향력, 예컨대 전통이나 혈연과 같은 구속을 뛰어넘게 만든다는 베버의 지적은 잘 알려져 있다(베버, 1985 [1923]: 334-335). 하지만 이러한 종교적 비전의 정수는 다른 무엇보다 죽음의 극복에 있다. 천년왕국의 구원 메시지에 의해 죽음은 비로소 상대화되고 존재는 죽음을 넘어 영원으로 자신을 확장한다. 기독교의 강력한 종교성은 바로 이 대목에서 극적으로 빛을 발한다.

기독교인에게 이처럼 중요한 구원의 문제는 그러나 종교개혁 이전까지 서유럽에서 순전히 가톨릭 교회 성직자들의 몫이었다. 중세라는 기나긴 시간을 거치면서 중앙집권화된 가톨릭 교회의 절대권력은 부패하지 않을 수 없었고, 일부 기독교인들이 마침내 가톨릭 성직자들의 구원에 대한 역할에 의문을 품기 시작했다. 그들은 구원에 대한 기준이 하느님의 가르침 즉 성경에 따라 이 세상의 삶을 얼마나 충실하게 사는가 하는 문제가 되어야 한다고 주장했다. 이 새로운 교리는 죄를 범하지 아니하고 자신에게 주어진 소명을 성실히 영위하면 누구나 구원을 받을 수 있다고 설명했다. 그래서 이 새로운 교리를 따르는 개신교도들은 이 세상에서 열심히 일해 부자가 되고자 했다. 특히 죽음 후에 판가름 나는 영원한 삶 즉 구원에 대한 불안감이 이들을 열심히 일하도록 만들었다. 마침내 종교개혁 이후 개신교도들의 목표는 근검절약을 통해 구원을 받았다는 징표로 이 세상에서 부와 재화를 축적하는 일이 되었다.

이제 유교를 보자. 기독교와 달리 유교는 선험적 목적론과 배후의 인격화된 의지를 전제하지 않는다(Ching, 1977). 대신 유교는 자연과 규범 세계를 일관되게 관통하는 추상적 보편원리가 세상을 구성하고 주재한다고 믿는다(금장태, 1992: 215). 도(道), 이(理), 태극(太極) 등으로 표현되는 궁극원리는 기본적으로 몰인격적이며, 거기에는 현세를 넘어 초월적 세계에 다다라야 한다는 특정한 목적을 가진 아무런 준비된 계획이 없다. 궁극원리는 우주와 자연과 인간 어디에나 존재하면서 세상을 구성하는 동시에 세상의 움직임을 주재한다. 그것은 인간 바깥에 존재하는 초월의 원리인 동시에 인간에게도 일정하게 주어진 내재적 원리이기도 하다(de Bary, 1998: 40~41; 유초하, 1994: 19-122). 인간에게 주어진 이 원리를 본연의 지고지선(至高至善)의 상태로 실현하는 것이 바로 인간의 자연적, 규범적 의무다(이승환, 1998: 262). 사실 여기까지만 보면 유교의 철학적이고 형이상학적인 모습만 드러날 뿐 종교적 측면은 좀처럼 포착되지 않는다. 논의를 좀 더 이어가 보자.

궁극 원리인 이(理)는 앞서 말했듯이 자연과 우주의 생성, 소멸, 재생성을 주재하는 불멸의 본질을 지닌다(함재봉, 1998: 262~266). 그렇기에 이(理)의 규정성은 결코 개별로 존재하는 현세의 문제에 국한되지 않으며 영원으로 확장될 수 있다. 당연히 존재의 죽음 역시 이(理)의 주재성을 단절시키지 못하며, 오히려 죽음 자체가 이(理)의 자연스러운 발현이자 또한 영원한 이(理)로 돌아가는 과정일 뿐이다. 따라서 죽음은 반리(反理)가 아니라 합리(合理)로 승화된다.

바로 여기에서 죽음은 비로소 종교적 존재론의 차원에서 상대화된다. 인간의 생물학적 죽음이 그의 존재성을 단절시키는 것이 아니라 오히려 불멸의 궁극 원리에 귀의하게 함으로써 존재성을 영원으로 확장시킬 수 있기 때문이다. 물론 여기에는 암묵적 조건이 개입한다. 인간이 현세의 실천을 통해 자신을 이(理)의 원리에 합일시켜야 한다는 규범적 요구다(Metzger,

1977). 이러한 조건적 명령이 충족되는 한 죽음은 결코 그의 존재성을 단절시키는 치명적 계기가 아니다. 오히려 영원한 존재의 시작일 따름이다. 우리는 이로부터 죽음과 존재의 영원성을 처리하는 유교 특유의 종교 논리를 이해할 수 있다.

간략하게 유교의 종교 논리를 살펴보았지만 여전히 의문은 남는다. 추상성과 엘리트주의 때문이다. 다시 말해 '실천적으로 현실성이 있느냐' 하는 문제다. 앞서 설명한 바에 따라 죽음을 극복하고 존재성을 영구화할 수 있는 사람은 극히 제한되어 있다. 오직 종교적 거장(virtuosi)만이 그렇게 할 수 있을 뿐,[20] 종교적 요구에 대한 대중의 부응은 최소한일 수밖에 없다(Hill, 1973). 그런 점에서 유교의 종교적 진면목은 오히려 실천적 규범의 차원에서 더욱 잘 드러난다. 유교에서 실천적 원리이자 덕목으로서 오륜(五倫)이 강조되는 맥락이 바로 이 대목이다. 오륜은 형이상학적 차원에서 제시된 종교적 해법의 현실적이고 대중적인 실천론이다(최우영, 1994: 92-94). 특히 오륜 중 가장 앞서 나오는 부자유친(父子有親), 이른바 효의 실천은 종교적 해법의 정점이다. 그 중에서도 사후(死後)의 효가 그렇다.

유교에서의 효는 단순한 세속 규범이 아니라 엄숙한 종교적 명령이다. 그리고 효의 본질은 부모를 포함한 나의 선대를 '기억(remember)'하고 '재현(represent)'하는 데 있다. 그러면 왜 기억하고 재현해야 하는가? 바로 여기에 죽음의 처리에 대한 유교적 해법의 단서가 있다. 물론 그 해법은 '합리'적 귀의(歸依)에 의해 존재론적으로 해소되고 있지만, 현실적이고 대중적인 차원에서도 실천적으로 구현될 필요가 있다. 즉 존재의 영원성이 현실 차원에

20) 유교에서 이상적 인간의 전형으로 간주하는 성인군자가 바로 이들이다(함재봉, 2001). 그들은 격물치지(格物致知)와 거경궁리(居敬窮理)의 실천적 수양론을 통해 유교의 종교적 해법을 터득한 사람들이다(Taylor, 1990: 39-52; de Bary, 1998; 100-102). 하지만 현실적으로 이들의 수가 극도로 제한될 수밖에 없음은 자명하다.

서 실천적으로 담보되고 또 확인되어야만 한다. 이 요구가 충족될 때 비로소 유교는 종교적인 설득력을 가질 수 있기 때문이다. 유교는 그러한 종교적 요구의 해법을 '기억과 재현'에서 찾는다. 선대의 영원한 존재성을 선대에 대한 후대의 기억과 재현을 통해 확인하기 때문이다.

유교 특유의 '조상숭배(ancestor worship)'는 여기에 본질이 있다. 후대가 선대를 기억하고 재현하는 한 존재의 영원성은 객관적으로 확인된다. 역으로 후대의 기억과 재현이 없다면 존재의 영원성은 보장되지 않는다. 따라서 기억하고 재현하지 않으면 그것은 존재의 영원성을 단절하는 행위이며, 결과적으로 유교의 종교적 명령을 거스르는 행위이다. 유교에서 왜 그토록 효가 중시되고 불효가 지탄받았는지 이제야 그 이유를 알 수 있다.

유교에서 존재의 생물학적 한계는 자식의 기억과 대리 재현을 통해 보완된다. 자식은 나를 기억하고 재현함으로써 유한한 존재인 나를 영원으로 확장시켜주는 나의 분신이다(이숙인, 2001: 33~34). 나는 자식을 통해, 그리고 그 자식의 자식과 계속 이어지는 후손을 통해 기억되고 재현됨으로써 영원한 존재로 승화된다. 그것은 내가 부모를 기억하고 재현하는 것과 정확히 일치한다. 모든 인간은 예외 없이 이 수많은 기억의 연쇄 속 어딘가에 위치한다. 그럼으로써 존재의 영원성을 담보하는 중요한 고리 역할을 하게 된다. 유교는 이것이 자연적 원리이자 당위적인 의무라고 규정한다. 이 점에서 선대의 기억과 재현이야말로 유교 형이상학이 지시하는 합리(合理)의 으뜸가는 실천이다. 이 실천이 바로 효다.

후세의 기억과 재현을 통해 존재의 죽음은 영원한 삶으로 연장된다. 유교에서 생전(生前)의 효 이상으로 사후(死後)의 효를 강조한 것도 바로 이 때문이다. 그런 점에서 효는 흔히 이해하듯 단순한 세속 규범을 넘어서는 강력한 종교적 명령이다. 우리는 유교 실천론의 핵심인 오륜이 가장 먼저 효로부터 시작되고 있는 이유를 이로부터 유추할 수 있다. 유교는 죽음의 처리와 영원성의 확보라는 종교적 하드코어를 결코 빠뜨리지 않았다. 오히려 효라는 장치를 통해 지극히 현실적이고 합리적으로 처리한다. 인간으로서 어찌해볼 수 없는 신의 의지에 의존하는 것이 아니라, 인간의 능동적 실천에 호소한다는 점에서 효는 종교적 요구에 대한 매우 합리적 해법이다.

2.2. 효의 경제적 동기

유교에서 효는 인(仁)의 으뜸가는 실천이다. 부모에게 성의정심(誠意正心)을 다하는 지극한 섬김이 효가 요구하는 내용이다. 효의 실천은 부모의 생전과 사후가 다를 수 없다. 특히 사후의 효는 어떤 의미에서 더욱 본질적이다. 사후의 효가 죽음을 극복하고 존재의 영원성을 확보하는 숭엄한 종교적 기제인 탓이다. 이제부터의 과제는 효에 수반된 경제적 효과를 파악하는 일이다. 우리는 효와 경제의 연결고리를 효의 종교적 '제도화'에서 찾고자 한다. 그 근거는 효의 종교성이 형이상학적 차원에만 머무르지 않고 구체적 현실에 녹아들면서 필연적으로 제도화한다는 데 있다. 이때 제도화의 과정이 물적 기반의 문제, 다시 말해 경제적 차원과 유리될 수 없음은 너무도 당연한 일이다(류석춘, 1997a).

역사적 종교는 원리적으로 현실을 상대화하면서도 현실에 직·간접으로 개입한다. 특히 성속(聖俗)의 융합도가 높고(박영신, 1983), 종교와 정치 즉 현실이 분리되기 어려운 유교 세계에서는 그 현실적 규정력이 결코 만만치 않다.[21] 유교는 자신의 종교적 지향을 현실에 강하게 요구하고 반영한다. 구

21) 펑유란(馮友蘭, 1993)은 유교가 구축한 세계가 결국 성과 속을 하나로 묶은 통합된 세계이며, 그런 점에서 유교는 종교와 현실을 아우르는 통합적 원리라고 평가한다.

체적으로 효와 같은 덕목의 실천을 통해서이다. 중요한 것은 효와 같은 각종 덕목이 강력한 종교적 '당위'인 탓에 그 실천이 지속적으로 보장되고 또 확인되어야 한다는 사실이다.

그러기 위해서는 우선 효와 같은 실천이 구체화, 객관화되어야 했다. 그것도 대내외적 '검증'의 차원에서 객관화가 필요하다. 우리는 이 대목에서 유교가 왜 '관혼상제(冠婚喪祭)'에 대한 의식(儀式)을 중요하게 생각했는지 이해하게 된다(금장태, 2000; 김덕균, 2004). 유교에서 관혼상제의 중요성은 누구도 부인할 수 없거니와, 그 본질은 효와 같은 덕목의 실천을 객관적으로 드러냄으로써 종교적 명령을 이행하고 있다는 사실을 보여 주는 핵심적 의례 즉 제도적 장치이기 때문이다.

효의 종교성을 고려할 때 관혼상제는 죽음과 영원성이라는 종교적 하드코어를 처리하는 데 필수적인 절차다. 따라서 거기에는 유교의 종교적 의미가 필연적으로 함축될 수밖에 없다. 우선 '관례(冠禮)'는 기억과 재현으로 누대를 이어온 존재성을 다음 세대로 이어줄 새로운 주체의 종교적 승인이다. '혼례(婚禮)'는 기억을 이어갈 새로운 주체의 생산에 필요한 생물학적 결합의 종교적 승인이다. '상례(喪禮)'는 선대의 물리적 죽음이 수반하는 인간적 슬픔을 극복하고 죽음을 영원으로 승화시키는 종교적 매개과정이다. '제례(祭禮)'는 영원으로 승화된 선대의 존재를 주기적으로 환기시킴으로써 후대의 기억과 재현 의무를 확인케 하는 종교적 검증과정이다. 요약하면 관혼상제는 효로 대변되는 종교적 요구를 제도적으로 확인하고 검증하는 유교 특유의 의식 절차이다.

그렇다면 효를 종교적 당위로 요구하는 유교 세계에서는 효의 실천이 곧 종교적 시민권(religious citizenship)을 확보하는 문제와 직결되어 있음을 깨달을 수 있다. 이는 스스로의 주관적 확신은 물론 타인에게 인정받기 위해서도 마찬가지다. 이 점에서 유교 사회의 인간에게는 자신의 효행을 객관화하려는 강력한 동기가 내포되어 있음을 알 수 있다.[22] 관건은 관혼상제로 대변되는 객관화된 효행을 실천하는 '비용'이다. 주지하다시피 전통사회의 조건에서 이 비용은 만만한 것이 아니어서 상당한 경제적 기반을 필요로 했다(전상인, 2008). 특히 관례나 혼례, 상례와 같이 일회성 절차가 아니라, 평생 주기적으로 반복되는 제례 즉 제사를 지내는데 필요한 경제적 비용은 막대하였다.

더구나 유교 예법이 요구하는 사대봉사(四代奉祀)를 고려한다면 제사의 경제적 압박은 결코 작다고 할 수 없다. 그렇다고 제사의 의무를 무시하거나 임의로 경감할 수도 없다. 앞서의 논의가 말해주듯 제례는 사례(四禮) 중에서도 선대의 존재성을 확인하는 가장 핵심적인 종교적 절차이기 때문이다. 실제 전통사회에서 '봉제사(奉祭祀)'의 의무가 그토록 중요했던 이유도 바로 여기에 있다(Deuchler, 1992; 미야지마, 1996). 결국, 효행의 객관화는 경제적 기반의 확보와 긴밀하게 연계될 수밖에 없다. 이로부터 봉제사로 대표되는 효행의 객관화 이면에 만만찮은 경제적 동기가 작용함을 읽어낼 수 있다.

더욱 중요한 사실은 효의 객관화에 수반된 경제적 동기가 구체적인 현실 맥락과 접하면서 결정적으로 강화된다는 점이다. 우리는 앞서 효의 본질적 의미가 기억과 재현에 있음을 밝혔다. 따라서 효의 객관화는 곧 기억과 재현의 객관화이며, 기억과 재현의 수준은 곧 종교적 시민권의 척도다. 그런데 유교사회에서는 특이하게도 종교적 시민권의 확보가 종교적 정당성은 물론이고, 현실 정치에서의 이념적 정당성 문제와도 직결되어 있다(조혜인, 1993; 최우영, 2003). 말하자면 종교적 시민권을 승인받고 이를 강화하는 것이

22) 이는 마치 베버의 개신교 테제에서 구원불안을 극복하고 구원의 주관적 확신을 강화하려는 개신교도들이 (淸)富라는 객관화된 증거에 연연하게 되는 과정과 유사하다(베버, 1987 [1920]).

정치적, 이념적 헤게모니 확보와 직결되어 있다. 일례로 조선 후기의 예송(禮訟)은 제례의 실천이 얼마나 정치적이고 이념적인 현실의 권력 문제와 긴밀하게 연결되어 있는지를 단적으로 보여준다(김상준, 2001). 유교적 삶의 방식이 광범위하게 확산된 18세기 이후의 지형에서는 더욱 그러하였다.

바로 이 맥락에서 효는 검증을 넘어 '경쟁'의 차원으로 전이된다. '누가 선대를 더 잘 기억하는가,' '누가 선대를 더 잘 재현하는가'라는 화두가 성립하는 것이다. 우리는 조선 후기에 집안마다 제례가 강화되고, 족보와 문집을 간행하고, 서원(書院)과 사우(祠宇)의 건립이 '경쟁적'으로 확산되는 과정을 기억하고 있다(정진영, 1991; 미야지마, 1996; 전종한, 2002). 다양한 형식이 동원되고 있지만, 이들의 본질은 예외 없이 선대의 기억과 재현이다. 이 확산의 과정이야말로 지금 말하는 경쟁의 맥락을 정확히 반영해 준다.

이제 기억과 재현은 단지 종교적 차원에 머무르지 않는다. 더 잘 기억하고 더 잘 재현하기 위한 물적 기반의 강화, 곧 경제적 풍요의 문제로 전환된다. 현실적으로 기억과 재현의 수단과 방법 그리고 수준은 어떤 식으로든 차이가 나기 마련이다. 당연히 그러한 차이를 만들어 내는 일차적 원천은 경제력이다. 여기에서 차이는 경제적 동기를 강렬하게 자극한다. 차이의 간극을 극복하고 앞서 나가는 것은 종교적 시민권은 물론이요 현실의 헤게모니를 위해서도 필수적이다. 효의 객관화에 내재한 경제적 유인은 이처럼 현실의 경쟁과정 속에서 극적으로 강화된다.

이러한 과정은 개신교 윤리가 개신교 신자로 하여금 신의 영광을 위해 세속적인 활동에 전념하도록 만드는 과정과 놀랍도록 유사하다. 한국 사회의 유교 가치는 서유럽 사회의 개신교 가치와 기능적 등가물인 셈이다. 그러나 비록 기능적으로 같은 효과를 만들었다고 하더라도, 두 지역에서 종교적인 가치가 구현되는 구체적인 모습은 전혀 다르다. 개신교도들은 서구의 근대적 시장 자체가 스스로를 드러내듯이 개인주의적이고 원자화된 경제적 활동을 추구한 반면, 유교도들은 부에 대한 필요성에 가족이라는 집합적 단위로 반응하면서 경제의 조직방식을 전혀 다른 모습으로 만들어냈다.

3. 효와 유교적 가족주의

3.1. 유교의 가족

가족주의는 흔히 "가족 집단의 발전과 안위를 개인의 그것보다 중요하게 여기는 사고나 행위의 경향"(Burgess & Locke, 1945), 혹은 "일체의 가치가 가족집단의 유지, 지속, 기능과 관련을 맺어 결정되는 사회의 조직형태 및 행태방식"으로 정의된다(최재석, 1989 [1965]: 23). 이 정의에서 개인에 우선하는 가족의 우월한 위상 그리고 여타 집단에 우선하는 가족의 절대적 중요성이 잘 드러난다. 그런 점에서 일단 가족주의가 가족을 지상의 가치로 하는 하나의 인식 및 행위 원리라는 점은 분명하다(송복, 1999: 178~182).

그러나 가족주의는 사실 한국이나 유교권 국가만의 현상이라고 보기 어렵다. 동서를 막론하고 전통사회에서 가족은 개인에 우선하는 그리고 여타 집단에 우선하는 절대적 실체로 기능하는 경우가 대부분이다. 사회가 상대적으로 미분화된 전통시대에 가족은 개인이 의존할 수 있는 가장 원초적이고 자연적인 집단이기 때문이다. 나아가 현대의 시점에서도 가족주의는 결코 예외적인 현상이라고 보기 어렵다. 정도의 차이는 있을지언정 가족중심의 인식 및 행위원리는 지역을 막론하고 어렵지 않게 발견되기 때문이다. 제3세계의 많은 나라들에서 가족주의는 여전히 중요한 사회적 사실(social fact)로 기능한다. 예컨대 퍼트남의 논의에서 이탈리아 남부의 사회문화적 지향 역시 가족주의로부터 설명되고 있다(Putnam, 1993a).

이 대목에서 가족주의 가운데 특히 '유교적 가족주의'가 갖는 특성이 과연 무엇인지를 규명할 필요가 있다(Hsu, 1967). 가족 중심의 인식 및 행위원리라는 가족주의 일반의 의미는 공유하되, 그것을 형성 및 강화시키는 가치의 기원과 역사적 맥락은 사회마다 다를 수 있다. 그렇다면 '유교적 가족주의'는 어떤 기제에 의해 생겨났고, 또 유교는 왜 그토록 가족을 중요하게 생각하게 되었는지를 따져야 한다. 물론 '유교적 가족주의'라는 가족주의의 하위범주가 형성되는 이유와 유교의 가장 중요한 가치인 '효'는 분리되기 어렵다. 이 문제를 정리하기 위해 잠시 앞으로 돌아가 논의의 맥락을 이어가고자 한다.

앞서 효의 종교적 기능이 죽음의 극복과 존재의 영원성 확보에 집약되어 있음을 설명했다. 또한 효의 실천이 기억과 재현의 방식을 취하고 있음도 확인하였다. 이 과정에서 기억과 재현의 주체로 가족이 상정되는 것은 너무나 자연스럽다. 선대의 분신인 가족들이 선대를 기억하고 재현하려는 것은 거의 생물학적 반응에 가깝기 때문이다. 사실 지금까지의 종교적 맥락을 잠시 유보한다면 선대의 기억과 재현은 동서고금의 보편적 현상이다. 가령 기독교 사회라고 해서 선대를 기억하려는 인지상정(人之常情)이 왜 없겠는가? 그렇지만 기독교 사회는 그러한 인간의 기본적 욕구가 주관적인 차원을 넘지 않았고 더구나 종교적 지향과는 결합되지 않았다.

그런 점에서 기독교 사회는 유교 사회와 가족의 의미와 위상이 전혀 다르다. 기독교 사회는 베버가 적절히 지적했듯이 가족적 기억과 재현의 동기가 기독교 특유의 종교적 프로그램에 의해 상대화되었다. 기독교 사회의 가족은 신이라는 절대자 앞에서 최소한으로 축소될 수밖에 없었다.[23] 반면,

23) 베버는 성경의 갈라디아서에 기록된 한 사건을 통해 가족(혈연) 상대화의 단서를 발견한다. 소위 '안

유교 사회에서는 기억과 재현을 위한 가족의 의미가 주어진 생물학적 차원을 넘어 종교, 사회적 차원으로 확장된다(함병춘, 1969). 정확히 말해 유교 사회의 가족은 죽음을 넘어 존재의 영원성을 보장하는 종교적 거점이 된다(De Vos, 1998). 유교에서의 가족은 선대를 기억하고 재현하여 존재의 영원을 보장받는 유교식 교회의 다른 이름이다.

이런 맥락에서 유교의 가족에는 생물학적 자연성과 종교적 규범성이 결합되어 있다. 자연과 도덕적 당위가 반영된 천리(天理)의 현실태가 바로 가족이다(Hahm C, 2004). 유교적 맥락에서 가족이 그토록 중요시되는 시원적 준거가 바로 여기에 있다. 하지만 그것은 여전히 필요조건일 뿐이다. 가족을 지상의 가치로 하는 가족주의는 실제 기억과 재현의 역사적 과정과 그 과정에서 부각된 가족의 전략적 의미 때문에 더욱 결정적으로 강화된다. 이것이야말로 '유교적 가족주의' 형성의 필요충분 조건이다(류석춘, 2001).

유교 사회에서 가족이 생물학적 한계를 넘어서 종교적 장치가 된다는 사실은 이미 설명했다(이숙인, 2001: 35). 하지만 현실의 가족은 종교적 시민권, 정치적 권력, 경제적 자원에 접근하는 전략적 단위이기도 하다. 물론 이 과정에서 선대의 기억과 재현은 규범적 요청인 동시에 주요한 전략적 실천 수단으로 기능한다. 누구나 알고 있듯이 유교적 전통사회에서 개인은 가족을 매개로 해야만 제반 자원에 접근할 수 있다. 가족과 유리된 개인이란 규범적 일탈이었을 뿐만 아니라 현실적으로도 존재하기 어려웠다. 결국 가족은 상황에 대처하고 문제를 해결하는 실질적인 단위일 수밖에 없다(Harris, 1979). 개인의 이익과 가족의 이익은 분리되지 않는다. 이익 실현의 다른 창

디옥의 집회' 사건이 갖는 상징적 의미를 통해서이다. 여기에서 바울은 베드로의 입장이 대변하는 뿌리 깊은 혈연적 폐쇄성을 뛰어넘어 할례 받지 않은 이방인들도 포용한다. 이방인들과 의례와 성찬식을 함께 거행하는 것을 옹호하고 있다. 베버에게 있어 이 사건은 서국 역사가 가족(혈연)적 구속을 뛰어넘어 보편주의로 나아감을 보여주는 근대의 맹아였다(베버, 1985 [1923]: 335).

구가 드물었던 유교사회에서 그러한 경향은 더욱 농후하였다.

하지만 더 중요한 계기는 자원의 희소성으로 인한 경쟁의 맥락이 유교사회에 부과된 경우이다(류석춘·장미혜·김태은, 2002). 한국의 경우 18, 19세기 조선 후기의 경험이 특히나 결정적이었다. 조선 후기는 역사적으로 신분의 경계가 약화되고 인구 압력이 증가함으로써 기회구조 자체가 급격히 협소해지던 시기였다(이영훈 2016). 그 결과 치열한 경쟁의 장(場)이 연출되었다. 당시는 개별 가족의 입장에서 볼 때 당면한 생존은 물론 선대의 기억과 재현이 위태로워지는 총체적인 위기 상황이었다. 당연히 가족의 전략적 대응은 긴급하고도 절실할 수밖에 없었다.

이러한 상황에 대한 가족의 전략적 대응은 단연 '통합'과 '조직화'로 나타났다. 예컨대 장자상속과 제사권 강화, 동족촌 형성, 족보와 문집 간행, 서원과 사우의 건립 등이 대표적이다(Deuchler, 1992). 여기에는 당연히 경쟁의 맥락이 깔려있다. 장자권(長子權)의 강화는 맏아들이라는 가족 구심을 확고히 한 다음 가족의 위계적 통일성을 높여 경쟁체제로 재편하는 의미를 지닌다. 동족촌의 형성 역시 물리적 결집을 통해 의사결정을 신속하게 하고 자원을 집중할 수 있게 하려는 의도를 가진 전략이었다(정진영, 1991; 이해준, 1991). 기타 족보 발행과 사우(祠宇) 건립을 통해 가족은 선대의 기억을 공유함은 물론 이를 재확인하고 강화하여 미래에 전하고자 하였다.

이들 전략적 실천을 통해 가족집단에 대한 개별 성원들의 헌신과 몰입은 극적으로 높아질 수 있었다(Jacobs, 1985). 또한 이로부터 경쟁의 상황에서 생존해 나갈 수 있는 근원적인 동력이 마련될 수 있었다. 결론적으로 규범적 차원에서 유교로부터 부여된 가족의 절대적 의미는 다시 한 번 현실의 차원에서 극적으로 강화되었다. 경쟁의 경험과 학습을 통해 가족은 개인에게 지상의 가치이자 준거로 자리 잡게 된 것이다. 이것이 곧 한국사회 가족주의의 역사적 기원이다. 여러 가지 조건의 변화에도 불구하고 이후 한국사회의 전개과정 역시 이러한 가족주의의 작동과 결코 무관할 수 없었다.

3.2. 보다 나은 기억과 재현을 위한 현대적 압력

가족주의 문화가 지배하는 한국사회에서 개인은 결코 독립적이고 절대적이지 않다. 물론 이것은 유교문화에 고유한 인간에 대한 규정이기도 하다. 이 규정에 따르면 개인은 가(家)라는 전체, 이른바 통체(統體)를 구성하는 부분자로 존재하지,[24] 결코 독립적인 개별자로 존재할 수 없다(최봉영, 1999; 함재봉, 1998: 류석춘·김태은, 2002; Bell & Hahm C 2003). 마찬가지로 개인은 다른 사람과의 관계, 특히 지금의 맥락에서 가(家)와의 관계 속에서 파악될 수 있는 '역할의 집합체(totality of roles)'이지 그 자체로서 절대적 의미를 가지는 존재가 아니다(Rosemont, 1988). 그렇다면 통체로서의 가에 대한 부분자로서의 나의 의무는 무엇인가? 혹은 가와의 관계 속에서 파악되는 역할의 집합체가 나라고 할 때 나의 역할이란 무엇인가?

이러한 질문은 조상에 대한 '기억과 재현'의 의미가 과연 무엇인지를 다시 한 번 숙고하게 만든다. '기억'은 돌아가신 부모가 살아있을 때 보여주었던 물리적인 특징이나 삶에 대한 태도를 자식이 의식적으로 기억하는 과정을 포함한다. 그리고 '재현'은 부모의 그러한 특징적 삶을 구체적 형태로 드러내기 위해 자식이 실천하는 과정을 포함한다. 이 둘의 관계는 서로 보완적이며 동시에 순환적이다. 부모는 자식의 기억을 통해 재현되고, 재현은

24) 여기에서 개인과 대비할 경우에는 가가 통체가 되지만, 천리라는 더 크고 궁극적인 원리(통체)를 기준으로 할 경우에는 개별 가가 부분자가 된다. 이처럼 유교의 세계관은 통체와 부분자의 연쇄과정으로 이루어져 있음을 알 수 있다. 어떤 경우에도 이러한 연쇄로부터 유리된 존재, 이른바 개별자는 존재할 수 없다(최봉영, 1999).

자식의 부모에 대한 기억을 강화한다. 그러나 분석적 기준에서 오늘날 실현하기 어려운 것은 기억보다는 재현이다.

전통적인 재현의 형식들은 오늘날 사실상 유명무실해졌다. 제사라는 의례가 대표적이다. 그렇다고 재현이 포기되는 것은 아니다. 오히려 의미의 확장을 통해 재현은 보다 일반화했다. 선대의 분신인 내가 나의 삶 전반을 통해 선대를 드러내고 확장하는 모습으로 바뀌었기 때문이다. 재현이란 필연적으로 돌아가신 부모에 대한 자식의 대리 실천일 수밖에 없다. 이를 확장하면 재현은 자식이 부모의 삶을 '대신 사는' 과정이기도 하다. 전통사회는 그러한 '대신 삶'의 방법이 종교적, 사회적으로 객관화된 사회였고, 현대는 그러한 조건이 무너진 사회이다. 이제 재현은 부모를 대신한다는 포괄적인 의미 아래 자식의 삶 전체를 통해 실천되고 증명되어야만 한다. 이에 현대의 가족주의 역시 기억과 재현의 본질은 유지하되 그 작동의 논리를 갱신하지 않을 수 없었다.

20세기 후반 한국의 근대화는 눈부신 경제성장의 과정이었다. 비록 1997년의 위기 이후 그 내실에 대한 평가가 엇갈리고 있기는 하지만, 그 이전까지의 경제성장은 세계사에 유례가 없는 것이었다. 자연히 그 배경에 대한 관심이 집중되었고 특별히 한국적 특수성이 주목을 받았다(Hamilton and Biggart, 1988; 류석춘, 1997a; 1997b; 조혜인, 1998; 국민호, 1999; 함재봉, 2000). 유교적 가족주의에 대한 새삼스런 관심 역시 이러한 상황과 무관하지 않았다. 이 과정에서 유교적 규율, 집단적 헌신, 가족적 자원동원, 교육열 등이 경제성장의 주요 동력으로 거론되곤 했다(Pye, 1985; Maison et al, 1980; Berger, 1988; Hofheinz and Calder, 1982; Kahn, 1979; MacFarquhar, 1980; Tai, 1989; Tu, 1996; Vogel 1991).

문제는 이 여러 요소들이 가족주의라는 이름으로 두루뭉술하게 묶이고 이것이 경제성장에 기능적이었다는 결과적 설명만이 지배적이라는 사실이다(Amsden, 1989; Wade, 1990; Shin J. S. & Chang H. J., 2003; Kim H A 2004; Davis, 2004). 경제성장에 미친 가족주의의 결과적 효과만이 반복적으로 환기될 뿐, 그 효과의 원천과 기능적인 결과를 분석적으로 구분하고 또 논리적으로 연결하는 고리를 찾기 어려웠다. 이 글은 조상에 대한 기억과 재현을 종교적으로 처방한 결과가 바로 자식에 대한 교육과 근면한 노동윤리의 강화로 이어졌음을 보여 주고자 한다. 그렇게 하여서 우리는 효라는 가치가 기억과 재현에 대한 압력을 통해 가족구성원에게 미치는 심리적 효과를 드러내고자 한다.

한국의 산업화와 경제성장 과정에서 가족주의가 자원동원의 주요한 기제로 기능한 것은 잘 알려진 사실이다(박희, 1992; 박충석 외, 1993). 물론 근대화 과정에서 나타난 가족의 자원동원이 가족 바깥으로부터 특히 국가로부터 유도된 측면이 없지 않지만, 그러한 사실이 개인적인 차원의 노동윤리나 교육열을 모두 설명할 수는 없다. 노동윤리와 교육열을 가져온 가족 내부의 자원동원은 바로 '기억과 재현'의 경쟁에서 지고 싶지 않다는 바닥으로부터의 압력이다. 기억에 기초해 조상을 재현하려는 노력은 종교적으로 강력한 동기를 제공받으며 가족의 자원동원을 가능하게 했다. '재현의 경제적 효과'는 바로 이렇게 나타났다. 그리고 거기에는 다음의 세 가지 계기가 특히 주효하였다.

첫째는, 선대를 기준으로 한 '발전적(developmental)' 재현의 압력이다. 현대의 조건은 재현의 전통적 수단들을 폐기시켰고, 그 결과 재현은 이제 '대신 삶'의 논리에 따라 자식의 삶 전체를 통해 증명되어야만 했다. 이는 재현의 형식이 일반화된 것이기도 하지만, 다른 한편으로 재현의 기준이 모호해졌다는 뜻이기도 하다. 과연 부모를 이은 나의 삶이 선대를 잘 기억하고 있는 것인가, 과연 선대를 제대로 재현하고 있는 것인가? 이 의문은 결코 가볍지 않는 불안을 동반한다. 뿐만 아니라 불안을 해소할 객관적인 기준 역시 전통사회와는 달리 모호해졌다. 이러한 상황에서 사람들에게 가장 현실적으로 다가온 기준은 일단 선대보다 나아진 삶, 선대보다 발전된 삶이라는 기준이다. 선대보다 나아지거나 최소한 선대의 수준을 유지해야지 그렇지 않을 경우 이를 제대로 된 재현으로 보기 힘들기 때문이다. 사람들은 최소한 발전적 재현을 통해서 그나마 의무의 불안에서 벗어날 수 있었다. 반면 퇴보하는 삶은 대신 삶이라는 견지에서 볼 때 재현의 실패이자 의무의 방기로 느껴질 수밖에 없었다. 그것은 곧 효의 실패였기 때문이다.

문제는 무엇이 발전이고 무엇이 나아진 삶인가 하는 데 있다. 당연히 발전에는 여러 차원이 있을 수 있다. 하지만 사람들에게 일차적으로 지각되는 발전은 제일 먼저 경제적 차원에 모아지기 마련이다. 소위 입신양명(立身揚名)에 대한 지향은 정치적 권력이나 사회문화적 위세 등을 두루 포괄하지만, 그 중에서도 경제적 성공은 그 자체로서의 의미뿐 아니라 다른 발전의 기반이 된다는 점에서도 가장 절실한 요청이었다. 더구나 너나없이 절대 빈곤에 시달렸던 산업화의 초기 단계에서 경제적 향상은 지상의 과제이자 동시에 발전적 재현의 가장 객관적인 척도였다. 여기에서 경제적 동기는 한껏 자극되었고 적극적인 노동 투입이 뒤따르게 되었다. 한국의 산업화 과정에서 예외적인 노동의 헌신이 있었음은 잘 알려져 있지만, 거기에는 시장경제 일반에서 발견되는 경제적 동기 이상의 무언가가 있었다. 그것은 곧 발전적 재현이라는 종교적 압력이었다. 적어도 이 요인을 고려하지 않는다면 유례없는 한국의 경제성장은 제대로 설명하기 어렵다.

둘째는, '계승적(successive)' 재현의 압력이다. 앞서 말한 발전적 재현의 논리는 결코 당대에 국한된 문제만이 아니다. 기억과 재현은 누대(累代)에 걸쳐 지속되어야 하는 당위적 실천이며, 그래야만 비로소 선대의 존재성이 확인될 수 있다. 개인은 면면히 이어져 온 가통(家統)의 일부분으로서 선대를 기억하고 재현해야 할 뿐 아니라, 그러한 기억과 재현이 후대에도 이어질 수 있도록 책임을 져야 한다. 모든 개인은 그러한 이어짐의 매개 고리다. 여기서 후손, 곧 자식의 의미가 더욱 중요하게 다가올 수밖에 없다. 자식은 단순히 나만을 기억하고 재현하는 존재가 아니라 나에게까지 이어져 온 선대 모두를 나를 대신하여 기억하고 재현하는 존재이다. 따라서 자식의 생산과 양육은 선택의 문제가 아니라 당위의 문제이며, 그는 나만의 자식이 아니라 선대 모두의 자식인 것이다.

자식은 나에게 두 가지 의미로 존재한다. 하나는 나를 재현하는 '수단'이라는 의미이고, 다른 하나는 나를 이을 새로운 재현의 '주체'라는 의미이다. 전자의 견지에서 보면, 내가 자식을 입신양명시키는 것 자체가 나에게 맡겨진 재현 의무의 실천 방법이 된다. 비록 내가 매개가 되고 있지만, 자식의 입신양명 역시 선대의 발전적 재현이기는 마찬가지이기 때문이다. 반면 후자의 견지에서 보면, 자식은 현재 내가 맡고 있는 재현의 의무를 나를 대신해서 이어갈 새로운 주체이다. 자식은 내가 그랬던 것처럼 선대를 더욱 발전적으로 재현해야 할 당위적 의무의 담당자이다. 자식은 나에게 이 두 가지 의미로 존재한다.

중요한 것은 두 가지 의미의 충족이 모두 경제적 기반에 의해 결정적으로 좌우된다는 사실이다. 우선 자식을 입신양명시키기 위해서는 경제적 기반이 필요하며, 자식이 나를 이어 충실히 선대를 재현하기 위해서도 경제적 기반이 필요하다. 특히 후자의 경우는 나의 사후에 자식이 나를 포함하여 선대를 제대로 재현할 수 있도록 하는 물적 기반의 마련을 요구한다. 물론 이는 일차적으로 당사자인 자식에게 맡겨진 과제이기도 하다. 하지만 그에 앞서 가통의 계승을 단절 없이 수행할 수 있도록 자식의 조건을 마련해 주는 것은 나에게 맡겨진 중대한 책임이다. 이런 맥락에서 재현의 의무는 선대를 기준한 발전적 압력 뿐 아니라, 후대를 기준으로 한 계승적 압력으로도 존재한다.

한국사회에서 지난 반세기 동안 조금도 식지 않은 열기를 꼽으라면 아마도 그것은 교육을 위주로 한 자식에의 막대한 투자일 것이다. 이 보편적 열기 가운데서 유교적 가족주의의 재현에 대한 동기를 읽어내는 것은 지금의 맥락에서 그리 어렵지 않다. 자식에의 투자는 다름 아닌 재현의 연속성을 보장하려는 보험행위이기 때문이다. 다시 한 번 경제적 기반의 중요성이 확인되는 대목이다. 결국 계승적 재현의 압력이 앞서 본 발전적 재현의 압력과 더불어 강력한 경제적 동기를 자극하고 있음을 알 수 있다. 한국의 눈부신 경제성장이 이러한 경제적 자극과 무관하지 않았음은 물론이다.

셋째로, 재현의 경제적 효과를 보여주는 마지막 계기는 '집합적(collective)' 재현의 압력이다. 정확히 말해 선대를 재현하는 주체는 집합적으로 존재한다. 선대의 후손은 나만이 아니라 선대의 기억을 공유하는 이들, 곧 나의 형제자매 모두이기 때문이다. 그간 한국사회가 유난히 많은 자식을 선호한 것은 그것이 그만큼 기억과 재현의 가능성을 높여주었기 때문이다. 집합적 재현이란 선대의 재현이 나만의 재현이 아니라 우리 모두의 재현이 되어야 함을 의미한다.[25] 여기서 우리는 재현의 의무가 후손으로 이어지는 종적 차

25) 형제간의 집합적 재현 압력은 한국 사회가 많은 자식 특히 많은 아들을 선호하던 시기에 특히 유효했다. 구체적으로는 60년대와 70년대까지다. 즉 박정희 대통령 집권 시기까지이다. 그 이후 가족계획이 도입되어 자식이 줄어들기 시작하면서 집합적 재현 압력은 성립할 수 없는 상황으로 바뀌어 가고 있다. 박정희 서거 이후 50년이 지난 최근에는 한국의 현실이 출산율 1.0 이하로 떨어져 형제 간의 집합적 재현 압력은 아예 없어졌다고 보아야 한다. 그러나 대신 하나밖에 없는 자식이 부모를 기억하고 재현하는 압력을 더욱 강하게 받게 되어 새로운 여러 가지 문제들이 등장하고 있다. 여기에 더해 남녀 간의 평등이 강화되면서 과거에는 남성 쪽 집안을 중심으로 한 기억과 재현이 중요했으나, 지금은

원 뿐 아니라 형제자매로 연결되는 횡적 차원에 동시에 걸쳐 있음을 알 수 있다. 물론 일단은 개별 형제자매가 각기 부모를 발전적으로 또 계승적으로 재현해야 하지만, 그것은 전제적으로 볼 때 결코 분리될 수 없는 집합성을 가진다.

재현의 집합성에는 중요한 함의가 들어 있다. 그 함의란 곧 재현에 대한 책임의 공유이다. 선대를 재현하는 것은 내 삶의 발전으로만 끝나는 문제가 아니라 우리 형제자매 모두의 삶의 발전으로 증명되어야 하며, 모두가 이에 대한 책임을 나누어 가져야 한다. 이로부터 대내적 그리고 대외적인 효과가 각각 발생한다. 대내적으로는 재현의 책임이 공유되어 상호 간에 발전을 촉구하는 암묵적 압력이 작용한다는 사실이다. 형제 간에 누가 더 잘 재현하는가 하는 경쟁이 벌어지지 않을 수 없는 상황이 된다. 있을 수 있는 개인적 재현의 실패가 집합적 재현에 부담이 될 수 있다는 점에서 이 압력은 결코 가벼운 것이 아니었다.

대외적으로는 책임이 공유됨으로 인해 형제자매 상호 간에 부조가 활성화된다는 사실이다. 사실 형제자매 간 재현의 수준은 각자에게 가해지는 발전적 재현의 압력에도 불구하고 현실적으로 차이가 날 수밖에 없다. 자신의 삶을 통해 선대를 성공적으로 재현하는 형제가 있는가 하면, 그렇지 못한 형제도 있을 수 있다. 이 차이에는 물론 능력의 요소도 작용하지만, 기본적으로 경제력이 문제가 될 소지가 크다. 이때 특정 형제의 경제력 결핍은 집합적 재현의 목적에 비추어볼 때 위기와 불안을 야기시킨다. 위기와 불안이 본인은 물론 다른 형제에게로 확산되면 다른 형제의 책임감을 불러일으킨다. 성공적 재현을 담보하려는 집합적 책임감을 유발하는 과정이다.

하나밖에 없는 자식이 친가와 외가에 대한 기억과 재현의 요구를 동시에 수용해야 하는 새로운 국면으로 바뀌고 있다.

형제간의 상호부조는 바로 이 책임감의 발로로 이해할 수 있다. 그것은 재현의 의무로부터 비롯된 것으로 결과적으로 가족 차원의 보험과 같은 역할을 하는 셈이다.

제대로 된 선대의 재현이란 기억을 공유하는 형제자매 모두가 함께 발전된 삶을 실현하는 데 있다. 따라서 선대의 후손 모두는 이러한 견지에서 집합적 재현에 헌신적으로 몰입하여야 한다. 이는 곧 개인이 다른 형제에게 도움을 줄 수 있도록, 혹은 반대로 다른 형제에게 도움을 받지 않아도 되도록 경제력 향상에 매진하는 과정이다. 여기서 비롯된 이중적 압력이 강력한 경제적 동력으로 넘어가는 과정은 어렵지 않게 짐작해볼 수 있다. 우리는 이로써 집합적 재현의 압력이 앞선 계기들과 마찬가지로 경제적 성취를 위한 동기와 긴밀히 연계되어 있음을 확인하게 된다.

재현의 압력이 작용하는 과정을 이해하면 한국의 경제발전 과정에서 실제로 나타났던 많은 일들의 의미를 보다 명확하게 이해할 수 있다. 1960년대 그리고 1970년대 구로공단이나 청계천 평화시장에서 일하던 여공들이 힘들게 일해 받은 봉급을 대학에 진학한 오빠나 남동생의 학비로 보탠다거나 시골에 남은 가족들의 생활비로 송금한 사실이 그 한 예다. 또 다른 예는 어려운 형편에도 불구하고 자식들이 교육의 사다리를 통해 출세할 수 있도록 엄청난 교육비를 감당한 한국의 부모들이다. 한국의 근대화는 자기희생 심지어는 자기착취라고까지 말할 수 있는 헌신적 노동을 통해 자식 교육에 필요한 경제적 기반을 마련하는 과정이었다고 해도 과언이 아니다.

한국의 근대화는 범국민적 차원에서 발휘된 높은 경제적 동기와 헌신적 노동 투입이 있었기에 가능하였고, 이것이야말로 경제성장을 이끈 가장 결정적인 동력이었다. 이러한 경제적 동기와 투입을 시장경제 일반에서 발견되는 이윤추구의 한 평범한 한 사례로 보기에는 분명 석연찮은 구석이 없지 않다. 경제성장의 욕구는 사실상 보편적이라고 할 수 있고, 더구나 제3세계 대부분 국가들이 우리만큼 아니 우리 이상으로 경제성장에 목말라했던 것도 사실이다. 그럼에도 불구하고 결과는 달랐고 한국의 자본주의는 예외적인 성취를 이루었다(Ringmar 2005). 이러한 맥락에서 유교 문화와 가족주의를 한국 자본주의의 긍정적 배경의 하나로 지목하는 것은 전혀 무리가 아니다(류석춘, 1997a; 1997b).

문제는 유교의 어떤 면이, 또 가족주의의 어떤 기제가 그것을 가능하게 했냐는 해명이다. 여기에 효의 의미가 드러난다. 종교적 윤리로서의 효가 선대의 기억과 재현에 대한 의무감을 한국인 일반에게 내면화시켰고, 이것이 유교적 가족주의의 실천을 통해 경제적 동력으로 전화되었다. 이 점에서 한국의 자본주의는 유교의 효라는 가치로부터 헌신적인 노동윤리를 제공받아 성공한 현대 자본주의의 한 유형이라고 분류할 수 있다. 서구 개신기독교의 기능적 등가물인 셈이다. 효에 내재된 종교적 지향이야말로 한국 노동윤리의 숨겨진 기원이고, 또한 이것이야말로 한국 '자본주의 정신'이라고 말할 수 있다.

4. 유교적 가족주의의 연속과 변화

효로 대변되는 선대에 대한 기억과 재현이라는 종교적 욕구는 유교 가족주의 형성의 시원적 배경이었다. 그것은 전통사회의 조건에서 가장 확연하고 전형적으로 드러났다. 전통사회를 지배했던 유교의 막강한 힘을 고려할 때 당연한 일이다. 하지만 전통사회와 판이해진 현대의 조건은 유교의 종교적 지향 자체를 급격하게 상대화시킨 것이 사실이다. 오늘날 실질적 '종교'로서 유교를 받아들이는 한국인은 거의 찾아보기 힘들다(고병익, 1996:

281). 자연히 제도 종교로서의 유교는 우리의 삶의 지평에서 거의 사라졌다고 해도 과언이 아니다. 효에 부착된 심오한 종교적 의미 역시 쉽사리 자각되지 않는다. 나아가 한국의 가족주의 역시 이러한 종교적 요구로부터 움직여지고 있다는 징후는 발견하기 어렵다. 그런데도 과연 유교이고 효이고 그로부터 비롯된 가족주의일 수 있는가?

이 대목에서 한 저명한 외국 저널의 의미심장한 지적을 주목할 필요가 있다. "한국의 기독교인은 크리스천의 상의를 걸친 유교도"라는 이 지적이다(Shim, 1984). 그들에게 비친 한국인은 형식적으로 외래 종교의 틀 속에 들어 있으나 실질적으로는 유교의 영향 아래 살고 있는 모습으로 비친다.[26] 우리는 이 재치 있는 지적을 갱신하여 "한국인은 세속적 시민의 옷을 입은 유교도"라고 표현하고자 한다. 역사적 종교로서 유교는 사라졌을지 모르나 생활 속의 내면화된 지향으로서 유교는 여전히 우리를 지배하고 있다(고병익, 1996: 295~6). 객관화된 종교로서가 아니라 현대의 조건과 습합된 종교적이고 문화적인 에토스의 모습으로 살아있다. 이런 맥락에서 정치 이데올로기로서의 유교와 생활문화 체계로서의 유교를 구별해야 한다는 지적은 의미가 있다(Chan, 1999: 212~213). 공식적이고 제도적인 차원에서 약화된 것은 전자이지만, 후자 역시 반드시 그런 것은 아니기 때문이다.

지금부터는 그러한 유교 전통이 오늘날 우리에게 여전히 살아있음을 보

---

26) 대표적인 예가 기독교인들의 추도회이다. 사실 죽은 이를 추모하는 추도회는 기독교의 성경적, 교리적 근거로 뒷받침되기가 어려운 한국 기독교 특유의 현상이다. 한국의 기독교인들이 대개 유교식 제사와 관련하여 부정적 태도를 보이는 것은 잘 알려진 사실이나 역설적으로 추도회는 전통적 제사의 기독교적 수용이라는 점에서 우리에게 시사하는 바가 크다. 한국 기독교의 토착화와 관련하여 흥미로운 사실 하나를 추가하면 1998년 개교와 동시에 '효' 학과를 운영하면서 효 연구와 효행장려에 매진하고 있는 "성산효도대학원대학교"의 존재이다. 이 학교는 얼핏 이름만 들으면 당연히 한국의 유림(儒林) 세력이 설립한 학교라는 짐작이 가지만 사실은 기독교재단에 의해 설립된 학교이다. 이는 추도회와 더불어 기독교와 유교의 친화력을 확인해 주는 또 하나의 사례라고 할 수 있다.

여주는 몇 가지 자료들을 살펴보기로 한다. [표 2.1]은 2000년 5월 전 국민을 대상으로 한 표본 1,003명에게 '제사를 지내고 있느냐'는 질문 및 '믿고 있는 종교가 무엇인지'를 교차시킨 결과다(신광영 외 편 2000). 우선 이 표는 오늘날 한국인이 믿는 종교의 분포가 어떠한 지를 보여준다. 전체 응답자의 24%가 개신교, 9%가 가톨릭, 28%가 불교, 그리고 종교가 없는 사람이 37%를 차지한다. 따라서 한국인이 믿는 종교의 분포만으로는 아닌 게 아니라 유교의 전통이 살아있음을 전혀 찾아 볼 수 없다.

[표 2.1] 종교에 따른 제사의 실천 여부, 2000.

종교	제사를 지낸다, N (열 %) (행 %)								
	네			아니요			합계		
개신교	90	(37.2)	(12.2)	152	(62.8)	(56.7)	242	(100)	(24.1)
가톨릭	71	(78.0)	(9.7)	20	(22.0)	(7.5)	91	(100)	(9.1)
불교	250	(88.7)	(34.0)	32	(11.3)	(11.9)	282	(100)	(28.1)
기타 종교	16	(94.1)	(2.2)	1	(5.9)	(0.4)	17	(100)	(1.7)
무종교	308	(83.3)	(41.9)	63	(17.0)	(23.5)	371	(100)	(37.0)
합계	735	(73.3)	(100)	268	(26.7)	(100)	1,003	(100)	(100)

출처: 신광영 외 편, 2000, 한국사회과학자료원 KOSSDA, data # A1-2000-0003.

그러나 같은 응답자를 상대로 '제사를 지내고 있습니까?"라고 물어보면 전체 응답자의 73%가 '그렇다'로 대답한다. 제사를 지내는 것 이상으로 유교적인 것은 없으므로 이 측면에서 한국인들은 여전히 매우 유교적이다. 이 결과로부터 한 걸음 더 나아가 제사를 지내는 사람들이 어떤 종교적 배경을 가졌는지를 확인하면 더욱 흥미로운 결과가 드러난다. 종교를 갖지 않은 '무종교' 그리고 '불교' 신자들은 90%대의 높은 수치로 제사를 지내고 있다고 응답했다. 또한 가톨릭을 믿는 사람들도 78%가 제사를 지낸다고 응답했다. 제사를 지내는데 가장 낮은 비율의 응답은 '개신교'이지만, 그 비율 역시 37%에 이른다. 따라서 조상 제사에 관한 문제에 있어서 한국은 분명 여전히 유교 국가다. 앞서 지적했듯이 한국의 기독교인들은 기독교의 옷을 입은 유교인들인 셈이다.

[표 2.2]는 앞으로 다가올 미래의 한국 사회가 어떤 종교적 지향을 가질 것인가를 가늠해 볼 수 있는 자료다. 2008년 경상도 지역의 초등학교 및 중학교 학생들 319명을 대상으로 '장래에 어른이 되면 제사를 지낼 것인가'를 물어보았다(이승연, 2008: 221 & 229). 놀랍게도 하지 않겠다는 대답이 남학생은 14.2% 그리고 여학생은 7.0%에 불과했다. '모름'과 '무응답'을 포함한 나머지 학생들 즉 남학생의 85.8% 그리고 여학생의 93.0%가 나중에 커서 유교 전통인 제사를 지내는 일을 거부하지 않고 있다. 특히 여기에는 유교전통에 매우 적극적인 즉 커서 분명히 제사를 지내겠다고 밝힌 남학생이 63.6% 그리고 여학생이 60.1% 포함되어 있다. 나중에 어른이 되어 제사를 지내는 문제에 대해 남학생과 여학생 간에 큰 차이가 나지 않는 사실도 주목할 만하다.

[표 2.2] 어른이 되어 제사를 지내겠냐는 질문에 대한 학생들의 의견, 2008.

나중에 어른이 되면 제사를 지내시겠습니까?									
"네"		"아니요"		"모름"		"무응답"		전체 (N = 319)	
남 %	여 %	남 %	여 %	남 %	여 %	남 %	여 %	(194) 남 %	(125) 여 %
63.6	60.1	14.2	7.0	19.9	28.7	2.3	4.2	100	100

출처: 이승연, 2008: 221 & 229.
주: 319명 표본은 한국의 경상도 지역 초등학교 및 중학교 학생들로 구성되어 있다.
이들의 나이와 학년은 각각 10살(초등학교 4년), 13살(중학교 1년), 15살(중학교 3년)이다.

효와 제사에 관한 문제에 있어서 한국이 여전히 유교 사회라는 증거는 주부들을 대상으로 한 [표 2.3]의 여론조사 결과에서도 다시 한 번 확인된다(정복미·정해옥·김은실, 2004: 137 & 148). 제사를 지낼 때 필요한 음식 준비는 물론 제사에 참여하러 온 분들을 대접하는 이른바 가사노동으로 '희생'을 치르는 주부들의 절대 다수가 제사는 '필요하다'고 대답하고 있기 때문이다. 부산과 여수에 거주하는 249명의 주부들을 상대로 한 조사에서 응답자의 단지 6.8%만이 제사가 '필요없다'고 대답했다. 반면에 '그저 그렇다'와 '절대적으로 필요하다'는 대답이 전체의 83.1%를 차지한다. 제사가 '절대적으로 필요하다'고 응답한 주부들의 비율이 전체 응답자의 절대 과반을 넘는 55.0%인 사실도 주목할 만하다.

[표 2.3] 제사에 대한 주부들의 의견, 2003.

제사를 지내는 것이 필요하다고 생각하십니까?					
'절대적으로 필요하다' N (%)	'그저 그렇다' N (%)	'전혀 필요없다' N (%)	'모르겠다' N (%)	'무응답' N (%)	전체 N (%)
137 (55.0)	70 (28.1)	17 (6.8)	15 (6.0)	10 (4.0)	249 (99.9)

출처: 정복미·정해옥·김은실, 2004, 10(3): 135-154.
주: 총 150명의 표본은 부산 주부 150명 그리고 여수 주부 100명으로 구성되어 있다.

한국사회가 지금도 목도하고 있는 현실은 명절을 맞아 수천만이 부모를 찾아 혹은 조상의 산소를 찾아 고향으로 향하는 민족의 대이동이다. 전통적 명절인 추석이나 설이 되면 조상의 산소가 있는 고향을 다녀오는 차량의 행렬이 만들어내는 고속도로의 정체 상황을 방송이 생중계한다. 또한 토지 압력에도 불구하고 매장(埋葬)에 대한 집착은 물론 산소에 비석을 세우는 끈질긴 고집도 여전하다. 나아가서 한국은 '효도관광' 혹은 '효도보험'과 같이 효를 주제로 한 서비스 상품이 여행사와 보험사의 대박 인기 상품을 항시 기록하는 나라다. 대통령 선거라는 대사를 앞두면 하나같이 선대의 묘소를 찾는 역대 대선 후보들의 일관된 행보 역시 마찬가지 맥락이다. 부모 제사의 참석은 여전히 모든 한국인이 절대로 외면하지 못하는 궁극적인 일정이다. 누가 뭐라 하지 않아도 마음속 깊은 곳에서 느끼게 되는 것이 부모 제사 불참에 대한 죄책감이다. 그도 아니면 추도 예배를 통해 대체되어 나타나는 기억에의 집착이다. 이처럼 선대의 기억과 재현은 비록 그 내재적 종교성을 자각하지 못한다 하더라도 여전히 우리에게 습속(習俗)처럼 주어져 있다(Sorensen and Kim, 2004: 171~174).

하지만 한국의 근대화 과정에서 기억과 재현의 전통적 수단들은 사라지거나 약화되어 버렸다. 제사를 제외한 객관적 수단들이 사실상 사라져 버렸고, 제사도 절대적인 종교적 의미를 상당 부분 상실한 것이 사실이다. 한국의 현대는 기억과 재현의 전통적 형식들을 해체시켜 그 자리를 공백으로 만들어버렸다. 이제 기억과 재현의 수단들은 새로이 갱신되거나 아니면 다른 어떤 형식으로 대체되어야만 했다. 전통적 수단의 폐기가 기억과 재현의 욕구나 의무 자체를 폐기한 것은 아니기 때문이다.

이러한 조건 변화에 따라 한국의 근대화 과정에서 기억과 재현의 방법은 봉제사와 같은 한정된 형식에서 '자식의 삶 자체의 고양'이라는 일반화된 형식으로 갱신 혹은 대체되었다. 예컨대 한국사회의 특이한 현상 가운데 하나인 높은 교육열은 대표적으로 자식의 삶을 고양시키려는 강력한 욕구의 표현이다. 자식을 위한 교육은 조상을 위한 제사와 정확히 짝을 이루는 현상이다. 제사가 나를 과거와 연결시키는 과정이라면, 교육은 나를 미래와 연결시키는 과정이다. 즉 교육과 제사는 현재의 내가 과거와 어떻게 연결되고 또 미래와는 어떻게 연결될 것인지를 결정하는 과정에 등장하는 기제다. 이 둘은 결국 같은 문제를 시간의 방향에 따라 달리 접근하는 차이를 가지고 있을 뿐이다.

다음에 인용한 인류학의 연구성과가 한국사회의 이러한 변화를 정확히 짚어내고 있다(Janelli and Yim D. H. 2004: 135).

"내아리에서는 조상을 단체로 기리는 사당을 건설하는 것이 제사의 절차를 간소화하는 일로 받아들여졌고, 바로 그 이유로 그런 일은 효를 제대로 실천하지 않는 모습으로 비추어졌다. 집안이 단체로 제사를 지내는 사당을 새로 짓는 문제를 논의하는 문중 모임에서 이와 같은 생각을 하는 어르신들의 발언이 쏟아졌다. 사당을 세우는 일에 반대하는 한 어르신은 제사를 지내는 것이 바로 효를 실천하는 것이라고 주장했다. 사당을 세우는 일에 찬성하는 사람들도 이 어르신의 규범적 주장에 감히 도전하지 못했다. 대신 그들은 그런 규범을 보다 넓게 해석해야 한다고 주장했다. 이들은 단체로 기리는 사당을 만들어 운영하면 집안의 조상 산소 하나하나에 개별적으로 제사를 지내는 데 필요한 재정을 충당하는 위토를 유지하는 비용을 줄일 수 있다고 설명했다. 그렇게 해서 남는 위토를 처분해 후손을 교육시키는 자금으로 활용하면, 이 역시 집안의 효를 실천하는 것이라고 이들은 주장했다."

5. 맺는말: '효' 경제의 발전적 의미

지금까지 수많은 연구가 한국 경제발전의 성공 요소로 유교문화와 가족주의의 역할을 꼽아왔다. 그러나 이 연구들은 모두 유교 그리고 가족주의가 한국의 성공에 구체적으로 어떻게 기여했는지 즉 어떤 과정을 거쳐 성공을 만들어냈는지를 설명하지 못했다. 유교문화가 한국인의 교육에 대한 투자를 강화했다는 주장에 머물러 있었다. 그러나 이 연구는 그 중간 단계에 작동한 문화적이고 심리적인 차원의 지향과 압력을 구체적으로 설명했다.

유교적 맥락에서 영원히 살고자 하는 인간 본연의 종교적 이유로 각각의 가족은 조상에 대한 '기억과 재현'을 삶의 가장 중요한 가치로 내면화하지 않을 수 없었다. 기억과 재현에 대한 '발전적·계승적·집합적' 압력은 이 세상에서 자신의 삶이 성공이었다는 평가, 나아가서 이 성공을 이어갈 후대에 대한 교육에도 성공했다는 평가를 받아야 한다는 심리적 압박을 불러일으켰다. 마치 서구의 개신기독교들이 이 세상에서 성공하는 것이 하느님의 구원을 받아 영원히 살 수 있는 징표가 되었듯이, 유교 문화에서도 이 세상에서의 성공이 자신이 속한 집안이 영원히 사는 징표가 되었다. 물론 이 성공은 자신이 속한 세대 즉 당대에서만의 문제가 아니었다. 자식이 속한 후대에도 꼭 같이 적용되어야 하는 일이었기에 자식에 대한 투자 역시 가족이 영원히 사느냐의 여부에 결정적이었다. 유교라는 가치체계의 이러한 지향이야말로 이 세상에서 근검절약해야 한다는 노동윤리 그리고 다음 세대의 성공을 위한 교육열을 만들어내는 문화적이고 심리적인 동력이었다.

종교적 규범으로서 효는 한국 사람들에게 조상을 기억하고 재현해야 한다는 후손의 책임을 내면화시켜, 효의 실천을 공유한 가족들 사이에 경제적 성공에 대해 강력한 동기를 부여했다. 효를 실천해야 한다는 의무감은 한국인들로 하여금 자기희생적 노동윤리를 체화하게 만들었고 나아가서 후손에 대한 교육을 다른 무엇보다 중요하게 생각하는 가치를 제공했다. 그렇기 때문에 우리는 효를 한국에 독특한 나아가서 유교문화에 독특한 자본주의 '정신'이라고 이름 붙일 수 있다.

지난 반세기 동안 이룩된 한국 경제의 성공은 '효'경제의 효과 때문이라 해도 결코 과언이 아니다. 조상을 기억하고 재현해야 한다는 종교적 의무감은 발전적, 계승적, 집합적 압력으로 사람들을 동원해 엄청난 경제적 성공을 만들어냈다. 국가가 제시한 위로부터의 발전전략과 함께, '효'라는 동기가 제공한 아래로부터의 지발적 참여를 통해 한국은 1960년대 이후 지금까지 세계가 부러워하는 발전을 이룩했다.

효에 기초한 아래로부터의 참여는 60년대 이후 한국 발전국가가 추진한 위로부터의 전략과 동전의 양면을 구성했다. 6,70년대 경제개발은 산업기반 자체가 열악했던 당시 상황에서 인적 자원동원에 절대적으로 의존하였다. 이 과정에서 양질의 헌신적 노동이 끊임없이 제공된 까닭은 가족주의적 재현의 욕구가 가장 결정적이었다. 절대 빈곤의 상황에서 재현은 곧 경제적 재현이었고, 이는 거시적 견지에서 볼 때 대규모 노동시장에 양질의 노동력을 공급하는데 매우 효과적이었다. 그것도 헌신도 높은 양질의 노동력이었다. 경제적 재현의 당위성 속에서 헌신적 노동은 재현의 핵심적인 실천 수단이었다. 6,70년대 유행한 소위 '잘 살아보세'의 구호가 그토록 열광적으로 화답된 것은 발전적, 계승적, 집합적 재현과 결코 무관하지 않다.

이상 효의 거시경제적 효과를 심층적으로 짚어보았다. 여기서 우리는 새삼 효의 본질이 선대에 대한 책임의식 임을 강조하고 싶다. 이는 향후의 전망과 관련하여 중대한 함의를 지닌다. 나는 선대로부터 이어져 나왔고 또 그를 대신 살아가고 있다. 이음을 받은 존재, 대신 사는 존재가 그것을 가능하게 해 준 선대에게 빚을 지고 책임을 느끼게 되는 것은 어쩌면 당연한 일이다. 이 점에서 선대는 나에게 일종의 삶의 '감시자'로서 다가온다. 다소 과장이 허락된다면 선대는 내 삶의 심판자라고도 할 수 있다.

한국의 지난 경제성장은 이러한 감시자로서의 선대에 대한 부채의식 내지 책임의식의 소산으로 이해할 수 있다. 부채를 벗고 책임을 다하는 과정이 곧 재현의 과정이었고, 발전적 재현의 과정에서 개인은 물론 사회 전체가 놀라운 경제성장을 경험하였다. 이러한 '효' 경제는 선대에 대한 재현의 요구와 거기에 대한 자식의 공감이 있는 한 향후에도 기본적으로 유효할 수 있다고 생각된다. 다만 효에 대한 종교적 몰입의 정도에 따라 재현의 강도는 달라지기 마련이다. 사회문화 전반의 합리화를 고려하면 지난 반세기

만큼의 폭발적인 재현은 쉽지 않을 지도 모르겠다.

돌이켜보건대 지난 반세기 동안 효 경제의 효과는 주로 양적 성장에 집중되어 있었다. 절대 빈곤 속에서 재현의 첫째가는 기준은 경제적 고양이었고, 그것도 양적인 차원의 성장이었다. 아마도 다른 선택의 여지가 없었다고 보는 것이 옳을 것이다. 중요한 것은 선택의 여지없는 경제적 재현의 당위성 앞에서 의미나 인간화의 문제 등은 뒷전으로 밀릴 수밖에 없었다는 사실이다. 절대 빈곤 속에서 너나없이 재현의 의무와 부채의식을 해소하기 위해 제일 먼저 경제적 기준, 특히 양적 기준에 매달려야 했기 때문이다. 그 결과 '효' 경제가 오늘날의 풍요를 가져다 준 것은 사실이나 문제는 그 풍요만큼의 의미와 행복이 우리에게 있는가라는 회의 섞인 되물음이다. 이는 선대의 기억과 재현이라는 효 본연의 의미를 생각할 때 중대한 역설이 아닐 수 없다. 천리에 합일하는 실천이 효일진대, 그 효의 실천이 질적인 의미를 담보하지 못하는 역설이 생긴 것이다.

이 지점에서 우리는 선대를 더욱 철저한 내 삶의 감시자로 받아들일 필요를 느낀다. 그것도 경제적, 양적 재현에 국한된 것이 아니라 비경제적이고 질적인 재현까지를 두루 포괄하는 감시자로서 말이다. 이는 결국 선대를 내 삶의 '포괄적 준거'로 받아들이는 것을 말한다. 나아가 선대가 곧 나의 '반성적·성찰적 양심(reflexive conscience)'이 됨을 의미한다. 나의 내면 깊숙이 포괄적 준거로서 살아있는 선대, 그리고 그러한 선대를 내 삶의 감시자로 하여 그를 발전적으로 재현하고자 하는 나의 실천, 이것이 진정한 효이다. 이러한 의미의 효가 사회적으로 확산된다면, 양적인 경제 성장은 물론이요 질적인 인간됨의 문제까지도 적절한 보장을 받을 수 있지 않을까? 효는 바로 그 실천적 통로이다. 효가 구시대의 주관적 가치가 아니라 살아있는 공공적 가치인 이유가 바로 여기에 있다.

2부

사회적 차원: 연고

| 3장 |

동아시아 연고집단과 세계화

(장미혜·김태은 공저)

| 4장 |

한국의 비정부·비영리 영역과 사회발전: 연고집단을 중심으로(장미혜 공저)

제3장 | 동아시아 연고집단과 세계화[27]

장미혜[28]·김태은[29] 공저

1. 머리말: 연고집단과 한국 사회

한국 사회를 특징짓는 현상은 국가/비국가, 공식/비공식 영역에 걸쳐 광범위하게 거미줄처럼 구축된 연고의 연결망이 존재한다는 사실이다. 이 연고로 얽혀진 사회적 관계는 개인에게 행위의 자원을 제공할 뿐 아니라 사회적 지위의 상승 수단으로도 활용된다. 그렇기 때문에 한국 사회의 개인은 부단히 이 연결망을 만들고 유지하는 사회적 투자에 열중하고 있다. 사회적 상승에 보다 유리한 연결망의 회원권을 획득하기 위해서 치열한 학벌 경쟁이 진행되고 있으며 그 결과로 엄청난 교육열 그리고 천문학적인 교육비의 지출을 감당해야 한다. 또한 각종 연고를 매개로 한 친목모임과 경조사를 챙기는 일에 많은 시간과 노력을 투자하지 않을 수 없다. 반면에 자발

27) 계간 『전통과현대』 13호: 197~232 (2000 가을호)에 발표된 글을 대폭 가필했다.

28) 한국여성개발원 연구위원.

29) 김태은은 1999년 연세대학교 대학원에서 "고려의 지방통치구조로 본 전근대 국가의 성립원리" 논문으로 석사학위를 받았다.

적인 시민단체의 활성화는 좀처럼 이루어지지 않는다. 동창들에게 10만원 어치의 술을 살 사람은 많아도, 시민단체에 5만의 회비를 낼 사람은 없는 것이다.

이 혈연, 지연, 학연을 매개로 한 연결망은 중심의 권력을 차지하기 위해 경쟁하는 양상을 보이고 있다. 한국 사회가 혹은 한국 사회의 각 지역 사회가 일종의 '좁은 사회'로 인식되는 까닭은 각종 인맥의 자원을 통해 사람들이 중앙으로의 진출을 꾀하는 중심지향적 사회이기 때문이다(임현진, 1999). 한국 사람들은 흔히 한 다리 또는 두 다리 걸치면 서로 모르는 사람이 없다고 얘기하는 이유도 중심 지향적 사회에서 중심이 갖는 중요성과 유력한 인맥 및 사회집단들이 중앙으로 모이는 성향 때문이다(Henderson, 1968).

대부분의 대학 총학생회장은 정치지망생이고, 대부분의 시민운동가도 정치지망생이며, 지역활동가와 지역봉사자 그리고 재야운동가도 결국은 정치적 권력을 추구하는 정당에 들어가 활동하게 되는 것이 한국의 정치문화이다(김성국 1999; 김성국 외 2004). 교수도, 언론인도, 법조인도, 의사도, 연예인도, 기업인도 모두가 중앙의 정치권력에 접근하기를 지향한다. 국가권력 외부의 진정한 시민세력이란 한국 사회의 정서와 맞지 않는다. 한국의 시민사회는 반국가주의를 상정하지 않으며(Steinberg, 1997), 오히려 국가와 다양한 방식으로 결합되어 있다

한국인들은 모든 문제의 해결은 정치에 달려 있다고 생각한다. 한 연구소가 국민 1,000명을 대상으로 실시한 여론조사에 따르면, 대상자 가운데 26%가 최우선의 국정과제로 정치개혁을 들고 있고, IMF 사태에 대한 책임에 관해서도 많은 국민들은 '정치가가 정치를 잘못해서'라고 생각하고 있다고 한다(엄태석, 1997). 그러니 문제의 해결도 정치권에 의존해야 한다는 생각은 당연한 귀결이다. 시장에서 필요한 구조조정이나 기업의 노사갈등도 국

가가 정치적으로 해결할 것을 요구한다.

이때 정치는 특정한 정권과 제도로서의 정부 및 국가와 개념적으로 분리되지 않는 동일체로 간주된다(임현진, 1999). 그렇기 때문에 문제가 생기면 제도적 개선보다는 사람을 바꾸어 문제를 해결하려는 경향도 강하게 나타난다. '인사가 만사'라는 말이 이러한 인식을 잘 대변하고 있다. 특히 문제가 발생하면 그것은 개인의 능력과 인격이 부족하여 발생한 것이기 때문에 뭔가 보통 사람과는 다른 특별한 사람 즉 지도자가 새로운 정치를 하면 어떻게든 문제가 개선될 수 있다고 생각한다(다나카 1995). 정치권이 정책이나 정견보다는 사람 중심의 이합집산을 벌이는 것도 바로 이러한 '정치'와 '국가'에 대한 생각 때문이다.

선거 때면 어김없이 지역의 대표가 당선되고, 3김을 중심으로 한 정치인맥과 지역분할 구도는 3김이 모두 운명한 2019년 오늘날에도 한국 정치현실의 대부분을 설명한다.[30] 정권이 바뀌면 특정 지역의 인맥이 정·관계를 물갈이하고, 모든 집단의 핵심적 인적 구성에 변화가 초래된다. 이른바 지역과 학교를 매개로 한 연결망이 중앙의 핵심 권력을 두고 경쟁하는 양상이다. 새 정권이 인사를 단행할 때마다 그리고 정치개혁을 입에 올릴 때마다 구호는 한결같이 '지역주의 청산'이었지만 결과는 전혀 현실로 반영되지 않아 왔다. 시민단체들도 '시민사회를 분할하는 특수주의적 연고집단의 존재'를 시민사회 발전의 가장 큰 장애물로 누누이 거론하면서도, 정작 내부는 재야운동이나 학생운동 집단의 인맥 그리고 지역의 인맥을 중심으로 단체의 역량을 키워온 것이 사실이다.[31]

---

30) 2000년 4월의 국회의원 선거를 겨냥해 결성된 '총선시민연대'가 이러한 한국정치에 변화를 가져오기 위해 '낙천운동' 및 '낙선운동'을 전개하고 있지만 그 결과는 아직 확실하게 예측할 수 없다. 변화를 기대하는 낙관론과 부작용을 우려하는 비관론이 교차하고 있다(김창호, 중앙일보, 2000년 2월 1일).

31) 1999년 후반기 대표적인 시민단체인 경실련은 내홍을 겪으며 결국에는 지역주의적 분할의 색채마저

지역 사회에서 유력 인사들은 각종 공식 그리고 비공식 모임을 통해 스스로의 영향력을 보전하고 또 이해관계를 실현하고 있다. 이 모임들의 매개로 중요한 것은 단연 학연이다. 특히 명문고 출신 고위직 인사들은 동창회 내부에 '이너서클'을 만들고 지역유력자 및 지역기관장들과 연합모임을 갖는다. 지역 유지들의 모임 예컨대 진주의 팔각회, 군산의 미군비행장골프클럽 등과 라이온스 클럽, 청년회의소, 로터리클럽 등 널리 알려진 사회단체들도 대부분 지연, 학연, 혼맥으로 얽혀진 지배 엘리트들의 모임이다. 이들은 모두 비공식적인 모임을 통해 사회적 영향력과 결속을 도모한다.

한 언론사가 전국의 40여 개 시민단체들을 대상으로 벌인 설문조사 결과, 단 한 곳도 예외 없이 '자신들의 지역에 토호가 존재한다'는 답변을 얻을 수 있었다(양상우·조성곤, 1999). 이들은 지방언론을 장악하고 관과의 유착 하에 특혜를 통해 성장이 쉬운 건설업 등에 진출하고 있다. 이들은 또한 지역의 기관장을 자신의 하인처럼 부리며 지역의 기득권을 유지하고 있다. 이들은 서로 인맥으로 연결되어 강한 유대를 형성하고 있으며 관변단체 및 경제단체 그리고 언론사와 교육재단 등을 운영하고 있다. 이에 시민단체들은 "지방자치가 시작되면서 중앙권력이 지역에 이전한 권한이 지역민에게 넘어오기 전에 지방 토호들이 가로챘다"며 지역 기득권세력에 대한 개혁을 주장한다(양상우·조성곤, 1999). 이렇게 '토호'라 불리는 지역 기득권 세력들이 영향력을 유지하는 방식도 연고 연결망의 구축을 통한 비공식적 결속 그리고 나아가서 이를 통한 관(官)과의 유착이다.

한편 중앙의 정·관·재계 또한 학연, 지연, 혼맥 등으로 거미줄처럼 얽혀 정경유착과 특혜 그리고 비리의 온상이 되어 왔다. 김대중 집권 시절에 있었던 '고급 옷로비' 사건에서 확인되었듯이 상층부의 경우는 두말할 것도

보여 주었다.

없고, '인천 인현동 호프집 화재사건'에서 적나라하게 드러났듯이 사회의 밑바닥까지 부정부패는 이미 '총체적'으로 침투해 있어 그야말로 '부패공화국'이라는 말을 실감하지 않을 수 없다. 정치인으로부터 청소원에 이르기까지 일상화되어 있는 부패가 한국의 현실이다. 부패의 먹이사슬은 얽히고설켜 주고받는 자가 꼬리에 꼬리를 물고 있는 형상이며(김용학, 1997a; 1997b) 모두가 이면계약의 공범이다. 계약 내용이나 소득을 곧이곧대로 신고하는 사람은 바보이고, 우리 모두 '탈세'를 '절세'로 인식하는 '상식'을 관행으로 받아들이고 있다.

이렇게 본다면 오늘의 한국 사회를 특징짓는 연고집단과 이것을 통한 비공식적 거래관계는 전근대적인 관행으로 사회의 일부에 잔존하고 있는 과도기적 현상이 아니다. 오히려 연고집단은 한국 사회에 매우 뿌리깊이 구조화된 특징이라 아니할 수 없다. 지난 몇 십 년간 입이 닳도록 서구 선진사회를 모델로 '지역주의 청산' '폐쇄적 연고주의 타파' '부정부패 일소' '시민적 책임, 준법, 자발성'을 외쳐 왔고 누구나 규범적으로는 이것을 수용하고 있지만, 정작 현실은 전혀 변하지 않아 왔고 일종의 공범의식 속에서 기존의 관행들이 지속적으로 재생산되어 왔다. 이것은 역설적으로 연고에 기초한 사회구조와 비공식적 거래를 지속시키는 강력한 사회구조적 요인이 실존한다는 사실을 거꾸로 입증해 준다.

무엇이 한국의 이런 현실을 강제하고 지속적으로 재생산하도록 하고 있는가. 이런 '병폐'와 과도기적 폐해'로 인식되는 사회관행 속에서도 지난 몇십 년 동안 엄청난 경제적 성장과 근대화를 이룩할 수 있었던 원인은 그러면 어디에서 찾아야 하는가? 많은 국가들이 발전국가의 전략을 구사하였지만 동아시아의 소수 국가만이 경제성장에 성공했다. 그리고 한국은 그 대표적인 사례다. 역사적으로 유래를 찾아보기 어려운 급속한 경제성장과 급격한 사회변동 속에서 오히려 더욱 다양화된 양상으로 전개되고 또 강화되고 있는 연고 연결망을 우리는 어떻게 이해하여야 하는가.

한국 사회에 뿌리 깊게 자리 잡고 있는 이런 문제들은 한국 사회의 특수성을 밝히고 우리의 삶을 설명하는 사회과학적 토대를 마련하는데 매우 중요한 단초를 열 수 있다. 그러나 지금까지 한국의 학계는 이런 문제를 정치적 이슈와 연결시키는 저널리즘적 담론으로 다루거나, 급속한 성장과정이 낳은 과도기적 '부작용'이나 일시적인 '병폐', 그리고 전통적인 공동체의 모습이 왜곡 및 변형된 '전근대적 잔재' 정도로 생각하여 본격적인 학문의 영역에서 다루지 않아 왔다.

그런 의미에서 최근 몇몇 학자들에 의해 시도되고 있는 '사회자본'으로서의 연결망 구조에 관한 연구나 신제도주의적 조직이론들은 유용한 문제설정과 분석의 도구를 제시하고 있다. 그러나 이 역시 연결망의 도구성이나 기능에만 관심을 기울일 뿐, 집단을 구성하고자 하는 인간 본연의 '완성적 동기'에 기초해 근대 이전부터 존재해 온 연고집단이 근대로 접어들면서 시장(자본주의) 혹은 국가(민주주의)와 어떻게 결합하고 있는지, 그리고 나아가서 그러한 결합이 근대화 과정에 어떤 역할을 수행하고 있는지를 설명하지 못하고 있다.[32)]

이는 서구의 역사적 경험을 바탕으로 문제를 설정하고 개념을 발달시켜 온 한계, 예를 들면 '국가와 시민사회' '공적 영역과 사적 영역' '개인과 집단' '전근대와 근대' 등의 이분법적 접근 때문이다. 이러한 서구적 이분법은 한국 사회의 특수한 역사적 배경과 맥락을 포착하지 못한다. 이 연구에서는 동아시아의 역사문화적 배경과 밀접한 관련이 있는 연고집단이라는 사회

32) 사회적 행위의 '완성적' 동기와 '도구적' 동기에 관해서는 류석춘, 2002, 『한국의 시민사회, 연고집단, 사회자본』(자유기업원)의 제6장 및 Portes(1998), Lin(2002) 등을 참조할 것.

관계의 특수성을 재조명하고, 나아가서 연고집단을 한국 사회의 발전을 위해 활용할 수 있는 자원으로 삼을 수 있는지의 여부를 본격적으로 검토해 보고자 한다.

2. 연고집단에 대한 기존연구

2.1. '지역주의' 담론으로 접근하기

연고집단을 지역주의 담론으로 접근하는 연구들은 모두 지역주의란 '보편성을 외면한 일종의 분파적 사고' 혹은 일종의 '패거리 주의'라고 정의하며 이를 낙후된 정치현실이 만들어낸 정권유지 이데올로기로 규정한다(김문조 1993; 김성국 1999; 손호철 1993). 또한 그 재생산의 메카니즘은 1960년대 이후 군사정권이 지녀 왔던 정당성의 위기 극복과 정권 재창출을 위해 동원했던 정치적 전략으로 이해한다. 특히 영호남 대결구도와 관련해서는 지역의식을 불균등 발전전략이 초래한 지역격차의 현실을 반영한 것으로 계급지배를 은폐하고 호남의 민주화 운동이 갖는 체제 도전의 위협을 왜곡하기 위한 이데올로기라고 해석한다(최장집 1991; 정근식 1997).[33]

그러나 이러한 분석들은 한국 사회를 구조적으로 특징짓는 지역분할 구도나 지역주의적 선거양상을 모두 정치적으로 교묘히 계산된 인위적인 전략으로만 파악할 뿐, 이러한 정치적 전략들이 성공할 수 있었던 제도적 및 구조적 조건과 사회적 배경에 대해서는 별다른 관심을 기울이지 않는다.

---

33) 한국 사회의 지역주의적 구성이 현실적인 것만큼 지역주의에 대한 학문적 접근과 입장 또한 학자의 출신지역에 따라 다르게 나타난다. '패권적 지역주의' 대 '진보적 혹은 저항적 지역주의' 라는 구도의 접근이 이러한 경우의 가장 대표적인 예이다(황태연, 1997; 남영신, 1992).

그러한 조건의 역사적 기원에 대한 무관심은 말할 것도 없다. 한국인은 전통적으로 친족관계나 출신지 등의 연고를 중시하며 본관의식이나 동향의식이 특히 강하다고 알려져 있다 (홍승직, 1969). 그리고 이런 사회적 의식을 강화시키는 족보, 종가, 종친회, 향우회 등의 다양한 의례와 상징을 발달시켜 왔다.

따라서 이러한 역사적이고 사회적인 배경이 없다면 영호남 대립구도라든가 지역의식을 통한 정권의 재창출 전략은 절대 성공하지 못했을 것이다. 오히려 정권을 창출하기 위한 가장 효과적인 전략이 연고를 이용하는 것일 수밖에 없는 구조적 조건이 존재하기 때문에 정치적으로 지역주의를 지속적으로 강화해 온 것이 아닌가 생각해 볼 수도 있다. 지금과 같은 영호남의 대립구도가 아니더라도 역사적으로 다른 모습의 지역 연결망 대립 구도는 상존해 왔다.[34] 또한 '지역'을 매개로 뭉쳐진 연결망들이 중앙의 권력과 자원의 분배를 둘러싸고 경쟁하는 구조적 조건 하에서 지역주의적 투표행태가 나타나는 것은 어쩌면 너무나 자연스러운 현상일지도 모른다. 각 연결망 속에 포함된 개인은 자신의 이익을 최대화하기 위해 자신의 연결망이 보다 많은 몫의 자원을 차지할 수 있도록 가장 합리적인 선택을 했을 뿐이기 때문이다.

또한 지역주의는 정계, 재계, 학계, 관계, 법조계, 종교계 할 것 없이 모든 사회분야에 걸쳐 있는 연결망 간의 대립구조 즉 편짜기와 경쟁에서 유리한 고지를 차지하기 위한 사회적 투자와 유기적으로 결합하여 이해할 때 그 실상과 본질을 올바로 파악할 수 있다. 단순히 정권유지라는 정치적 전

34) 6.25 이전의 서북출신 기독교계 연결망과 호남 연결망, 1963년 박정희/윤보선 후보 당시의 추풍령을 경계로 한 '남북분화'가 예가 될 수 있다(지동욱 1997). 또한 정치적 대결구도에 관계없이 동향출신을 밀어주는 차원의 지역주의는 상존해 왔다(이갑윤, 1998).

략의 차원으로 그 원인을 돌리는 것은 그야말로 '지역주의'를 정치적 비판의 도구로 이용하는 것이고, 나아가서 일종의 정치적 목적을 달성하기 위한 이데올로기적 담론이라는 비판을 면하기 어렵다. 현상을 특수한 형태로 드러내게 하는 하나의 계기에 불과한 것을 그 근본적인 원인으로 간주하는 것은 분석적인 접근이 아니다.

실제 지역주의는 정권유지를 가져오기도 했지만, 정권교체를 가능하게 하기도 했다. 김대중에 대한 호남인의 지나치게 높은 지지는 말할 것도 없고, '영남 패권주의'를 비판의 대상으로 삼은 또 다른 지역주의가 민주화의 분수령이라고 말하는 1997년의 이른바 '수평적 정권교체'를 이루었기 때문이다. 정권의 교체가 정치발전을 의미하는 것일 수 있다면, 오히려 DJP 연합이라는 또 다른 지역주의가 정치발전을 가져온 핵심 동력이라는 사실을 부인할 수 없다. 진보의 이름이든, 민주화의 이름이든, 좌파 이념의 이름이든 지역 대표성을 버리면서 지지를 동원할 수 있는 능력은 극히 제한되어 있는 현실을 도외시하고는 어떤 정치적 효과도 기대할 수 없다. 가장 '진보적'이라고 평가받는 호남인의 정치의식도 사회경제적 측면에서의 진보성이라기보다는 현실정치나 정부에 대한 비판의식이었음을 부정할 수 없다(이갑윤, 1998; 류석춘·심재범, 1990).

2.2. 도구적 사회자본으로서의 연결망: 산업화 과정에서의 '효율적인 수단'으로 접근하기

신제도주의의 합리적 선택이론 등을 한국 사회의 연결망 분석에 도입한 연구에 따르면(김용학 1996; 김선업 1993), 한국의 산업화 과정에서는 국가에 대한 법적이고 제도적인 신뢰 대신에 사적인 연결망에 대한 신뢰가 사회적으로 효과를 발휘할 수 있었다고 한다. 행위의 합리성을 전제로 한 이 입장은 연고주의적인 행위를 일종의 '전략적 선택'으로 이해한다. 환경의 불확정성에 직면하여 불확실성을 줄이고 거래비용을 감소시키려는 개인의 합리적 선택의 결과로서 연고나 연줄이 동원되었다는 것이다. 서로 신용을 확보해 줄 수 있는 인간관계의 네트워크가 불확실성을 줄이는 신뢰를 제공하고 각종 정치적이고 경제적인 자원의 동원과 교환에 이용됨으로써 급격한 산업화에 유효한 수단으로 활용되었다는 설명이다. 특히 신뢰를 형성하는데 사회적 비용이 높아지는 사회적 격동기에는 공식적 계약에 의한 신뢰구축 비용이 개인적 신뢰를 바탕으로 한 신뢰구축 비용보다 높으므로, 사람들은 비용이 적은 혈연, 지연, 학연 등의 인적 연결망을 통해 자원을 동원하게 된다고 이 입장은 해석한다.

그러나 이 입장도 지역주의, 학벌주의, 인척주의 등을 전근대적인 '합리(合理)'가 아닌 '무리(無理)'주의로 낙인하고, 이는 근대의 보편적이고 공식적인 제도적 준칙들과 배치되기 때문에 이것들의 운용을 통해 얻어지는 높은 도구성은 시급히 극복해야 할 과제의 대상으로 간주한다. 즉 전통사회의 연고가 산업사회에서 발현되는 일은 극복되지 않으면 안 되는 과도기적이고 전근대적인 현상이며, 이것이 일시적으로 효율적이라 하더라도 규범적인 차원에서 혹은 사회전체의 효율 면에서 어떤 방식으로든 지양되어야 할 전통의 부정적인 유산이라고 치부된다. 따라서 이 입장은 현존하는 특수주의적이고 폐쇄적인 '연줄망'을 보편적이고 개방적인 '연결망'으로 바꾸는 노력을 기울여야 한다고 주장한다(김용학, 1997a; 1997b). 그러나 '연줄망'과 '연결망'이라는 두 개념을 구체적인 현실에서 어떻게 구분할 수 있는지는 여전히 모호하다. 규범적인 차원에서 연줄망은 '악'이고 연결망은 '선'이라고 선험적으로만 구분되고 있기 때문이다.[35] 더구나 이 입장은 사회자본의 축적에는 폐쇄적인 연결망이 유리하다는 콜만(Coleman, 1988)의 연구성과를 정면으로 부정하고 있다.

결국 급격한 산업화의 과정에서 제도의 미비와 신뢰 및 자원의 동원수단 부족이라는 공백을 과도기적으로 메워 준 것이 연고집단이라 할 수 있다는 것이 이 주장의 핵심이다. 그러나 이 말을 바꾸어 말하면 한국 사회가 전자본주의 시기에 이미 자본주의 사회에서도 활용이 가능한 또 다른 형태의 조직적이고 제도적인 자원과 논리를 발달시켜 왔다는 설명도 가능하게 한다. 나아가서 한국이 짧은 시간에 자본주의적 성장과 근대화에 놀랄만한 성과를 거둘 수 있었던 까닭은 바로 이러한 연고집단이 제공하는 제도적 특성과 기능 때문이라고 주장할 수도 있다.

그러나 이들 연구는 모두 현실에서의 '기능적 대체물'로서 활용되어 온 연고집단을 도구적 효율성의 차원에서만 분석의 대상으로 삼을 뿐, 그 역사적 기원이나 형성과정 그리고 산업사회에의 적용이 그토록 용이할 수 있었던 구조적 조건 등에 대해서는 분석하지 않는다.[36] 특히 정보사회로의 진입에 따라 거미줄과 같은 모습을 한 이른바 사이버공동체(World Wide Web)의 등장이 한국 사회를 지배하고 있는 연고 연결망과 만나면서 앞으로 어떠한 상승작용을 일으킬 것인가를 깊이 있게 생각해 보는 사람은 아무도 없다. 정보사회의 등장이 연고집단을 약화시킬 뿐이라는 단순한 낙관론에서 벗어나지 못하고 있기 때문이다.[37] 정보사회의 등장 자체에 대해서도 사실은

35) 사회적 관계를 '연결망'과 '연줄망' 대신에 '완성적'인 것과 '수단적'인 것으로 구분하는 류석춘, 2002, 『한국의 시민사회, 연고집단, 사회자본』(자유기업원)의 제 6장 제3절 "사회자본의 기원과 효과" 부분 참고할 것.

36) 류석춘 외, 2008, 『한국의 사회자본』 백산출판사.

37) 1999년 출신 학교 동문을 찾아주는 "iloveschool" 이라는 web 사이트가 폭발적 인기를 누린 사실이

낙관론과 비관론이 교차하고 있다. 따라서 정보사회와 연고집단이 어떤 결합을 할 것인지를 예측해 보는 작업은 분명 우리가 주의 깊게 관심을 기울이며 모든 가능성을 열어 놓고 검토해 보아야 할 주제임에도 불구하고 근거 없는 낙관론만이 횡행하고 있는 것이 현실이다.

2.3. 공동체적 가족주의의 산업사회적 왜곡으로 접근하기

정권의 정당성 부재를 경제발전으로 메우려 했던 한국의 발전주의 국가는 경제적 성과를 위해 적극적으로 시장에 개입했고, 그 결과 개인들 사이에 존재하는 관계의 유형이 왜곡되지 않을 수 없었다는 분석이 이 접근이다. 노동력을 집약시켜야 했던 농경방식이 낳은 과거의 가족주의는 정의적이고 공동체적이었는데, 이것이 산업화 과정에서 필요한 정당한 규칙으로 대치되지 못하고 대신 무자비한 경쟁에서 승리하기 위한 수단적이고 배타적인 가족이기주의로 변형되었다는 주장이다.

발전주의 국가의 경제 개입방식은 사회적 부가 불평등하게 분배되도록 하는 것이었는데, 그 과정에서 개인은 각자의 능력보다는 위치에 따라 분배의 수혜자가 되기도 하고 피해자가 되기도 하는 자의적 선택의 방식을 경험하면서 이러한 왜곡이 발생하게 되었다고 이들은 설명한다. 그렇기 때문에 온갖 수단과 방법을 동원하여 혜택을 받기 위한 중심으로의 상향이동이 시도되었고 또한 그렇기 때문에 정당한 규칙이 없는 게임의 상황에서 고등교육을 통한 사회적 지위의 확보와 기댈 수 있는 피붙이를 이용하는 방법이 유용한 수단으로 활용되었다고 주장한다(김동노, 1997).

마찬가지로 한국 사회의 급속한 산업화가 전통적 공동체의 연대 기반을

하나의 반대 증거가 될 수 있다.

해체시켰지만 이를 대체할 새로운 사회적 통합원리는 등장하지 못하여 '무법의 정글'만이 존재하게 됨으로써 개인들은 일차적이고, 귀속적이고, 내집단적인 연고에 의존할 수밖에 없는 상황이 되었다는 설명도 있다(김선업, 1993). 그리고 같은 맥락에서 산업화 과정의 높은 지역 간 이동은 일시적이고 익명적인 관계 속으로 사람들을 내몰았고, 이로부터 소외를 경험한 사람들은 역사적으로 축적되어 온 사회화의 매개물 즉 혈연, 지연, 학연을 중심으로 집단에 대한 귀속성을 찾게 되었다는 분석이 제시되기도 한다(송복, 1997).

이러한 입장은 특정한 사회구조적 상황 즉 급격한 산업화 및 도시화 과정에서 나타난 사회적 관계가 전근대적이고 왜곡된 것이라는 시각을 견지한다는 점에서 앞의 시각들과 다르지 않다. 이들은 그것이 개인의 어쩔 수 없는 선택이었을지라도 그것은 어디까지나 '정당한 규칙'의 부재에서 그리고 '새로운 사회적 통합원리'의 결여에서 비롯된 과도기적이고 비합리적인 것이라고 설명한다. 게임의 규칙을 정하지 않은 비정상적인 국가 개입의 방식이 개인들의 사회적 관계를 왜곡시켜 놓았으며, 연고집단의 계속적 발현은 급속한 산업화 과정이 낳은 부작용으로 간주될 뿐이다. 이러한 분석은 모두 전근대 사회는 농업사회이고 정의적이며 공동체적인 사회관계에 기반하고 있고, 반면에 근대 사회는 산업사회이고 합리적 규칙에 기반을 둔 경쟁 사회라는 이분법적 도식을 전제하고 있다.

그러나 실제 역사를 보면 농경사회에서의 공동체적 관계도 인간이 목표를 달성하기 위해 발달시켜 온 조직화의 한 방식일 뿐이었다. 개인은 어느 시대이건 항상 자신의 이해를 최대화하기 위해 다양한 방식으로 경쟁 및 갈등해 온 것이 사실이다. 예를 들어 한국의 역사에서는 집권화된 중앙이 분배하는 자원을 자신의 지역으로 보다 많이 끌어오기 위해 호족 간, 사족

간, 문벌 간의 치열한 경쟁이 있어 왔다. 또한 지역사회 내에서 분배되는 몫을 최대화하기 위해 향안 입적을 둘러싼 족간 갈등과 향전 등과 같은 주도권 다툼이 벌어지기도 했다. 한편, 사회적 지위를 확보하고 족적 결속을 강화하기 위해 다양한 의례들도 발달시켜 왔다(김태은, 1999).

결국 인간은 역사적으로 각자의 목표를 달성하기 위해 다양한 방식으로 사회적 관계를 만들어 왔고, 그것이 성공적이었을 때 경쟁에서 승리하여 그러한 관계를 지속적으로 강화할 수 있었다. 인간의 역사를 통해 단 한 순간도 예외적이지 않았던 이러한 측면, 즉 인간관계를 구성하고 이를 통해 사회적으로 경쟁하면서 목표를 추구해 간다는 맥락에서 전근대와 근대의 역사를 연속적으로 파악한다면 인간관계를 맺어 가는 다양한 방식들과 제도적 자원들을 과도기적이고 예외적인 것이 아닌 특정한 하나의 유형으로 설정해 분석의 대상으로 삼을 수 있다.

3. 연고집단에 대한 대안적 접근

앞서도 살펴보았다시피 한국 사회에서의 연고집단의 강력한 존재는 산업화 과정이 진전됨에 따라서 계층간 사회이동이 증가하게 되고 이에 따라서 전통적인 공동체가 약화될 것이라는 근대화 이론의 기본적인 가정을 뒤엎고 있다는 점에서 한국 사회의 특성을 해명하는데 매우 중요한 열쇠가 되고 있다. 그러나 우리는 연고집단의 특성을 어떻게 파악해야 하며, 앞으로의 사회발전에 있어서 이러한 연고집단의 역할을 긍정적인 수용의 대상으로 삼아야 할지 혹은 부정적인 배척의 대상으로 삼아야 할지, 그리고 사회가 발전되어감에 따라 연고집단의 영향력이 쇠퇴할 것인지 아니면 여전히 잔존하고 혹은 경우에 따라서는 강화될 것인지에 대해서 분명한 대답을 가지고 있지 못하다.

3.1. 연고집단은 일차집단에만 존재하는 전근대적 공동체인가

대부분의 연구에서 연고집단은 기본적으로 전근대적인 1차집단을 중심으로 구성되어 있다고 전제되어 왔다(이재혁, 1999a). 그러나 통상적으로 인식되어 온 것과는 달리 연고집단이 반드시 전근대적인 1차집단에만 존재하는 것은 아니다. 왜냐하면 동아시아 특히 한국에서는 시장과 같은 경제적인 영역뿐만 아니라 국가의 관료제 속에 그리고 시민사회의 다양한 결사체 속에서도 전통적인 연고관계가 교묘하게 결합되어 있음을 쉽게 발견할 수 있기 때문이다(류석춘·장미혜, 2002a; 이 책 제3장; 류석춘·왕혜숙 2006). 따라서 우리가 관심을 가져야 할 대상은 위계가 지배하는 근대적인 관료조직과 경쟁의 원리가 지배하는 시장 속에 연고가 어떤 방식으로 침투해 들어가는가 하는 문제여야 한다.

그런 점에서 국가와 시장, 혹은 국가와 시민사회를 이분법적으로 구분하고 서로 대립적인 관계로 파악하는 것은 서구적인 기준이라고 하지 않을 수 없다. 서구사회의 시장관계에서 비경제적 요소 특히 가족주의와 같은 인간관계가 큰 영향력을 발휘하지 못한 이유는 종교개혁과 시민혁명을 거치면서 자라온 개인주의 문화가 경제적 교환을 매개하는 자유시장의 배경으로 자리잡고 있기 때문이다. 그러나 중국을 비롯한 유교문화의 전통을 가지고 있는 동아시아에서는 혈연·지연·학연과 같은 인간관계의 연결망이 경제적 교환을 매개하는 시장의 기능과 강력하게 결합되어 있다(류석춘, 1997a; 1997b).

그렇기 때문에 동아시아에서는 연고집단이 국가 및 시장과 반드시 분리되어 대립하는 관계로 존재하지 않는다. 몇 가지 예를 들어보자. 동남아 화인자본(華人資本)의 조직특성인 '콴시(關係)'가 개방경제에서도 여전히 위력을 드러내고 있는 사실은 무엇을 의미하는가. 인간관계를 강조하는 '일본식 경영'이 그토록 관심의 대상이 되었던 까닭은 과연 무엇 때문인가. 또한 한국의 '재벌'이라는 기업조직이 국가와 시장의 접점에 위치하면서 그토록 효과적인 성장을 이룩할 수 있었던 까닭은 무엇인가. 마하티르의 말레이시아는 과연 어떻게 국제통화기금(IMF)의 권고를 무시하고도 경제를 살릴 수 있었는가.

IMF의 구제금융을 계기로 아시아의 '정실 자본주의(crony capitalism)'가 성장의 한계에 도달했음을 지적한 연구들은 수도 없이 많았다. 그러나 그러한 연구들은 왜 위기를 극복한 지금도 한국에서는 '재벌'이, 일본에서는 '게이레츠'가, 중국에서는 '콴시'가 사라지지 않고 있는지를 설명하지 못한다. 또한 한 걸음 더 나아가서 그럼에도 불구하고 왜 경제위기가 극복되었는지는 더욱 더 설명하지 못한다. 이를 설명하기 위해서는 연고집단이 전근대적인 1차 집단에만 존재한다는 근거 없는 선입견을 벗어 던질 필요가 있다(류석춘 2002a, 제3장).

3.2. 연고집단의 존재가 사회 전체의 수준에서 효율성을 저해하는가

연고집단의 부정적인 측면을 부각시키는 기존의 연구에서 가장 많이 지적되어 온 문제점은 연고집단의 존재가 연고집단 외부의 행위자들로 하여금 자원에 대해 공정하게 접근할 수 없도록 한다는 측면이다.

> "한 편의 행위자들이 배타적 파당을 형성하면 … 기존의 연줄망 구성이 갖

는 효과를 강화하게 됨으로써 … 장기적인 안목에서 보았을 때 모두에게 불리한 즉 사회적으로 비효율적인 결과를 낳는다. … 집단 내적 호혜와 집단의 범주를 넘어서서는 사회적으로 비효율적 자원배분과 제도적 불신을 초래한다"(이재혁, 1999b: 236).

"파당적 연줄망이 갖는 집단내적 호혜와 사적 신뢰가 배타적으로 축적됨에 따라 집단의 범주를 넘어서는 보편적인 '타자'에의 신뢰, 혹은 보편적으로 적용되어야 할 '게임의 룰'에 대한 공적 신뢰를 훼손함으로써 경쟁의 공정성을 해치고 생산적인 거래의 가능성을 축소시키면서 궁극적으로 자원배분의 비효율성을 초래하기 때문이다"(이재혁, 1999a: 49).

반면에 연고집단의 순기능을 강조하는 입장에서는 개인적인 수준에서 연고로 얽힌 인간관계는 개인을 규제하고 감시하는 기능을 한다고 본다. 또한 제도적인 수준에서는 신뢰가 감시비용을 낮추어 경제적 효율을 제공하여 산업이 발전할 수 있다는 점을 강조한다.

"신입사원을 채용하는데 있어서 아는 사람의 추천이나 연고에 의해 채용한 경우 추천해 준 사람의 얼굴을 생각해서 그리고 연고로 얽힌 인간관계 속에서 자신의 입지와 신뢰를 저버리지 않기 위해서 당사자는 열심히 일을 하게 된다"(류석춘, 2001: 87).

"현실적으로 작동되고 있는 혈연, 학연, 지연의 연결망은 분명히 거래비용을 낮추는 기제이다. 수평적 연결망, 수직적 연결망 모두 기존의 연고주의와 중첩되면, 강한 신뢰를 낳게 된다"(김용학, 1996: 111).

그러나 연고집단의 순기능과 역기능을 사회 전체의 수준에서 총량적으로 측정할 수 있는 객관적 방법은 존재하지 않는다. 연고집단의 순기능이 있다면 그것은 계약을 통해서가 아니라 서로 잘 아는 사람들 사이에서 행위 규칙에 대한 동의를 통해 집단 내부의 결속과 효율을 증진시킬 수 있기 때문일 것이다. 반대로, 연고집단의 역기능이 있다면 그것은 집단 내부의 신뢰가 집단 외부로 확대되어 보편적인 신뢰로 발전할 수 없기 때문일 것이다. 그리고 이 두 가지 측면은 동시에 모두 사실일 가능성이 높다. 연고집단 내부에서는 상호호혜에 기초한 신뢰의 원리가 작용하는 반면, 연고집단 외부에 대해서는 배제와 불신의 원리가 작용하고 있기 때문이다.

하지만 연고집단의 긍정적인 측면과 부정적인 측면을 논의할 때 우리가 흔히 간과하기 쉬운 그러나 실제로는 매우 중요한 논의의 초점을 놓쳐서는 곤란하다. 즉 연고집단의 내적 신뢰와 사회의 보편적인 신뢰를 대립적인 것으로 파악하고 양자택일을 강요하는 접근은 '공적 영역과 사적 영역' 혹은 '개인과 사회'를 이분법적으로 구분하는 서구적인 사고방식에 기반을 둔 접근이라는 사실이다. 이러한 서구적 접근의 한계는 외집단과 내집단의 경계를 명확히 구분할 수 없는 연고집단의 특성으로 인해 더욱 강화된다.

흔히 연고집단의 가장 큰 문제점으로 '폐쇄적 내집단'(이재혁, 1999a: 47)이라는 특징이 지적되어 왔다.[38] 그러나 한 개인은 특정 학교의 동창회와 특

38) 연고집단은 특정한 집단에 소속되느냐 혹은 소속되지 못하느냐 하는 문제를 본인의 선택이 아니라 주어진 관계에 따라 결정한다는 의미에서 '폐쇄적'이다. 그러나 연고집단이라 해서 그러한 관계를 만드는 일 자체가 모두 원천적으로 불가능한 것은 아니다. 예컨대 학연은 특정한 학교에 들어갔느냐 들어가지 못했느냐 하는 자신의 성취 혹은 능력이 연고의 기준이 된다. 혈연은 물론 자신의 선택과는 상관없는 일이지만, 혼인이라는 선택을 통해 혈연이 주어지는 것 또한 사실이다. 지연 또한 주어지는 측면도 있지만 거주를 옮김으로서 만들어 나가는 측면도 존재한다. 반면, 자원적 결사는 본인의 선택과 그에 대한 집단의 평가가 결합될 때 집단에 소속될 수 있다는 의미에서 보다 '개방적'이라고 할 수 있다. 그러나 자원적 결사에 의한 집단의 형성은 다른 한편으로 매우 '배타적'인 측면이 강하다. 특정한 단체에 소속되면 그와 경쟁하는 단체에는 소속될 수 없기 때문이다. 집단의 '폐쇄성' 혹은 '개방성'

정 지역의 향우회와 같은 여러 개의 연고집단에 동시에 소속될 수 있다. 또한 지역을 기준으로 향우회가 존재할 때 한 개인은 면(面) 단위의 향우회에 소속될 수 있으면서 동시에 보다 확대된 군(郡)이나 도(道) 단위의 향우회에 소속될 수도 있다. 여기서 한 걸음만 나가면 바로 한민족 공동체다. 그리고 가족이란 개념 역시 부모와 자식으로만 구성된 서구적인 핵가족을 의미하는 경우도 있지만, 동시에 8촌을 포함하는 친척까지 확대될 수도 있으며 더 나아가서는 특정한 성(姓)을 공유하며 동일한 조상을 가진 사람은 모두 '우리 집안사람'에 포함시킬 수도 있다. 또한 친가(親家), 외가(外家), 처가(妻家)를 모두 합친 가족 개념도 가능하다.

이런 점에서 연고집단의 내부와 외부를 가르는 경계는 폐쇄적으로 닫혀 있는 것이라기보다 경우에 따라서 유연하게 확대될 수 있는 성격을 지니고 있다고 보아야 한다. 이와는 대조적으로 서구의 집단 개념은 그야말로 폐쇄적이고 배타적이다. 예를 들어 특정한 사람이 특정한 계급의 구성원이면 그 사람은 절대 동시에 다른 계급의 구성원이 될 수 없다. 또한 특정한 이념을 가진 정당에 개인이 가입하고 있다면 그 사람은 다른 이념을 가진 정당에는 얼씬도 할 수 없다. 그러나 우리는 '자유롭게' 정당을 옮긴다. 그리고 그것을 크게 문제 삼지 않는다. 한 사람의 정치인이 정치를 하며 일생 동안 창당한 정당이 두 자리 숫자에 이르는 현실이 우리 정치문화의 모습이다. 이른바 민주화의 주인공이라고 평가받는 김대중의 현실이다.

시민단체에서 활동하는 경우도 비슷한 상황이 나타난다. 서구에서는 자신이 선택한 시민단체에서 활동을 시작하면 대개는 평생토록 그 조직에 헌

이 사회자본의 형성과 축적에 미치는 효과에 관해서는 류석춘, 2002, 『한국의 시민사회, 연고집단, 사회자본』(자유기업원)의 제6장 "사회자본과 한국사회"의 제4절 "사회자본의 축적: 강한연대(폐쇄성)인가 약한연대(개방성)인가" 부분을 참고.

신한다. 그러나 우리는 이 단체 저 단체를 기웃거리고 동시에 여러 단체의 활동에 간여한다. 나아가서 명망가일수록 많은 단체에 복수로 멤버십을 가지고 있지만 어느 곳 하나 헌신하는 곳이 없는 기현상을 연출하고 있다. 연고집단의 구성원들이 동시에 여러 집단에 소속되어 활동하여도 전혀 갈등하지 않는 문화를 배경으로 시민운동이 전개되고 있기 때문이다. 결론적으로 연고집단은 서로 배타적인 성원으로 구성되어 있지 않으며, 나아가서 외부의 성원과 내부의 성원 사이에 존재하는 경계 또한 상황에 따라서 얼마든지 변화하는 유동적인 성격을 지니고 있다.[39]

마찬가지로 연고집단 간의 경쟁은 반드시 부정적이고 다원화된 시민사회의 결사체와 이익집단의 갈등과 대립은 반드시 긍정적인 결과를 가져올 것이란 주장도 따져보면 대단한 설득력을 제공하지 못한다. 왜냐하면 '의약분쟁'이나 '노사갈등'의 경험에서 보듯이 서구적 이익집단 혹은 결사체의 갈등이 반드시 부드러운 타협으로 귀결된다는 보장은 전혀 없기 때문이다. 따라서 서구적 결사체에 기초한 거래비용이 반드시 전통적 연고집단에 기초한 거래비용보다 효율적일 것이라는 주장도 우리는 선험적으로 받아들일 수 없다.

3.3. 연고집단과 시민사회는 서로 대립적인 영역인가

연고집단과 시민사회를 대립적인 관계로 파악하는 입장에서는 "연줄사회적 균형은 시민사회의 왜소화를 초래할 것이며, 반대로 연줄사회적 균형

39) 연고에 의한 집단의 형성은 호수에 비가 오는 경우 빗방울에 의해 형성되는 무수히 많은 동심원과 같은 모습이라고 비유할 수 있다. 반면에 서구적 결사에 의한 집단의 형성은 호수에 둑을 만들어 물을 갈라놓는 모습과 유사하다.

의 붕괴는 시민사회의 강화로 나타날 것"이라고 본다(이재혁, 1999a: 50). 이처럼 시민사회와 연고집단 사이의 관계를 대립적인 것으로 파악하는 시각에서는(이재혁, 1999a; 1999b) 기본적으로 시민사회의 영역은 공적인 영역인데 반해 연고집단의 영역은 사적인 영역이라고 인식하고 있다. 이러한 시민사회에 대한 인식은 기본적으로 국가의 공공정책에 영향을 미칠 수 있는 제도화된 집단들만으로 시민사회가 구성되어 있다고 보는 협의의 시민사회 개념에 기초하고 있다.

그러나 제도화된 시민단체 혹은 결사체에 참여할 수 있는 '시민들이 합리적으로 판단하고 정치적인 정체성을 자각할 수 있도록 하는 기본적인 자질은 어디에서부터 만들어지고 있는가'라고 되물어 본다면, 우리는 시민으로서의 기본적인 자질을 길러주는 가족의 사회화 과정에 주목할 수밖에 없게 된다. 이러한 중요성을 인식하였기 때문에 코헨과 아라토(Cohen & Arato, 1989)는 시민사회의 영역 속에 ①생활형태의 다양성과 자율성을 제공하는 가족, 비공식집단, 자발적 결사체, ②문화와 의사소통의 제도, ③사적 자아 발전과 도덕적 선택의 영역, ④사생활과 공공성을 경계 지우는데 필요한 일반적인 법률과 기본권의 구조로 이루어지는 광범위한 영역을 모두 포함시켜야 한다고 주장했다.

이처럼 시민사회의 영역을 사적인 영역으로까지 확대시켜야 한다는 주장은 공적인 영역과 사적인 영역을 서로 대립하는 영역으로 인식하지 않아온 동양적인 사고방식과 매우 긴밀하게 연결되어 있다. 왜냐하면 동양에서는 가정 내에서의 행위규범과 정치적인 영역에서의 통치규범이 서로 동일한 윤리에 의해서 지배받아야 한다고 생각해 왔기 때문이다.[40] 민주적인 시

40) '수신제가치국평천하(修身齊家治國平天下)' 라는 구절이 이러한 경향을 가장 잘 대변한다. 또한 서경(書經) 에는 '효도하라. 오직 효도하는 사람만이 형제에게 우애 있게 하고 이를 정치에도 미치게 한다'

민으로서의 기본적인 자질을 키우는 곳이 1차적인 사회화가 이루어지는 가정이라고 할 때, 가정 내에서도 공인(公人)으로서의 책임감을 강조하고 스스로에 대한 기율을 강조하던 유교의 전통은 기본적으로 교육을 통해서 시민사회 구성원들의 정치적인 참여를 확대할 수 있다는 민주주의 원리와 상치되지 않는다.

더 나아가서 민주주의적인 발전을 위해서는 자기중심적이고 고립된 개인의 정치참여가 중요한 것이 아니라, 공동체의 책임을 공유하는 타자지향적인 시민의 정치참여가 중요하다는 사실을 감안하여 본다면(Wolfe, 1986), 개인보다는 집단을 먼저 고려하는 연고집단의 고유한 특성은 민주주의 발전을 위한 잠재력을 제공해 줄 수 있다. 그리고 무엇보다도 유교에서 강조하는 타인에 대한 관용과 배려, 그리고 다른 사람의 의견에 대해서 경청할 수 있는 자세야말로 민주적 시민사회의 구성원으로서 갖추어야 할 기본적인 자질이다.

3.4. 연고집단은 근대화 과정 속에서 소멸해 갈 전통적인 잔재에 불과한가

대부분의 사람들이 현재 한국 사회에서 연고집단이 강력한 영향력을 행사하고 있다는 지적에는 동의하지만, 세계화의 추세 속에서 연고집단의 미래가 어떤 방향으로 나아갈 것인가에 대해서는 견해를 달리한다. 한편에서는 한국 사회에서도 "구조적 투명성과 경쟁의 공정성에 대한 요구가 기존의 연줄사회적 균형에 대해 서서히 변화의 압력을 점증시키게 됨에 따라

라고 하였다. 이는 즉 효도가 곧 정치하는 것이라는 의미이다. 그러니 어찌 일부러 정치하는 일을 할 필요가 있는가[논어(論語), 위정(爲政), 二十一].

서, 사회 및 정치 영역에 있어서도 시장경쟁원리가 기존의 연줄망 원리를 대체해 갈 것"이라고 본다(이재혁, 1999a: 49). 그러나 다른 한편에서는 개인보다는 집단을 우선시하는 공동체주의적인 유산 그리고 이로부터 비롯되는 민본주의야말로 우리가 추구해야 할 고유한 아시아적 가치라고 주장하기도 한다(이승환, 1998; 함재봉, 1998; 최석만, 1999).

이러한 대립은 문화적 상대주의와 문화적 보편주의를 둘러싼 사회과학적 인식의 틀이 우리 사회에서도 첨예하게 대립하고 있음을 잘 드러내 준다. 그렇지만 이러한 대립에도 불구하고 우리가 현재의 시점에서 전개할 수 있는 주장의 수준을 다음과 같이 설정하는 것은 큰 무리가 없어 보인다. 즉 "현실적으로 한국 사회에서 연고집단의 영향력은 법률적이거나 제도적인 개혁으로 쉽사리 제거될 수 있는 종류의 문제가 아니다"라는 주장이다. 연고집단은 시간이 경과하면서 쉽게 사라질 일시적인 현상으로 절대 과소평가할 수 없다. 따라서 보다 중요한 과제는 "왜 현실적으로 연고집단이 사라지지 않고 지속되고 있는가"라는 질문의 답을 찾는 일이다.

효율성과 합리성의 관점에서 연고집단의 존재를 설명하는 입장에서는 "체계의 불확실성이 높을 때, 연결망 결사체는 행위를 예측할 수 있는 충성스러운 구성원을 제공하는 장소가 되기 때문에 사람들은 연결망을 불확실성을 줄이는 기제로 사용한다"고 본다(김용학, 1996: 106). 분명 연고집단은 내부의 사람들에게 거래비용을 감소시켜 주거나 신뢰를 제공해주거나 거래의 불확실성을 감소시켜 주는 것과 같은 경제적인 효용성을 제공해 준다. 그러나 설사 그것이 사실이라 하더라도 이해득실을 따지는 행위자의 합리적 판단만이 연고집단을 존속시키는 유일한 기제는 아니다.

오히려 연고가 중심적으로 작동하고 있는 영역은 경제적 합리성과 이윤의 논리에 의해서 지배받지 않는 시장의 영역 바깥이다(류식춘·장미혜, 1998; 류석춘 2002). 동아시아 유교 문화권에서 연고집단의 존재가 지속되고 있는 보다 근본적인 이유는 경제적인 효용성 때문이 아니라, 서구와는 상이한 모습을 가지고 있는 사회문화적 차원의 제도적 장치 를 들면 가족제도와 그것을 뒷받침하고 있는 가치관과 윤리에 차이가 있기 때문이다. 즉 '도구적' 이기보다는 '완성적'인 동기를 사람들이 따르고 있기 때문이다(Portes, 1998; Lin, 2002; 류석춘 2002b). 동양과 서양의 개인과 세계에 대한 이와 같은 근본적인 인식의 차이는 자본주의의 발전이 진전되거나 시장의 메카니즘이 확대된다고 해서 쉽게 사라지지 않을 보다 근본적인 문화적 지향이다.

4. 동아시아 연고집단의 문화적 배경

동아시아의 근대화와 산업화 과정 속에서도 연고집단이 온존하면서 다양한 형태로 제도화되고 있는 이유를 설명하기 위해서는 동양과 서양 사이에 존재하고 있는 근본적인 문화와 가치관의 차이를 이해해야 한다. 한 사회의 문화적 가치는 개인으로 하여금 행위에 대한 선택을 할 수 있게 하는 규범과 기준으로 작용한다는 점에서 동양과 서양에 근본적으로 존재하는 문화적인 차이점을 고려하지 않는다면, 현실적으로 다양하게 나타나는 사회제도의 조직원리와 개인들의 행위형태에 대해서 설명할 수 없다. 다음에는 '개인과 사회에 대한 인식' 그리고 '사적인 영역과 공적인 영역의 구분'이라는 두 가지 측면에서 연고집단의 기능을 뒷받침하고 있는 동아시아 고유의 문화적이고 사회적인 가치가 무엇인지를 살펴보고자 한다.

4.1. 연고관계에서의 개인과 사회

개인에 대한 인식에 있어서 동양과 서양 사이에는 근본적인 차이점이 존재한다. 근대 이후 서구에서 개인은 모든 구속으로부터 해방된 선택의 주체, 그리고 이러한 선택의 과정에서 누구로부터도 혹은 어떠한 외적인 압력으로부터도 방해받을 수 없는 절대적인 존재로 간주되어 왔다. 그러나 동양에서는 서구처럼 외적인 영역 혹은 타인과 구분되는 명백한 주체로서의 개인의 개념은 존재하지 않는다. 오히려 나와 남 사이의 경계뿐만이 아니라 가족의 경계도 불분명한 것으로 존재한다. 타인과 구분되는 개인의 자율적인 선택이라는 자유만을 극대화시켜온 서구에서 개인과 사회의 대립은 어찌 보면 불가피한 것일 수밖에 없다. 따라서 개인들 사이의 이해의 대립을 어떻게 규제하고 사회적인 통합을 달성할 것인가라는 문제 즉 질서의 문제는 서구의 사회사상에서 늘 핵심적인 문제로 부각되어 왔다.

서구 문화는 개인과 사회를 통합시키기 위한 '사회화(Parsons)' 혹은 '규범(Durkheim)' 혹은 '국가에 의한 행정적이고 법률적인 제재(Hobbes)' 등과 같은 여러 가지 기제를 설정하고 있음에도 불구하고, 개인의 주관적인 이해와 사적인 욕구를 추구하려는 '이기심(self-interest)'을 절대 제거할 수 없는 인간 존재의 본질로 간주한다. 따라서 서양에서는 개인 바깥에서 개인에게 도덕적인 규제력을 행사하는 존재로서의 사회 그리고 이에 대해 주관적인 반응을 보이는 개인이라는 대립구도가 지배하여 왔다(Schwartz, 1996: 75). 그러나 개인과 타인 혹은 개인과 사회 사이의 구분이 불명확하고 서로 융합된 형태로 존재하는 동양인들에게 있어서 사회는 개인에게 외재하면서 개인에게 도덕적인 규제력을 행사하는 존재가 아니다. 왜냐하면 동양에서는 사회에 의해서 개인에게 요구되는 도덕적이고 규범적인 강제(moral constraint)는 외부로부터의 제재나 강제적인 의무의 부과를 통해서가 아니라 개인들의 자발적인 동의에 기초하여 보다 확실하게 자리 잡을 수 있다고 인식하기 때문이다.

기본적으로 유교에서는 개인을 인식할 때 그 사람이 속한 집단의 규범과 그로부터 비롯되어 그 사람에게 부과되는 역할을 중시한다. 그리고 같은 역할이라고 해도 역할의 내용은 고정된 것이 아니라 그것을 수행할 수 있는 개인의 능력과 자질에 따라 달라질 수 있는 것이라고 본다. '군자는 그릇이 아니다'[41]라는 공자의 말은 자기완성을 위해 부단한 노력을 기울여야만 그때그때 필요한 사회적 역할을 제대로 수행할 수 있다는 함의를 가진다. 다시 말해 사람의 인격과 능력 그리고 역할은 고정된 것이 아니다. 특정한 역할의 수행은 개인의 도덕적인 자기규제 수준 혹은 자아의 완성도에 따라 달리 나타날 수 있다(Schwartz, 1996: 76). 이러한 역할의 개념은 제재가 두려워 그리고 강제에 의해 사회적인 역할을 어쩔 수 없이 수행하는 서구적 역할의 관념과는 전혀 다른 것이다.

미드(Mead)의 주관적인 자아 I 와 객관적인 자아 me, 혹은 프로이드(Freud)의 자아(ego)와 초자아(superego) 사이의 구분에서 엿볼 수 있듯이 서구에서는 기본적으로 개인의 주관적인 지향과 사회 전체의 규범은 분리 및 대립된 것으로 인식한다. 그리고 이 양자의 불일치를 해소하기 위해서는 사회 전체의 규범을 위반할 경우 이에 상응하는 사회적인 제재가 반드시 필요하다고 생각한다. 그러나 유교에서는 외부에서 강제로 부과되는 사회적인 통제보다는 자발적으로 사회적 규범을 내면화시키는 수양을 보다 강조한다.

개인의 동의에 의해 자발적으로 내면화된 사회적 규범 그리고 독립적인 주체라기보다는 공동체의 구성원이라는 인식이야말로 동아시아 유교문화권이 근대화 과정 속에서도 연고집단을 소멸시키지 않고 있는 근본적인 이

41) 군자불기(君子不器), 논어(論語) 위정(爲政). 이때 군자는 전인적인 완성자이고, 목적 그 자체로서의 인격적 주체적 존재를 의미한다면, '그릇'은 부분적 수단적 존재임을 나타낸 말이다.

유를 찾는 단서가 된다.[42] 단선론적인 근대화 이론의 가정과는 달리 세계의 어느 곳보다 교육수준이 높은 유교문화권 사람들의 자아정체성이 미숙하거나 혹은 스스로 결정할 수 있는 능력이 없어서 모든 일에 대한 판단과 결정에 앞서 항상 가족과 집단의 의견을 먼저 생각하는 것은 아닐 것이다. 경제가 발전해서 1인당 국민소득이 상당한 수준에 도달했음에도 불구하고 또한 교육수준이 향상되고 세계 최고의 교육열을 자랑하고 있음에도 불구하고 여전히 나타나는 가치관의 차이를 이해하기 위해서는 동아시아만의 독특한 유교적인 문화와 영향력을 인정하지 않을 수 없다.[43]

개인에 대한 인식의 차이뿐만이 아니라 개인과 사회의 관계를 이해하는 데 있어서도 동양과 서양 사이에는 차이점이 존재한다. 동양인들은 자신과 분명하게 구분되는 외적인 존재로서 가족이나 사회를 전제하지 않는다. 그렇기 때문에 친척관계도 나를 중심으로 끝없이 퍼져 나가는 연결망에 의해 규정할 수 있는 사회관계로 생각한다. 이처럼 개인과 가족, 사회와의 경계가 불분명하기 때문에 '한 집안' 사람의 범위도 때와 장소에 따라서 달라질 수 있다. 또한 개인과 집단 사이의 경계는 고정되어 있는 것이 아니라 유연

---

42) 한국인과 중국인, 일본인들에 대한 국민의식조사의 결과를 보면, 아직도 많은 사람들이 '국가를 위해서라면 자신의 이익보다 국가를 먼저 생각해야 한다'라는 문항에 대해서 긍정적인 답변을 하고 있는 것으로 나타난다. 이는 개인보다 집단을 우선시하는 사고방식을 잘 드러내주고 있다. 또한 개인의 자율적인 판단이나 선택보다는 집단 내의 공통의 가치규범을 보다 중시하는 동아시아 특유의 가치관은 가장 개인적인 의사결정의 영역이라고 할 수 있는 배우자의 선택에 대한 문제에서도 잘 드러난다. 동아시아 3국의 사람들은 '부모님이 반대하는 결혼은 하지 않는다'라는 문항에 대해 상당히 높은 응답비율을 보이고 있다(KBS·연세대학교, 한중일 국민의식조사, 1996).

43) 같은 맥락에서 '그 견해가 옳건 그르건 간에 '연장자의 의견은 반드시 따라야 한다'는 설문 문항에서도 사람들의 응답비율이 상당히 높게 나타나는 것도 옳고 그른 것에 대한 개인적인 판단이 행위의 준거가 되는 것이 아니라 연장자의 견해에 대한 존중이라는 사회적인 규범이 보다 사람들의 행위를 결정하는데 있어서 보다 중요한 요인으로 작용하고 있음을 보여주고 있다(KBS·연세대학교, 한중일 국민의식조사, 1996).

하게 변할 수 있기 때문에 사람들은 개인의 성공을 그 가족 혹은 그 지역 혹은 그 집단의 성공으로 인식하게 된다(류석춘·김태은, 2002).

4.2. 연고집단과 공·사 구분

한 개인과 다른 개인, 개인과 가족, 그리고 개인과 사회 사이의 경계가 불명확한 것처럼 동양에서는 서구와 같은 '사적인 영역'과 '공적인 영역'의 구분도 존재하지 않았다. 근대 서구의 정치이론에서 개인적인 정체성의 근원인 동시에 개인의 권력이 도출될 수 있는 기반이 되었던 사적인 영역은, 객관적이며 합리적인 규칙과 절차에 의해서 지배되는 국가의 영역 혹은 거래 당사자들 사이의 공정한 계약관계에 의존하는 시장의 영역과 서로 대립되는 것으로 인식되어 왔다(Hahm, 1999).

반면에 동양에서는 공적인 영역과 사적인 영역, 가족의 영역과 국가의 영역이 명확하게 구분될 수 있는 상이한 영역이라고 생각하지 않아 왔다. 잘 알려져 있는 '수신제가치국평천하(修身斉家治国平天下)'라는 말은 공적인 영역과 사적인 영역을 대립적으로 인식하기보다는 사적인 영역인 가족 내에서의 윤리가 공적인 영역인 국가까지 단계적으로 확대되어가는 과정을 연쇄적으로 파악하고 있는 유교문화권의 지향을 단적으로 보여 준다(김일곤 2004).

군사부일체(君師父一体)란 말 역시 공적인 영역에서 '임금과 신하' 사이의 관계 혹은 '스승과 제자'의 관계에서 요구되는 덕목과 사적인 영역에서 '아버지와 자식' 사이에서 요구되는 덕목이 동일함을 잘 보여 주는 말이다. 이렇게 보면 서구에서의 '공(公, public)'과 '사(私, private)'의 구분과 동양에서의 공사의 구분은 엄밀히 말해서 일치하는 개념이 아니다. 이렇게 대립적이지 않은 공과 사의 관계를 감안한다면 왜 동아시아에서 연고집단 내의 친분관계가 정부의 관료조직이나 기업과 같은 공적인 영역에서도 강력한 영향력을 발휘하게 되는지를 쉽게 이해할 수 있게 된다.

서구인들에게 가정은 공적 영역의 비인격성으로부터 탈출할 수 있는 피난처를 제공해 주는 영역인 동시에 사적으로 친밀한 사람들 간에 감정적인 유대와 결속을 제공해 주는 감성의 영역이다(Duncan, 1998: 13). 반면에 동양인들에게 가정은 공인으로서의 자질을 획득할 수 있는 수양과 훈련이 이루어지는 장소로 받아들여져 왔다. 이런 점에서 동양인들에게 가족이나 친족의 유대관계 나아가서 연고집단 내부의 결속 관계는 사적인 성격이기보다는 오히려 공적인 성격을 지닌 것으로 여겨져 왔다(Duncan, 1998: 19). 이처럼 유교에서는 공적인 영역과 사적인 영역이 대립된 것이 아니라 서로 융합된 것으로 인식해 왔기 때문에 서구인들이 가족을 감정이나 정서의 문제를 해소하는 공간으로 여기는 것과는 달리 동양의 가족은 공적인 영역과 동일하게 권리와 의무 그리고 책임과 권한의 한계를 익히는 엄격한 도덕을 학습하는 공간으로 자리잡고 있는 것이다(류석춘·김태은: 2002).

5. 동아시아 연고집단의 제도적 형태: 기업조직을 중심으로

이상에서 살펴본 바와 같이 근대화의 과정 속에서도 소멸하지 않고 강력한 영향력을 행사하고 있는 연고집단의 존재는 서구와는 상이한 개인 및 개인과 사회와의 관계 그리고 또한 서구와는 다른 공과 사의 영역에 대한 인식에 기반을 둔 것이라고 할 수 있다. 그렇다면 문화적인 가치관으로 동아시아 국가를 지배하고 있는 연고집단의 기능이 제도화되어 나타나는 구체적인 존재형태는 무엇인가? 연고에 기반한 조직의 형태와 제도적 장치는 다양한 영역에 넓게 퍼져 있다. 가족제도는 말할 것도 없고, 교육에서의 동창회, 정치에서의 파벌, 경제 영역에서의 재벌조직이나 하청관계, 사회적 영역에서 아직도 중요한 기능을 수행하는 계 및 각종 향우회나 화수회 등과 같은 전통적 친목모임이 좋은 예가 된다.

이 글에서는 가장 근대적인 영역이라고 간주되는 기업부분에 존재하는 동아시아 연고집단의 제도화를 논의의 대상으로 삼고자 한다. 동아시아의 경제적 발전을 연구한 많은 경제사회학적 연구가 모두 주목하는 특징 가운데 하나는 동아시아에 연고에 기반한 기업조직이 존재하고 있고, 나아가서 그러한 기업조직의 형태가 경제성장의 동력이 되어 왔다는 사실이다(Li and Xie, 2019). 한국의 재벌(財閥), 일본의 게이레츠(系列, keiretsu), 대만의 콴시(關係)를 중심으로한 가족기업(家族企業, jiazuguye), 그리고 중국의 개혁개방과 함께 등장한 향진기업(鄕鎭企業),[44] 나아가서 해외 화인기업의 네트워크 등이 구체적인 예가 된다.

[표 3-1]에 정리된 동아시아 국가의 기업조직의 형태들은 모두 '독립적인 기업들이 연고에 기반한 관계에 따라 일정하게 연결된 네트워크 조직을 형성하고 있다'는 공통점을 보여준다(Hamilton, Zeil & Kim, 1990). 물론 국가마다 지배적인 조직의 특성이 서로 조금씩 편차를 보여 주고 있는 것은 사실이다. 대만기업이 가족중심의 중소기업 위주로 조직되어 있다면, 일본의 기업은 수평적 및 수직적 관계를 동시에 가진 게이레츠(系列)와 하청(下請)관계로 조직되어 있고, 한국은 위계적인 가부장적 방식을 따라 기업이 조직되

44) 중국의 향진기업(鄕鎭企業)이란 주로 농촌지역(鄕, 鎭)에 근거를 거지고 농민들에 의해 소유 및 경영되고 있는 다양한 형태의 비국유기업을 말한다. 이들 향진기업은 국영기업이나 도시의 대집체기업과는 달리 국가의 경제계획 밖에 존재하며 시장의 원리에 따라 운영되어 손익의 책임을 스스로 진다. 향진기업은 전통적인 중국의 家 개념을 조직원리로 삼아 운영되고 있으며 개방이후 중국의 경제발전에 견인차 역할을 한 것으로 평가받고 있다(유석춘·김태은, 2002; 이근·서석홍, 1996).

어 있다(류석춘, 1997b). 사회주의 체제인 중국에서 개혁개방의 초기에 출현한 향진기업(鄕鎭企業)은 가(家)의 개념에 기초하여 지역 연고가 확장된 기업조직의 형태를 보이고 있다(류석춘·김태은, 2002). 그러나 이러한 조직의 특성이 모두 유교적인 연고집단의 관계를 매개로 한 기업조직임에 틀림없다. 그리고 이러한 기업의 조직과 제도가 이 지역의 경제에 세계 최고의 역동성을 제공해 온 것도 틀림없는 사실이다.

[표 3-1] 동아시아의 연고주의가 기업조직에서 제도화된 모습

<table>
<tr><th></th><th colspan="2">문화적인 영역</th><th colspan="2">경제적인 영역</th></tr>
<tr><td>한국</td><td rowspan="4">가족주의
연고주의
집단주의
온정주의</td><td>지역주의
학벌주의
가족주의</td><td>재벌</td><td>위계적으로 배열된 기업 간의
대규모 연결망</td></tr>
<tr><td>일본</td><td>학벌주의
온정주의</td><td>계열
하청관계</td><td>대기업 간의 수평적 연결 및 중소기업과
대기업 사이의 수직적 연결</td></tr>
<tr><td>중국</td><td rowspan="2">가족주의
관시(關係)</td><td>향진(鄕鎭)기업</td><td>농촌 혹은 도시에 존재하지만 모두
농민집단에 의해 소유 및 경영되고 있는
다양한 형태의 비국유 기업조직</td></tr>
<tr><td>대만</td><td>가족기업</td><td>가족구성원들 간의 비계약적
관계에 기초한 기업조직</td></tr>
</table>

6. 맺는말: 연고집단과 민주주의의 발전

자본주의는 우리가 흔히 형식 민주주의와 실질 민주주의 사이의 모순이라고 말하는 정치적인 평등과 경제적인 불평등 사이의 불일치를 안고 있다. 시장의 자율적인 메커니즘에만 의존해서는 부의 불평등 문제가 해소될 수 없으며, 특히 가난한 사람들과 아픈 사람, 그리고 노인들과 같은 사회적 약자를 위해서 최소한의 안전망이 마련되어야 한다고 지적되고 있다. 이러한 자본주의의 문제점을 인식한 이후 서구에서는 여러 가지 대안을 모색하

여 왔다. 새로운 대안은 기본적으로 '일하고자 하는 자에게는 일자리를, 일하지 않으려 하는 자에게는 처벌을, 일할 수 없는 자에게는 식량을'(기든스, 1997: 153)이라는 구호처럼 사람들의 노동의욕을 감소시키지 않으면서 사회적 약자에게 적절한 도움을 주어야 하는 복합적인 요구를 동시에 만족시켜야 하는 딜레마를 안고 출발하였다.

시장을 중심으로 한 자본주의의 대안으로 서유럽에서 발달한 복지국가의 개념은 과중한 조세부담과 국가의 예산적자 및 노동의욕 감퇴라는 문제점에 봉착하게 되었다. 급기야 1980년대 이후에는 복지에 대한 국가의 개입을 줄이면서 시장의 기능을 복원시키고자 하는 신자유주의 노선으로 급격한 회귀를 하지 않을 수 없었다. 세금의 감면, 국가의 규제완화, 복지지출의 삭감 등으로 대표되는 신자유주의적인 노선은 기본적으로 개인의 창의력을 신장시키고 경제의 생산력을 제고시킬 수 있는 자본주의 시장의 긍정적인 기능을 회복하고자 하는 것을 목표로 한 것이었지만, 이로 인해서 빈부격차의 심화나 실업율의 급증과 같은 부작용이 다시 나타나게 되었다.

그런 점에서 신자유주의적 노선은 소위 말하는 경쟁력을 가진 기득권 집단의 물질적인 이해를 보호하기 위한 선택이라는 비난을 면하기 어렵다. 신자유주의적 노선이 초래한 부작용이 심각해지자 서구에서는 다시 이러한 부작용을 완화시키기 위해서는 사회적 안전망의 구축과 같은 복지정책이 절실하다는 인식이 다시 확산되고 있다. 이른바 '제3의 길'이라고 불리는 신중도 노선 또한 경제적 약자를 보호해야 한다는 구호를 포기하지 않은 사회민주주의의 한 변형이라고 볼 수 있다. 그렇지만 사회민주주의 노선이 추구하는 사회적 약자에 대한 보호는 기본적으로 계급 간의 갈등 및 그로부터 도출되는 계급 타협을 통해 문제를 해결하고자 한다는 의미에서 계급정치에 기반하고 있다.

즉 사회민주주의적인 노선은 경제적인 영역에서 노동조합이 활성화되는 동시에 정치적인 영역에서는 좌익 정당이 결성되어 노동자 계급의 정치적 이해관계를 대변할 수 있어야 한다는 전제조건이 충족되는 소수의 국가에서만 가능한 선택이다. 그리고 그러한 선택이 신자유주의적 노선과 대결하여 성공적일 수 있다는 보장도 현재로서는 기대할 수 없는 상황이다. 국가의 복지정책이 초래하는 노동과 저축 그리고 투자 의욕의 감퇴와 이에 대응하는 기업의 고용감축은 사회민주주의의 악순환이 손쉽게 해결될 수 없는 근본적인 문제임을 보여주고 있다.

이런 맥락에서 동아시아의 유교적 질서를 배경으로 한 개입주의 국가의 경제적 성공은 우리에게 또 다른 선택이 가능함을 일깨워 주는 소중한 자산이 된다. 경제발전을 위한 국가의 시장에 대한 개입은 무자비한 경쟁으로부터 개인을 보호하는 역할을 제공할 수 있다. 동시에 세금을 통한 국가 차원의 복지보다는 연고집단을 통한 간접적인 복지의 제공은 국가의 부담을 무제한으로 요구하지도 않는다. 유교적 가치의 진수가 스며있는 연고집단의 장점을 활용해서 국가와 시장의 불편한 대립관계를 해소할 수 있다면 이는 꿩도 먹고 알도 먹는 최선의 선택이 될 수 있다. 동아시아의 경제발전을 주도해 온 이 지역 기업조직의 독특한 형태가 이러한 제도적 가능성을 뒷받침하는 증거다. 물론 이러한 제도적 장치의 개발과 응용은 기업뿐만 아니라 정치, 교육, 복지 등 현대 사회의 모든 측면에서 가능하다.

이제 우리는 서구의 '자유 민주주의' 혹은 '사회 민주주의'가 우리에게 남겨진 유일한 대안이 아니라는 사실을 분명하게 인식할 필요가 있다. 그리고 이러한 서구에서 발전한 이데올로기의 결함을 메꾸어줄만한 많은 잠재력이 우리의 전통 속에 풍부하게 내장되어 있다는 사실도 깨달아야 한다 서로에게 무관심한 원자화된 개인들의 출현이 이들을 다시 결속시켜 줄 수 있는 대안으로서 연고집단에 우리가 관심을 기울여야 하는 이유가 되고 있기도 하다. 앞서도 살펴보았다시피 연고관계 속에는 집단 내의 성원에 대한 공동체적인 책임감, 개인의 이기주의에 대한 도덕적 제어장치와 개인의 이익과 공동체의 이익을 조화시키려는 노력이 담겨져 있기 때문이다.

세계화가 급격하게 진전되는 추세 속에서 인류가 추구해야 할 진보의 방향은 보다 인간적인 사회, 또한 보다 공정하고 정의로운 사회의 건설일 것이다. 그렇다면 우리에게는 빈곤의 추방은 물론 민주주의와 인권의 확대 그리고 평화와 안전을 위한 새로운 국제질서의 확립 나아가서 적극적인 생태계의 보호와 같이 해결해야 할 다양한 문제들이 여전히 남아있다. 이와 같은 바람직한 세계화의 방향을 모색하는데 있어서 유교적인 전통이 우리에게 던지는 몇 가지 시사점을 짚으면서 이 글을 마무리하고자 한다.

앞서도 지적했다시피 이 시점에서 유교 전통으로의 무조건적인 회귀를 주장하는 것은 절대 아니다. 전근대 사회에서 출현한 사상으로서 유교가 지닌 시대적인 한계를 우리는 한편으로 분명히 인식할 필요가 있다. 그러나 다른 한편으로 유교를 단지 지나간 시대의 윤리로서 내팽겨 치거나 혹은 서구적인 잣대로 유교의 가치를 폄하하는 것은 분명 잘못된 일이다. 즉 우리의 과거를 긍정적으로 재인식할 필요가 있다는 주장이다.

역사적인 맥락에 비추어서 상대화되지 않는 고정불변의 전통, 도전하고 의문을 제기할 수 없는 절대적인 전통이란 존재하지 않는다. 또한 동시에 서구의 경험을 보편적인 경험으로 특권화 시키거나 서구적인 가치만을 일방적으로 주장하는 것은 문화적 보편주의의 함정에 스스로를 가두고 상대방이 나와 다를 수 있음을 인정하는 가치의 다양성에 대한 믿음을 포기하는 일이 된다.

유교적 가치에 대한 재인식은 기본적으로 서구의 합리성에서 상정하는 자신의 이익추구를 극대화하는 고립된 인간에 대한 인식을 회의하는 것에서부터 시작되고 있다. 인간은 고립된 존재가 아니라 사회의 한 구성원으로서 다른 사람들과의 관계 속에서 존재한다. 또한 인간은 제한된 자원을 두고 다른 사람과 배타적으로 경쟁하는 존재만이 아니며, 타인과 공유하는 것을 소중히 생각하는 존재이기도 하다. 이와 동시에 인간은 스스로의 욕구와 쾌락의 극대화만을 추구하는 탐욕스런 존재만이 아니며, 절제와 양보라는 미덕의 가치를 알고 있는 존재이기도 한 것이 사실이다.

우리가 지향해야 할 미래의 한국 사회의 모습은 소득분배가 보다 공정하게 이루어지는 사회, 지속적으로 경제성장이 이루어 질 수 있는 사회, 사회성원들 간의 의사소통이 보다 원활하게 이루어지는 사회, 상호간의 신뢰와 서로의 다양한 의견에 대한 관용이 자리 잡는 사회, 대립과 갈등보다는 타협과 화합이 우선하는 사회라고 한다면, 이러한 앞으로의 사회에 대한 비전을 가꾸어 나가는데 있어서 유교 전통은 기여할 수 있는 바가 많다. 근대화, 산업화, 민주화와 우리의 전통적인 유교 가치 그리고 그로부터 나타난 연고집단의 기능은 서로 양립불가능하지 않기 때문이다.

제4장 |

한국의 비정부·비영리 영역과 사회발전: 연고집단을 중심으로[45)]

장미혜[46)] 공저

1. 비영리·비정부 부문: 개념과 정의

우리는 사회를 합법적인 강제력에 기반을 둔 국가의 영역과, 이윤을 얻기 위한 상품과 서비스의 생산과 교환에 기반을 둔 시장의 영역, 그리고 강제력이나 경제적 이윤동기에 입각하지 않은 자원적 활동의 영역으로 나누어 볼 수 있다. 이러한 삼분모델에 입각하여 사회를 보면 '비영리·비정부' 부문이란 국가의 영역인 제1부문과 기업이나 시장경제로 대변되는 제2부문을 제외한 사회의 나머지 모든 부문 즉 정부부문이 아니면서도 시장부문과는 달리 영리를 목적으로 하지 않는 제3의 독립된 영역을 지칭한다(Hall, 1992). 이러한 구분에서도 알 수 있듯이 비영리·비정부 부문에 대한 연구는 국가부문이나 시장부문과는 구분되는 독자적인 영역의 존재를 부각시키고, 이 부문이 수행하는 독특한 기능과 역할을 밝히고자 하는 문제의식에서 시작되었다(Wuthnow, 1991).

---

45) 연세대학교 동서문제연구원 『동서연구』 10 (2): 121~144 (1998)에 발표된 글을 가필하였다.

46) 한국여성개발원 연구위원.

그러나 비영리·비정부 부문의 기능과 역할 그리고 역사적 발전은 상대적인 관점 특히 국가나 시장과의 관계 속에서 이해되어야 한다(Habermas, 1989). 서구는 1970년대 이후 나타난 경기의 침체와 복지정책의 영향으로 국가의 재정이 심각한 위기를 겪게 되었고(O'Connor, 1973), 이러한 재정위기를 타개하기 위해서 종래 국가에서 담당해 오던 복지기능의 상당부분을 비영리·비정부 부문에 이전하였다(Kramer, 1984). 반면에 비서구 사회에서의 비영리·비정부 부문은 대부분 권위주의적인 국가의 동원대상으로 수동적인 역할을 담당하여 왔지만, 최근 많은 국가에서 민주화가 진척되면서 비영리·비정부 부문은 오히려 정치적으로 국가를 견제할 수 있는 사회적 저항의 공간으로 주목받고 있다(Oxburn, 1995). 한편 국가에 모든 권위와 자원에 대한 통제력이 집중되어 있던 과거 사회주의 국가들에 있어서 비영리·비정부 부문의 발전은 지극히 미약하였지만, 1989년 이후 공산주의 정권이 붕괴되면서 이들 국가 역시 비영리·비정부 부문의 급격한 활성화를 경험하고 있다(Wank, 1991).

일반적으로 비서구 사회에서의 근대화 혹은 산업화 과정은 무제한적인 이윤추구의 논리를 따르는 자유시장 제도가 사회 전체를 지배하는 과정인 동시에 근대적 형태의 민족국가 수중에 효과적인 폭력수단이 독점되면서 사회 전반에 걸친 국가의 통제력이 강화되는 과정이라고 이해되어 왔다. 그러므로 이러한 1부문과 2부문의 확대과정 아래에서 비서구 사회의 비영리·비정부 부문이 어떤 방식으로 존재하고 또한 그 기능이 어떻게 변형되고 있는지를 규명하는 작업은 아무런 관심을 끌지 못하여 왔다. 그러나 비영리·비정부 부문이 수행하는 기능이나 역할은 앞에서도 살펴보았듯이 상대적인 관점 특히 역사적 조건과 문화적 유산에 따라 그것이 다른 부문과 어떤 관련을 맺고 있는가에 크게 좌우된다.

이러한 사실을 고려하지 않고 비서구사회의 발전을 서구식 민주주의나 시장경제를 지향해 가는 단선적인 변동과정으로서만 파악한다면 우리는 다음과 같은 여러 가지 중요한 질문에 아무런 답변도 제시하지 못한다. 왜 한국을 포함한 동아시아 국가의 국민들은 상당히 높은 수준의 경제생활을 누리고 있음에도 불구하고 국가로부터의 통제와 감시를 당연한 것으로 받아들이고 있는가? 또한 왜 이들 지역에서는 국가가 제공하는 사회복지의 수준이 서구에 비해서 상대적으로 미약한가? 왜 이들 국가에서는 여전히 전통과 권위가 서구에 비해서 존중되고 강한 가족 간의 유대관계가 남아있으며 그처럼 높은 교육열을 보이는가? 혹은 왜 이들 국가에서는 직장과 일에 대한 헌신이 개인이 아니라 가족을 단위로 나타나는가? 왜 이들 사회에서는 대등한 입장에서 상대방을 비판하고 토론을 통해서 합의를 도출해 내는 문화가 활성화되지 못하는가? 이와 같은 문제에 답변하기 위해서는 각 사회의 문화적이고 제도적인 그리고 역사적인 특수성에 관심을 기울여야 한다(Schwartz. 1996).

한국 사회의 경우를 보더라도 개항 이후 지속적으로 추진된 근대화 과정이 주로 국가의 영역인 제1부문과 기업의 영역인 제2부문을 중심으로 진행되어 왔기 때문에, 제3부문은 전통적인 사회조직의 특징이 상대적으로 가장 강하게 남아있는 영역이 되어 왔다. 통상적으로 근대화 및 산업화 과정은 전통적인 공동체를 파괴 혹은 축소시킨다고 생각되어 왔다. 그러나 실제로 우리 사회에서는 여전히 가족 간의 유대와 공동체에 대한 소속감이 강력하게 기능하고 있다. 권위에 대한 존중과 수직적인 위계관계 및 상하 간의 질서를 강조하는 문화적 규범 또한 강력한 영향력을 행사하고 있다. 국가의 권위주의적이고 강압적인 통치, 사회전반에 대한 온정주의적인 국가의 개입, 개인의 자율성보다는 위계적인 명령과 복종이 강요되는 조직관행, 기업의 신입사원 선발이나 승진에 결정적인 영향력을 미치는 연고주의의 잔재, 선거를 통해서 가시적으로 드러나고 있는 지역주의 등에서 알 수 있듯이 전통적인 규범은 오히려 국가나 시장의 영역으로 깊숙이 침투하여 기능하고 있는 것이 한국사회의 현실이다(Hahm. 1999).

이처럼 강력한 영향력을 행사하고 있는 비영리·비정부 부문의 한국적 특수성에 주목하지 않고 한국 사회의 발전 방향을 논의하는 일은 어쩌면 학문적 직무유기에 해당될지도 모른다. 지금까지 한국사회 비영리·비정부 영역에 대한 이론적 및 경험적 접근은 모두 서구와의 차이점을 부각시키기보다는 이를 서구와 동질적인 범주로 인식하는 학문적 안일함 속에 논의가 진행되어 왔다. 그렇기 때문에 구체적인 연구성과에 있어서도 이 분야는 아직까지 만족할만한 연구성과를 전혀 축적하지 못하고 있다. 이 글은 이러한 문제점을 극복하기 위한 시론적 성격의 논의이다.

2. 비영리·비정부 부문에 대한 기존 연구

먼저 한국의 비영리·비정부 부문에 대한 기존의 논의를 간략히 정리해 볼 필요가 있다. 이 부문에 관한 연구는 지금까지 비영리·비정부라는 개념을 명백하게 사용하지 않으면서 시민사회, 비정부조직(NGO: Non-Governmental Organization), 제3섹터, 공익재단, 이익집단 등과 같은 다양한 개념으로 접근되어 왔다. 그러나 이들을 포괄적인 기준에서 분류해 보면 우리는 크게 세 가지의 흐름을 찾아 낼 수 있다.

첫째는 '시민사회론'을 주장하는 학자들에 의해 이루어진 연구들이다. 이들은 마르크스주의적 인식 틀에 기반했던 1980년대 민중운동과의 연관 속에서 민주화 이후 1990년대 한국의 시민사회를 분석하고 있다(최장집,

1996; 손호철, 1995; 유팔무·김호기, 1995). 그러나 이들의 분석은 한국 사회의 현실로부터 출발한 것이라기보다는 서구의 모델을 근거로 당위적인 기대와 주문을 통해 어떻게 하면 한국사회의 시민운동을 활성화시킬 수 있을 것인가의 문제에 초점이 맞추어져 있다. 이들은 시민사회를 권위주의에서 민주주의로의 이행과정에서 태동하게 된 자율적 공간 혹은 "국가와 시민사회의 이원구조에 기초하여 국가를 견제하고 비판하고 궁극적으로 국가 그 자체를 민주화시킬 수 있는 토양"(강문구, 1995) 등으로 개념화하면서 정치적 민주화에 있어서 시민사회가 지닌 잠재력에 주목한다.

그러나 이들이 지니고 있는 가장 큰 난점은 서구적 의미에서 이념형적인 시민사회에 대한 논의를 여과 없이 그대로 한국사회에 적용시키고 있다는 사실이다. 그리고 시장과 국가 사이에 존재하는 다양한 형태의 비영리·비정부 부문에 대해서는 주목하지 않고 주로 민주화운동을 추진하였던 재야단체와 같은 일부 시민단체 혹은 신사회운동을 주도하고 있는 환경운동단체 등의 역할만을 부각시키고 있다. 이들은 시민운동 단체의 법적, 경제적 실체에 대한 구체적인 정의나 활동현황, 규모나 회원수, 재정규모 및 자립도 등에 대한 실증적인 연구보다는 시장과 국가에 대항하는 세력으로서 시민운동이 활성화되어야 한다는 당위론에 집착한다.

둘째는 자원봉사자나 자원봉사기관을 대상으로 하는 비정부조직(NGO)의 활동에 관한 연구이다. 이들은 국가와 민간기업이 협력하여 자원봉사활동을 지원하는 사업수행 방식에 관심을 갖는다. 보다 구체적으로는 공익재단의 운영과 규제에 대한 연구를 예로 들 수 있다(박태규, 1995). 그러나 이들의 분석 역시 한국사회의 특수한 문화적 제도적 맥락을 고려하지 못하는 한계를 보여 준다. 이들은 한국의 비정부조직을 서구사회의 비정부조직과 대비하여 양자가 가지고 있는 차이점을 객관적으로 인식하기보다는 서구

사회의 비정부조직이 일정한 경제적 수준의 도달과 중산층의 성장이라는 객관적 요인의 발전과 함께 나타난 현상이라는 사실에 주목한다.

그리하여 이들은 현재의 한국사회는 비영리 부문의 사회봉사활동이 규모나 조직에서 선진국에 비해 크게 뒤지지만 앞으로 민간부문의 경제력이 축적됨에 따라서 서구와 동질적인 형태의 비정부조직이 발전해 나갈 것이라는 기대 아래 연구를 수행하고 있다. 그러나 비영리·비정부 부문의 발전과정이 경제발전과 과연 동행하는 현상으로 파악될 수 있을 것인지, 그리고 나아가서 각 사회가 지니고 있는 역사적 사회적 맥락의 차이점을 어떻게 수용할 것인가의 문제에 있어서 이 접근은 분명한 전망을 제시하지 못한다.

세 번째는 기존의 정치학 전통을 이어받은 이익집단에 관한 연구를 들 수 있다. 이들은 비영리·비정부 영역을 서구적 전통의 이익집단이 활동하는 사회적 공간으로 파악함으로서 한국사회를 자유주의적이고 다원주의적인 시각으로 접근한다(김영래, 1996). 이들은 사회가 구조적으로 분화됨에 따라 개인은 자신의 이익을 추구하기 위해서 이익집단을 조직하여 다양한 이익을 추구하게 된다고 주장한다. 그런 의미에서 이들은 이익집단을 공공정책에 영향력을 행사하고자 하는 공통의 목적을 가진 개인들의 조직화된 실체로 개념화한다.[47]

다원주의적 시각은 어떠한 이익집단도 자신의 집단에 소속되지 않은 구성원들의 이익을 도모하지 않으며 따라서 서로 경합하는 이익집단들 간의 상충하는 이익 사이에는 보편적인 합의가 존재할 수 없다고 본다. 그러므로 이 시각에서는 어떠한 비정부조직이나 시민단체도 보편적인 공공선의

47) 이익집단은 여론을 움직임으로서 국가의 입법, 사법, 행정조직에 영향력을 행사하는데 우리는 이를 흔히 로비활동이라고 부른다.

담지자가 될 수 없다. 시민사회는 단일한 실체가 아니라 서로 이익이 상충할 수 있는 다양한 집단으로 구성되어 있기 때문이다. 또한 이 견해는 비영리·비정부 부문의 활동 자체가 국가의 역할을 대신할 수 없으며 특히 국가나 기업으로부터 재정적 지원을 받는 경우에 나타날 수 있는 문제점에 대해서도 매우 비관적이다.

전체적으로 보아 이익집단론은 국가와 시장 바깥에 존재하면서 사람들의 일상적인 삶이 구체적으로 영위되고 있는 영역으로서의 비영리·비정부 부문이 갖는 현실적 잠재력과 그것이 사회발전에 미칠 수 있는 긍정적 영향을 지나치게 과소평가하고 있다. 그리고 무엇보다도 이 접근은 개인이 자신의 이익과 권리를 주장하고 이를 관철시키기 위해서 집단을 조직화시키는 서구적인 정치문화와 공동체나 사회전체의 이익을 위해서라면 개인적인 이익은 기꺼이 희생하는 것을 감수하는 우리의 문화적 전통과의 차이점에 대해서는 전혀 고려하지 않고 있다.

이상에서 살펴본 바와 같이 지금까지는 비영리·비정부 부문에 대한 일관되고 통일적인 기준이 제시되지 않은 채 각각의 연구는 목적에 따라서 자의적인 개념을 차용하여 부분적인 연구만을 진행시켜 왔다. 또한 각 연구들 간의 상호연관성이나 교류가능성에도 전혀 관심을 기울이지 않아 왔다. 특히 대부분의 연구들은 공정하고 자유로우며 경쟁적인 정치과정을 통해 개인이 자유롭게 다양한 자원적 결사체를 구성해서 정치적 영향력을 행사하는 서구의 경험을 토대로 하고 있기 때문에 한국사회의 특수한 성격에 대하여는 전혀 고찰하지 않고 있는 실정이다.

3. 한국의 비영리·비정부 부문과 유교전통

그렇다면 한국 사회에 서구와 같은 형태의 비영리·비정부 부문이 나타나지 않는 이유는 무엇인가? 연고집단과 같은 특수한 형태의 제3부문이 한국 사회에 존재하는 이유에 대해서 이 글에서는 우리의 유교문화 전통과 제도적 관행을 중시하고자 한다. 물론 국가의 정치적 이데올로기나 관행 혹은 제도로서의 유교의 영향력은 시대나 역사적 상황에 따라서 변화한다. 신분질서와 농업에 기반을 둔 경제체제를 가진 조선시대의 상황과 자본주의적 경제질서에 기반하여 모든 사람에게 평등한 법적인 권리를 보장해 주고 있는 현대적인 상황과는 분명 차이점이 존재한다.

그럼에도 불구하고 한국에서 유교는 과거에는 물론 오늘날까지 뿌리 깊은 영향력을 행사하고 있음 또한 움직일 수 없는 사실이다(고병익, 1996). 이러한 유교의 영향력으로 인하여 서구로부터 수입된 가치와 제도 및 관행은 우리 사회에서 일정한 변용을 겪어 왔다. 아래에서는 이러한 변용의 과정을 보다 심층적으로 이해하기 위해 동양의 유교적 사회질서와 서구의 계몽주의적 사회질서의 차이점을 대비시켜 보고자 한다. 서로 다른 두 가지 사회조직의 방식을 비교하기 위한 준거는 첫째, 인권, 둘째, 개인과 사회의 관계, 셋째, 국가의 역할, 넷째, 갈등의 해결 방식이다. 이와 같은 기본적인 사회질서의 구성에서 유교적 질서와 서구의 계몽주의적 질서는 뚜렷한 차이점을 보여준다. 그리고 바로 이러한 차이로 인해 동서양의 비영리·비정부 부문 역시 기능과 역할에 있어서 차별적인 모습을 갖게 되는 것이다.

서구에서의 비영리·비정부 부문의 발전과정은 자유 민주주의의 전통과 밀접한 연관을 맺고 있다. 사회적 지위의 고하를 막론하고 모든 개인은 동등한 권리를 지니고 있다고 보는 계몽주의적 유산은 위계나 권위로부터 독립적인 판단력과 자율성을 가진 개인을 탄생시키는데 결정적인 기여를 하였다. 자율적인 개인은 타인의 의지에 의해 강압을 받지 않을 뿐더러 어떠한 사회적 역할에도 종속되지 않은 자유로운 인간을 의미한다. 그리고 자유로운 개인은 자신의 생활과 행위를 지배할 수 있는 권리를 가진다. 서구의 시민권이란 바로 이러한 개인의 권리를 법률적으로 표현한 개념이다. 서구의 역사는 부당한 권력이나 특권층의 횡포로부터 개인을 보호하기 위해서 개인을 사회로부터 해방시키는 과정이었다. 따라서 서구의 인권 개념은 개인의 사회적 역할과는 무관하며 성이나 인종 혹은 계급적 위치 등과 같은 세속적인 구분과 상관없이 모든 사람이 태어나면서부터 동일한 권리를 누릴 수 있어야 한다. 즉 서구는 사회적 규범이나 종교적 권위에 기반을 갖지 않은 '근본적이고 절대적인 인권'을 상정하고 있는 것이다(함재봉, 1998).

반면 유교적 전통의 영향을 받은 우리 사회에서 개인은 그가 속한 사회가 부여한 역할과 분리되어 파악되지 않는다. 우리 사회에서는 서구적인 의미의 고립되고 추상적인 개인이나 자유롭고 자율적인 자아의 개념은 존재하지 않는다. 대신 다른 사람과의 관계 속에서 설정된 사회적 역할을 수행하는 개인이 존재한다(Rosemont, 1988: 177). 유교적 질서에서는 다른 사람과의 관계 속에서 생겨나는 사회적 역할 자체가 개인이 되는 것이다. 유교의 원리에는 특정한 역할로부터 분리된 독립된 인간 자체의 고유한 의무와 권리의 개념이 존재하지 않는다(이승환, 1998: 214).[48] 따라서 유교적인 인권의 개념에서는 개인이 누릴 수 있는 권리의 내용이 사회적 상황에 따라 달라져야 한다. 이는 분명 서구적인 인권과는 대립적이며, 역할과 상황에 따라

48) 유교의 가르침 오륜(五倫: 君臣有義, 父子有親, 夫婦有別, 長幼有序, 朋友有信)에는 임금과 신하, 남편과 아내, 아버지와 아들, 연장자와 연소자, 친구라는 다섯 가지의 기본적인 사회적 역할에 따라서 지켜야 되는 도덕적인 원리가 표현되어 있다.

변화하는 '가변적인 인권'의 개념이다(Chan, 1997).

다음으로는 개인과 사회의 관계에 대해 살펴보기로 한다. 서구의 개인주의적인 시각에서 보자면 사회란 서로 간에 무관심한 이기적인 개인으로 구성되어 있을 뿐이다. 반면에 유교에서 보는 이상적인 공동체의 적극적인 형태는 최고의 도덕적 가치가 예로서 표현된 것을 말하며, 소극적인 형태는 개인의 이기심이 극복된 공동체를 말한다(Ames, 1988). 이러한 시각에서 보자면 타인을 고려하지 않고 자신의 권리만을 주장하는 것은 이기적인 행위이며, 개인의 권리는 보호되어야 하는 것이 아니라 오히려 억제되어야 한다. 유교적인 원리에 입각한다면 친밀한 관계일수록 상대방에게 요구하며 자신의 권리를 주장하는 것보다는 상호 수혜적인 공동체적인 관계 속에서 관심과 배려를 베풀어야 한다. 이처럼 역할에 토대를 둔 개인들 간의 관계는 서구적인 형태의 평등하고 대등한 관계가 물론 아니다. 오히려 개인의 사회적 지위와 관계상의 위치에 따라서 역할이 제한되고 서열화되는 것이 자연스러운 일이다(Lee, S-H 1992: 251).

이와 같이 사회적 역할과 결부하여 개인을 인식하기 때문에 우리 사회에서는 계약의 주체나 법률적인 권리의 담지자로서 독자적인 자율성을 지닌 개인이 존재하지 않는다. 또한 서구적인 의미에서 독립적인 개인의 개념이 결여되어 있기 때문에 이윤추구의 극대화를 목표로 하는 자유로운 시장에서의 계약조차도 자신의 이해관계보다는 자신이 속한 집단의 이해관계를 우선적으로 고려하여 이루어진다. 예를 들면 휴가나 근무시간의 엄수와 같이 법률에 의해서 명시된 권리조차도 우리는 조직 내 윗사람의 눈치를 보느라고 그 행사를 주저하게 되는 경우가 많은 것이다. 우리의 사회적 관행은 다른 사람에게 자신의 권리를 주장하여 관철시키는 서구적 관행과 분명 상당한 편차를 보여 주고 있다.

국가의 역할에 대한 인식에 있어서도 동서양은 차이를 보여 준다. 개인의 권리존중을 국가의 기본임무라고 보는 서구의 고전적인 자유주의 국가론에서는 국가의 역할을 가능한 한 최대한으로 규제하려는 '최소국가주의'의 원리가 지배적이다. 이에 반하여 유교에서는 인민의 복지에 대한 군주의 관심을 부모의 자식에 대한 사랑에 비유하면서 국가의 개입을 정당화시키는 '온정적 개입주의' 원리가 지배적이다. 이러한 국가에 대한 인식은 동아시아 국가의 전반적인 특성으로 지적되고 있는 사회전반에 걸친 개입주의적 정치행태를 정당화시켜주는 기반으로 기능하고 있다.

개인들 간에 갈등이 발생하였을 경우 이를 해결하는 방식에 있어서도 동서양은 차이를 보여 준다. 서구에 있어서는 홉스의 "만인의 만인에 대한 투쟁"이라는 말에서 극명하게 드러나듯이 자신만의 고유한 이해를 가진 개인들 간의 대립을 불가피한 것으로 받아들인다. 반면에 우리 사회에서는 갈등 자체의 존재를 부정하고 가족과 같은 화목한 공동체의 건설을 통해 사회전체의 조화가 실현되는 상황을 이상적인 사회로 본다. 따라서 만일 불가피하게 갈등이 발생하였을 경우 법률적인 수단보다는 타협과 중재를 통해 법률 외적인 수단을 활용하여 분쟁을 해소하는 노력을 기울인다. 더욱이 그러한 분쟁이 가족이나 친숙한 사람들 사이에서 발생한 것이라면 법정에서 시시비비를 가리기에 앞서 도덕적인 교육과 중재 등과 같은 타협의 수단을 통해서 갈등을 해결해야 한다고 생각한다. 이처럼 갈등보다는 사회적 조화를 강조하는 문화 속에서 만일 어느 한 개인이 독선적으로 자기주장만을 내세운다면 이는 공동체 화합의 장애요소로 간주된다. 따라서 자기주장보다는 겸손과 양보가 그리고 사익의 추구보다는 이기심의 극복이 보다 바람직한 가치로 존재한다.

한국 사회의 비영리·비정부 부문이 서구와 전혀 다른 모습으로 존재하는 이유를 적절히 설명하기 위해서는 이처럼 개인의 권리와 국가, 그리고 갈등의 해결방식과 같은 사회질서의 핵심적 가치가 동서양간에 지향을 달리한다는 사실을 고려하여야 한다. 이 사실을 간과한다면 자본주의가 한국 사회의 모든 구석에 침투하여 상품화된 인간관계를 보편화시키고 있는 동시에 다른 한편으로는 여전히 자신이 속한 가족과 그것의 보다 확대된 형태인 혈연, 지연, 학연단체와 같은 연고집단에 강한 애착과 헌신이 나타나고 있는 까닭을 설명할 수 없다. 한국 사회의 비영리·비정부 부문은 바로 이러한 연고집단의 존재로 인해 독특한 모습을 가진다. 연고집단의 존재야말로 한국에서 유교적 질서가 오늘날에도 강력한 영향력을 행사할 수 있는 사회적 공간을 만들어 내는 원천이 되고 있는 것이다.

또한 연고집단은 개인들 간의 관계를 규제하는 것에서부터 한 걸음 더 나아가 국가나 기업에 의해서 제공되지 못하는 사회복지를 제공하는 것과 같은 보다 적극적인 기능을 수행하기도 한다. 개인이나 개별 가족이 자신의 힘만으로는 감당할 수 없는 어려움에 직면하였을 때 공동체나 친족의 차원에서 도움을 주는 전통은 아시아의 많은 국가에서 발견된다.[49] 식민지배와 근대화의 과정을 겪으면서 그러한 전통적인 공동체의 유산이 약화된 것은 사실이다. 그러나 아직도 가족이나 친족, 혹은 혈연집단의 영향력은 우리 사회에 강하게 남아있고 지연이나 학연에 의존한 특수주의, 연고주의, 온정주의(溫情主義)적 원리는 여전히 사람들의 일상생활을 지배하고 있다.

4. 한국의 비영리·비정부 부문과 연고집단

49) 인도네시아의 고통로양(gotong royong), 필리핀의 바야니한(bayanihan), 태국의 장례모임 등이 이에 해당된다(Serrano, 1994: 30).

이처럼 사회전반에 걸쳐서 강력한 영향력을 행사하고 있는 연고집단에 대한 논의를 비영리·비정부 부문에 포함시키지 않은 채 진행되어온 기존의 '비정부단체' 개념이나 '시민사회론' 혹은 '이익집단론'은 앞서 지적한 바와 같이 개인과 국가에 대한 우리의 독특한 인식을 간과한 채 서구적인 자유민주주의 및 경쟁 자본주의의 보편적 발전을 당연한 것으로 받아들인 상태에서 논의를 진행시켜 왔다. 그러므로 만일 우리가 비영리·비정부 부문의 범위에 연고집단을 포함시켜야 한다면 지금까지의 비영리·비정부 부문에 대한 개념화는 수정되어야 할 것이다.

지금까지 비영리·비정부 부문은 수입원에 따라 조직을 구분하는 경제적/재정적 정의, 조직이 수행하는 기능이나 목표에 따른 기능적 정의, 법률적 기준에 따르는 법적 정의 등 다양한 기준에 따라서 상이하게 정의되어 왔다(Weiss & Godenker, 1996). 통상적으로 가장 자주 사용되는 것은 살라몬과 안하이머가 사용한 조직의 기본적 구조와 운영상의 특성에 입각한 정의이다(Salamon & Anheier, 1996). 이 기준에 의하면 비영리·비정부 부문은 영리를 따르지 않는 분배적 특성, 정부로부터의 분리, 재정적인 자립, 성원들의 자발적인 참여라는 4가지 구조적 특징을 가진다고 한다.

이와 같은 기준을 준거로 연고집단을 평가해 보자. 연고집단은 구성원이 태어난 고향(지연집단), 학창시절의 경험(학연집단), 같은 가문의 구성원(혈연집단)이라는 공통의 조건과 경험을 기초로 조직되는 집단이다. 그렇기 때문에 구성원들 사이의 친밀성은 매우 높지만 구성원의 자격이 출생과 함께(혈연 및 지연) 혹은 입학과 함께(학연) 자동적으로 결정된다는 점에서 자발적인 조직이라고 할 수 없다. 연고집단은 오히려 비결사적이고 비자원적인 1차집단 성격의 조직이다.

또한 연고집단은 배타적으로 구성원들의 이익만을 추구한다는 점에서

구성원들 자신의 이해관계를 넘어선 보다 광범위한 사회전체의 문제나 보편적인 이익을 추구하는 일부 다른 비영리·비정부 부문의 조직, 예를 들면 공익재단(신유근, 1993), 사회복지법인(이혜경, 1995), 비정부시민단체(유팔무·김호기, 1995) 등과 구별된다. 따라서 연고집단은 '1차적 이익집단'에 해당되는 사회조직이라 할 수 있다. 그러나 다른 한편 연고집단은 정부나 기업으로부터의 재정적 지원을 전혀 받지 않는다는 점에서 국가나 시장의 영향으로부터 자유로운 조직이다.[50] 비록 비공식적으로는 내부적인 연계가 존재할 수 있다고 하더라도 형식적으로 연고집단은 국가의 공적 권위 및 시장의 사적 영리활동 외부에 존재하고 있기 때문에 국가의 행정적 통제 및 시장의 이윤추구 논리에 지배받지 않는다.

그러므로 연고집단은 시장에서의 경제적 이윤을 추구하지 않고 또한 영리의 결과를 성원들에게 분배하지 않으며, 동시에 국가의 재정적인 지원이나 제약으로부터 독립되어 있다는 점에서 앞에서 제시한 비영리·비정부 부문을 정의하는 조건에 해당된다. 그러나 다른 한편 연고집단은 성원들의 자발적인 선택에 의한 참여보다는 출생이나 입학과 같은 생득적인 사건을 기준으로 구성원이 결정된다는 의미에서 앞에서 제시한 비영리·비정부 부문의 정의와 충돌한다. 그러므로 지금까지 비영리·비정부 부문을 정의해 온 서구중심의 개념은 수정되어야만 한다.

그렇다면 연고집단은 구체적으로 어떠한 조직 내부적인 특성을 보이는가? 첫째, 연고집단은 재정적 후원자와 일반 회원으로 양분된 조직구조를 지니고 있다. 일반 회원은 양적으로 매우 방대하지만 대체로 조직의 활동

---

50) 하지만 연고집단 내에서 기부금 제공 등을 통해 영향력을 행사하는 사람들은 대부분 전 · 현직 국가의 고위관료나 기업의 고위경영인들로 구성되어 있다. 그렇기 때문에 연고집단이 반드시 국가나 기업의 활동을 제한하거나 감시하는 기능을 수행할 것이라고 기대하기는 어렵다.

에 깊이 관여하지 않고 형식적인 구성원으로 남아 있는다. 그러나 선거와 같은 특정한 계기가 생기면 이들은 동원의 대상이 된다. 이런 점에서 볼 때 연고집단은 적극적으로 참여하고 있는 회원과 명목상 소속만 되어 있는 회원 사이에 크나 큰 역할의 격차가 존재하는 '이중성'을 특징으로 한다. 이를 사회계층 및 연령집단별로 살펴보면 구성원은 상층으로 갈수록 그리고 나이가 많을수록 연고집단 내에서 주도적인 역할을 담당하며 내부적인 결속을 통해 강한 연결망을 형성하고 있다. 반면에 하층으로 갈수록 그리고 나이가 젊을수록 구성원들 사이에는 유대감이 희박하고 조직의 활동에도 헌신적이지 않은 경향이 지배적이다.

둘째, 연고집단은 전문적이기보다는 일반적이고 특수하기보다는 보편적인 관심을 중심으로 조직이 구성된다. 집단을 구성하는 기준이 생득적으로 결정됨으로서 연고집단에는 특정한 정치·경제·사회·문화적 쟁점에 관해 전문적인 지식을 가진 사람의 수가 제한적 일 수밖에 없다.[51] 그렇기 때문에 연고집단은 주로 인간생활의 가장 보편적인 측면 즉 출생이나 결혼 혹은 사망과 같은 일상사의 의례를 따라 활동을 전개한다. 경·조사를 중심으로 한 조직활동의 특징으로 인해 연고집단은 전문성과 효율성을 갖춘 일부 비정부시민단체와는 전혀 다른 성격을 가진다. 다른 비영리·비정부 부문 특히 비정부시민단체가 권위주의 정권 아래에서 국가의 강력한 탄압과 통제를 받아 왔던데 비해 연고집단은 국가의 무관심 하에 방치될 수 있었던 것도 바로 이런 특징 때문이다. 또한 연고집단에 관여하고 있는 구성원은 상당수가 무보수로 헌신적인 조직활동을 한다. 그 이유는 연고집단이 구성원 개인이나 개별가족의 힘만으로 해결할 수 없는 문제를 집단의 힘으로

51) 그러나 역으로 연고집단은 어떠한 쟁점이 되었건 특정한 분야의 전문가를 조금씩은 반드시 가지고 있기도 한다. 그러므로 연고집단은 종합적이고 총체적인 조직인 것이다.

처리해 주는 후원/수혜 관계를 보존하고 있기 때문이다.

5. 연고집단의 역사적 발전

일반적으로 비영리·비정부 부문의 역사적 발전과정은 근대적 국민국가의 형성 및 자본주의 경제의 확대와 연관되어 파악된다. 서구에서는 보편적인 행정체계와 관료제도를 확립시킨 절대주의 국가의 등장과 함께 중세 봉건시대의 지역주의와 세습적 특권이 파괴되었다(Kean. 1988). 그리고 이 과정에서 서구는 출신과 계급 및 직업 등과는 무관하게 모든 시민에게 동일한 권리와 자유를 보장해 주는 근대적인 법체계를 마련하여 중세 봉건사회의 다층적이고 제한적인 소유권을 절대적이고 무제한적인 사적 소유의 개념으로 변화시키며 자본주의의 등장을 촉진하였다(Anderson, 1974).[52] 서구의 근대 국가는 법률에 의한 지배를 통해 혈연과 특권, 전통과 관습, 분산된 권위의 영향력을 해체시킨 것이다. 따라서 서구적 맥락에서 연고집단은 근대화의 과정 속에서 점차 해체되어야만 하는 전근대적이고 봉건적인 잔재일 뿐이다.

비영리·비정부 부문의 역사적 발전과정을 서구와 동일하게 근대 국가와 시장 경제의 발달과 연관시켜서 바라보는 대부분의 시민사회론이나 비정부단체에 대한 연구에서는 한국 사회에서 서구적인 의미의 시민사회가 등장한 것은 지극히 최근의 현상 특히 1987년의 민주화 이후라고 보고 있

52) 앤더슨은 이를 로마법의 전통이 재발굴되는 과정이라고 분석한다. 앤더슨에 따르면 로마법은 시민들 간의 경제적 거래를 규제하는 민법과 국가와 시민 간의 정치적 관계를 지배하는 공법이라는 서로 구별되는 두 개가 부분으로 구성되어 있었는데, 민법이 상업과 산업 부르주아지의 이해를 옹호해주었다면, 공법은 전제군주의 권위를 표현하고 공고화시켜주는 구실을 하였다. 근대국가는 이 두 법체계를 골간으로 봉건적 질서를 무너뜨릴 수 있었다.

다(Chung, 1997). 이들은 민주화의 과정에서 개인과 국가, 공적인 영역과 사적인 영역 사이에서 중재적 역할을 담당하는 다양한 결사체와 자원적 조직 예를 들면 대중매체 등이 중요한 역할을 담당했다고 본다(Han, 1997). 그리고 이와 같은 새로운 정치문화가 출현하게 된 배경에는 경제적인 발전이 진전되면서 출현하기 시작한 중산층과 전문직 종사자들이 서구적 의미의 다원적인 사회구조를 형성해 나가고 있기 때문이라고 설명한다.

그러나 이처럼 서구적인 의미의 비영리·비정부 부문의 출현에만 주목할 경우 전통사회의 구조와 문화적 규범에 따라서 비영리·비정부 부문의 조직화가 다양한 편차를 보일 수 있다는 가능성을 배제하게 된다. 이런 맥락에서 한국의 시민사회가 1980년대 후반 이후에 새롭게 나타난 부문이 아니며, 전통적으로 국가의 과도한 권력행사를 저지하던 역할을 수행해 오던 기능이 재활성화된 것이라는 견해는 매우 중요한 의미를 가진다(Cho, 1997). 조혜인은 관직을 갖지 못하고 재야(在野)에 존재하던 조선시대의 양반계층 즉 사림(士林)세력들이 국가의 외부에 존재하면서 과도한 국가권력의 남용으로부터 백성들을 보호하고 왕권을 견제하는 역할을 담당했다는 점에서 서구에서의 시민사회가 담당했던 것과 동일한 역할을 수행하고 있었다고 주장한다. 지역공동체 내에서의 정신적인 지도자들이었던 이들 사림세력은 향약이나 항촌을 통해서 지방정치에 영향력을 행사하기도 했고, 지방의 관료들을 경유하지 않고 왕에게 직접 상소를 올림으로서 국가를 견제하기도 했다.

그렇다면 이러한 유교적인 의미의 시민사회는 서구의 시민사회와 어떠한 차이점을 가지고 있는가? 서구의 시민사회가 근대적인 국가의 형성과정에서 국가에 대항하는 세력으로서 성장해 왔던데 반해 유교적인 시민사회는 반국가주의를 상정하지 않고 있다는 특징을 보여준다(Steinberg, 1997).

유교적 질서에서 국가는 국민의 권리를 침해할 수도 있지만 동시에 보호해 줄 수도 있다. 따라서 국가의 역할 자체에 대해서 유교는 아무런 선험적인 기준도 제시하지 않는다. 국가는 중립적인 장치일 뿐이다. 대신 유교는 백성들에게 법률적인 의미에서 자유롭고 평등한 시민권을 보장하는 일보다는 도덕적인 의미에서 백성의 뜻을 헤아리는 일이 국가의 근본적인 책무라고 여긴다. 이러한 유교의 국가관이 사림세력으로 하여금 백성을 위해서 국가를 견제하는 역할을 수행할 수 있는 도덕적 당위를 제공한 것이다. 그러므로 한국적인 시민사회의 전통에서 반국가주의는 필연이 아니다.

국가를 견제하는 중간세력으로서 존재해 왔던 사림세력은 특정한 지역과 학연을 배경으로 조직되었고 관직으로의 진출을 중시하였다는 점에서 연고집단의 전통적인 존재형태였다. 한국적 시민사회의 기능을 담당하였던 사림과 같은 연고집단은 근대화의 과정 속에서 많은 변화를 겪게 되었다(최재석, 1975; 1989 [1965]). 우선 형식적인 기준에서 요구되는 법률적 요건을 갖추어야 하는 제도화의 과정을 겪게 되었다. 또한 국가에 대한 영향력을 행사하는 방식도 변화하게 되었다. 즉 왕조에서 공화정으로 국가의 형태가 변화함에 따라서 상소와 같은 정치적 압력의 행사는 그 의미를 상실하게 되었다. 대신 선거와 같은 정치과정이나 매스컴과 같이 여론을 수렴하는 매체의 정치적 중요성이 높아지자 연고집단은 연결망의 확대 및 강화를 통해 새로운 정치적 기능을 획득한 사회적 장치 예를 들면 정당이나 언론기관 등에 직접적인 혹은 간접적인 영향력의 행사를 모색하고 있다.

역대 선거에서 어김없이 위력을 발휘하고 있는 지역주의적 투표행위는 이러한 연고집단의 역할을 웅변으로 보여주는 현상이다. 또한 '서울대의 나라'라는 표현이 암시하는 학연의 영향력도 마찬가지 현상이다. 그리고 이러한 예는 국가 부문에만 한정되지 않는다. 시장의 영역에서 찾을 수 있는 연고집단의 영향력은 재벌이라는 기업집단의 조직방식으로 확연히 드러난다(Orru, Biggart & Hamilton, 1991). 한국 사회에서 연고집단의 영향력은 전혀 약화되지 않고 있다. 한국의 연고집단은 비영리·비정부 부문이라는 제3의 영역에 존재하지만, 그 기능은 국가와 시장이라는 1부문과 2부분에 깊숙이 침투해 있다.

6. 연고집단의 기능과 역할

국가와 시장의 사이에 존재하는 제3부문으로서의 비영리·비정부 부문이 수행하는 역할은 이 두 부문의 역할과 밀접한 연관을 맺고 있다. 비영리·비정부 부문은 국가의 재정적 위기나 자본주의 시장의 실패로 인하여 나타날 수 있는 다양한 문제점을 보완해 주는 기능을 보유하고 있기 때문이다. 또한 비영리·비정부 부문은 그 서비스의 성격이 위계적이고 경직된 국가 혹은 기업에 비해서 상대적으로 유연하고 탄력적인 서비스를 제공할 수 있다. 비영리·비정부 부문 가운데에서도 특히 연고집단은 조직의 총체성으로 인해 다층적인 사회구성원의 입체적이고 다양한 욕구를 한꺼번에 충족시킬 수 있는 장점을 가지고 있기도 하다.

연고집단이 수행하는 다양한 역할은 몇 가지 종류로 나누어진다. 우선 경제적인 측면에서 소외된 계층에 대해서 국가나 시장이 제공하지 못하는 복지서비스를 제공해 줄 수 있다. 다음 정치적인 측면에서는 정책의 결정과 집행과정에 간접적인 영향력을 행사함으로서 구성원들의 이익을 보호하거나 관철시킬 수 있다. 마지막으로 사회심리적인 차원에서는 공동체에 소속되고 싶어 하는 개인의 기본적인 욕구를 만족시켜 줄 수 있다. 왜냐하면 연고집단은 국가 및 시장이라는 거대한 힘과 대결하는 무력한 개인이 특별한 비용 없이도 손쉽게 의지할 수 있는 사회적 공간을 제공할 수 있기 때문이다. 연고집단은 국가 공권력의 무제한적 팽창으로부터 그리고 무자비한 시장에서의 경쟁으로부터 개인을 매우 자연스럽게 방어해 주는 기능을 가지고 있는 것이다.

연고집단의 영향력 행사가 효과적인 가장 큰 이유는 기타 비영리·비정부 부문의 조직과는 달리 연고집단의 성원들은 연고집단에 소속되어 있으면서 동시에 제1부문이나 제2부문에서 자신의 직업을 가질 수 있기 때문이다. 이러한 소속의 이중성으로 인해서 연고집단의 구성원들이 제1부문인 국가의 관료가 될 수도 있고 혹은 제2부문인 기업의 구성원이 될 수도 있다. 이런 점에서 본다면 서구의 비영리·비정부 부문과 달리 한국 사회의 연고집단은 국가나 시장과 구분되는 제3의 부문으로 존재하기보다는, 국가부문과 시장부문의 내부에 존재한다고 보는 것이 오히려 타당한 표현일지 모른다. 바로 이러한 연고집단의 존재 조건 때문에 국가의 관료와 기업의 경영진은 자신의 연고집단을 배경으로 연결망을 구축하고 자신의 이익을 관철하는 수단으로 연고집단을 이용하기도 하는 것이다(류석춘, 1997a; 1997b).

인적 구성이 중복되어 있기 때문에 국가나 기업의 정책 입안과 결정 과정에 대해 연고집단이 행사하는 영향력은 매우 강력할 수 있다. 그러나 그러한 영향력의 행사가 반드시 보편적인 이익을 추구하는 방향으로 이루어 질 것이라고 기대하는 것은 지나친 낙관론이 된다. 왜냐하면 연고집단은 스스로의 이해를 관철시키기 위해서 이러한 인적 구성의 중복을 얼마든지 악용할 수 있기 때문이다. 따라서 다른 비영리·비정부 부문과 비교해서 연고집단이 정치경제적으로 소외된 계층에 대한 복지서비스나 민주주의적 원칙을 추구하는 일과 같은 역할을 수행할 가능성은 그리 높지 않다.

반면에 심리적 기능의 측면에서 본다면 연고집단은 소속된 개인들에게 집단적인 소속감과 유대감을 심어주고 무한한 익명의 다수와 경쟁하는 일로부터 개인을 보호해 준다. 누구나 특정한 집단에 소속될 수 있음으로 인해서 연고집단의 구성원은 익명의 다수와 경쟁하지 않고도 원하는 것을 집단을 통해 얻을 수 있다는 기대감을 갖게 된다. 한국 사회는 자원적 결사체의 조직이 활성화되어 있지 않다. 이러한 상황에서 특정한 소속을 갖지 못한 채 소외감을 느끼고 있는 사람들이 연고집단에 소속됨으로서 심리적인 귀속감을 얻게 되는 것이다. 현대사회에서 사라지고 있는 공동체에 대한 향수 또한 연고집단의 기능을 복원시키는데 일조하고 있다.

특히 국가나 기업의 조직에서는 모든 관계가 위계적으로 서열화되어 있는 데 반해, 연고집단은 선배와 후배 혹은 연장자와 연소자와 같은 인간적인 관계가 지배적이다. 따라서 연고집단 내의 관계는 명령과 복종에 의한 관계라기보다는 서로의 입장을 너그럽게 주고받을 수 있는 공동체적 후원/수혜의 관계이다. 또한 시장에서의 관계는 주는 만큼 다시 되돌려 받아야 하는 경쟁적 교환의 관계인데 반해 연고집단 내에서의 관계는 조금 많이 가진 사람이나 손위의 사람이 베푸는 것이 관례화된 비교환적이고 비경쟁적인 관계의 형태를 지니고 있다. 이러한 독특한 관계 때문에 연고집단은 서구적인 의미에서 공공의 이익을 표방하면서 소외된 사람들에 대해 관심을 환기시키는 역할을 명시적으로 담당하지 않는다고 하더라도 소속원들에게 시장에서의 경쟁관계이나 위계적인 상하관계로부터 개인을 보호해 주는 기능을 수행하게 되는 것이다.

7. 연고집단과 사회발전: 가능성과 한계

우리는 개인의 자유와 권리의 신장을 강조하는 서구의 자유민주주의 원리를 궁극적인 정치발전의 모델로 삼아왔다. 그리고 이러한 원리가 과연 역사적 배경이 다른 사회에 동일하게 적용될 수 있는가의 문제에 대해서는 별다른 의문을 제기하지 않아 왔다(Callahan, 1998). 그것은 사실 다원주의적 정치문화, 가치의 다양성에 대한 존중, 개인의 독립성과 자율성을 강조하는 서구적인 가치를 모든 사회에 보편적으로 적용할 수 있다고 암묵적으로 인정하여 왔기 때문이다. 동일한 맥락에서 우리는 법률에 의한 지배의 확대와 자유롭고 공정한 선거를 통한 정권의 교체를 반드시 이룩해야 할 정치적인 과제로서 인식해 왔다. 그러나 87년에 이루어진 자유로운 선거에 의한 정권의 교체는 민주주의의 발전을 위한 하나의 전제조건일 뿐이었다라는 사실이 차츰 드러나고 있다. 왜냐하면 6·29 항쟁과 같은 한순간의 폭발적인 사회운동을 통해서 짧은 시간에 이루어질 수 있는 변화의 폭은 제한되어 있으며, 사회전반의 구조적이고 제도적인 변화와 의식의 변화를 위해서는 보다 많은 시간이 필요한 것을 알게 되었기 때문이다(Kim S H, 1998).

그렇기 때문에 정치적인 제도의 변화나 선거를 통한 민주적인 정권교체 이후에도 우리는 여전히 선거 때만 되면 변화하지 않고 그대로 드러나는 지역주의나 자신의 주변만을 생각하는 집단 이기주의, 능력보다는 출신학교나 지역을 우선하는 학벌주의 등이 사회전체를 지배하고 있음을 발견하게 된다. 뿐만 아니라 우리는 연고집단을 통해서 형성된 다양한 형태의 후원/수혜 관계가 정치나 행정을 부패시키는 온상이 된다거나 집단 내부에 적용되는 윤리와 집단 외부에 적용되는 윤리가 이원화되어 있기 때문에 사회전체에 적용될 수 있는 보편적이고 합리적인 기준이 존재하지 않는다고 비판하게 된다. 특히 최근에는 이러한 요인들이 IMF의 개입을 초래한 주범으로까지 인식되고 있다.

이러한 사실들은 우리가 지금까지 통상적으로 인식해 온 바와는 달리 연고집단의 영향력이 사회가 발전함에 따라 점차 쇠퇴해가는 것이 아니라 오히려 강화되고 있음을 거꾸로 보여주는 것이다. 따라서 우리는 경제적인 영역에서 자본주의가 확대되어 가는 과정이든 정치적인 영역에서 민주주의가 발전하는 과정이든 혹은 문화적인 영역에서 합리성이 신장되어 가는 과정이든 서구의 보편주의적 기준으로 우리 사회를 진단하는 작업에 일정한 한계가 있음을 인정하지 않을 수 없다. 그리고 우리는 우리 사회의 문화적 및 제도적 특수성과 그 속에 강하게 기능하는 연고집단의 영향력을 현실로 인정하면서 이에 걸맞는 사회의 발전방향을 모색해야 한다.

과연 우리는 민주주의의 발전을 위해서 혹은 자본주의의 심화를 위해서 지금까지 살펴본 연고집단의 강력한 영향력과 우리의 공동체적 전통을 사회발전의 장애요인으로 인식해야만 하는가(Bell, 1996). 이 문제를 풀어 가는 방법은 민주주의를 어떻게 정의하느냐의 문제와 직결되어 있다. 민주주의를 도덕적인 목적이나 합법성의 원리와 관련시켜 보지 않고 현실적이고 경험적인 수준에서 정치지도자를 선택하고 정부를 조직화하기 위한 방법과 절차로 본다면 보통선거권을 기반으로 해서 경쟁적인 선거가 정규적으로 치루어지는가의 문제는 매우 중요한 기준이 된다. 또한 민주주의를 절차적인 수준에서 좁은 의미로 규정한다면 국민들이 정권을 놓고 서로 경합하는 지도자들 중에서 하나를 선택할 수 있는 선택권을 가지고 있는가의 문제가 분명 중요한 기준이 된다.

그럼에도 불구하고 민주적 정치과정이 고도의 관료주의화를 피할 수 없는 것이라면 민주주의가 요구하는 전문적이고 실무적인 지식은 구체적인 정책결정 과정에 대한 시민들의 참여를 제한할 수밖에 없다. 따라서 현실적인 민주주의는 분명한 한계를 갖는다. 이런 맥락에서 본다면 우리가 통상적으로 민주주의의 전형으로 간주하고 있는 서구 사회조차도 실질적인 대중의 정치적 참여는 매우 제한되어 있다. 민주주의의 제도적 운용을 위해서는 다양한 여론을 종합하고 필요한 대안을 취사선택하여 올바른 정책을 펼 수 있는 고도의 자질을 갖춘 정치엘리트의 지도력이 필수불가결하기 때문이다. 따라서 서구적인 형식 민주주의의 논리 속에는 엘리트주의가 내장되어 있다고 보아야 한다(Cohen & Arato, 1992).

이처럼 서구식 민주주의 아래에서 정치과정에 대한 참여가 모든 성원들에게 현실적으로 평등하게 개방되어 있지 않다는 사실을 인정한다면, 사회성원의 신분과 사회적 역할의 차이에 따른 혹은 군자와 소인과 같은 개인의 자기완성도의 차이에 따른 현실적인 불평등을 전제로 하면서 지도자의 도덕적 감화력에 의해 백성을 교화시키고자 하는 유교의 덕치 이념은 서구식 민주주의에 못지 않은 가치를 가진다(Chan, 1997). 윗사람이 도덕적 모범을 보일 때 아랫사람이 그것을 본받고 따르게 된다는 생각이 덕치의 바탕이다. 덕치이념은 하나의 통치원리로서 뿐만 아니라 사회내의 모든 인간관계 예를 들면 가족관계에서는 부모에 대한 자식의 공경과 효도, 혈연집단내에서는 연장자에 대한 존경, 학연집단에서는 선배에 대한 예우 등과 같은 형태로 사회전반에 확산될 수 있다.

덕치 이념에 기반한 연고집단 내의 인간관계는 앞에서 말했듯이 서구적인 의미에서 평등한 개인들 간의 관계라기보다는 선배와 후배, 연장자와 연소자와 같은 사회적 역할에 따라서 서열화된 불평등한 관계이다. 이러한 관계 속에 존재하는 개인이 스스로 의사결정을 내릴 수 있을 것인지 또는 자신의 독자적인 판단에 따라 자발적인 참여를 할 수 있을 것인지 혹은 여론수렴 과정에서 평등한 참여자들 사이의 토론을 통해서 합의를 도출할 수 있을 것인지와 같은 문제는 자유로운 경쟁을 보장해 주는 선거제도의 완비와 같이 단순한 법률적 절차에 의해 손쉽게 해결되지 않는다. 오히려 이 문제는 사회에 공유되어 있는 제도적 규범과 문화적 가치와 같은 보다 광범위한 역사적 배경과 연관하여 접근되어야 한다.

이러한 문화적이고 규범적인 맥락을 도외시한 채 하나의 제도로서 민주주의의 확립을 이상으로 삼는다면 연고집단의 강한 영향력과 같은 역사적 유산은 그것이 근대화이든 민주화이든 우리가 설정한 서구사회의 모델에 진입하는 데 있어 방해가 되는 장애 요소임에 틀림없다. 그러나 이제까지 살펴보았듯이 연고집단의 영향력은 그것이 부정적이든 혹은 긍정적이든 어느 한 순간의 법률적이고 제도적인 개혁으로 쉽사리 제거되지 않아 왔다. 따라서 우리는 이러한 역사적 유산을 현실로 받아들이면서 사회의 발전방향을 모색할 필요가 있다.

서구의 자유주의적인 전통은 사회에 대한 개인의 우위에 토대를 두고 있다. 반면에 우리는 사회의 개인에 대한 우위를 강조해 온 문화 속에 살아왔다. 서구의 자유주의적 전통은 개인이 국가권력 혹은 타인의 부당한 강압이나 간섭으로부터 벗어나 자신의 행위를 자율적으로 결정할 수 있는 상태를 추구하여 왔다. 반면에 우리의 유교적 전통에서는 주어진 윤리공동체의 객관적 도덕규범에 자기 내부의 도덕을 일치시키는 상태에 이르는 것을 이상으로 삼아 왔다(이승환, 1998).

서구가 부당한 외부의 간섭으로부터 자신을 지키고자 하는 소극적이고 부정적인 자유를 추구하여 왔다면, 우리는 자신의 내면 심성을 다스려 자신이 속한 공동체와 그 공동체의 규범에 부합하려는 적극적 자유와 자기반성과 자기성찰 및 자기절제 등의 방법을 통해 타인을 인정하는 긍정적 자유를 추구해왔다. 이러한 보다 확대된 자유에 대한 개념과 개인과 사회의 관계에 대한 상이한 해석을 고려하지 않은 채 원자론적이며 추상적인 자유주의적 인간관에 기초한 서구의 자유민주주의 개념을 맹목적으로 추종한다면 우리는 공허한 보편주의의 함정에 빠질 수밖에 없다.

사회적 관계의 일원으로서의 개인을 강조하고, 집단 전체의 복지와 이익을 위해서 개인의 자유를 제한할 수 있다는 공동체적인 유산이 강하게 살아있는 문화적인 전통을 고려한다면, 서구적인 의미의 시민권 신장만을 추구하는 것은 우리 사회의 발전을 위한 문제해결에 도움이 되지 못한다. 그보다는 차라리 민주주의적 발전과정이 결코 단선적인 하나의 과정이 아니며 각 사회의 발전과정은 개인의 권리를 중시하는가 혹은 집단이나 사회의 권리를 중시하는가에 따라 개인이 누릴 수 있는 권리의 내용이 다양한 편차를 보일 수 있다는 가능성을 인정하여야 한다.

이러한 가능성을 받아들인다면 소극적으로 문화와 사회적 규범의 차이만을 인정하는 것에서 한 걸음 더 나아가 보다 적극적으로 우리의 공동체적 전통을 민주주의의 발전을 위한 자원으로 활용할 수 있다. 사실 소외되고 원자화된 이기적인 개인들의 결집력 없는 단순한 집합체가 되어가고 있는 서구사회는 총체적인 해체의 위기에 직면하고 있다. 이혼율의 급격한 증가로 인한 최후의 공동체인 가족의 와해, 청소년들의 약물복용과 폭력적인 범죄의 만연, 사회로부터 방치되어 국가에 의해서 물질적인 욕구만을 최소한으로 보장받는 외로운 노인들의 문제는 서구의 극단적인 개인주의 문화가 스스로 만들어 낸 자기당착의 결과이다. 더구나 동구권의 붕괴 이후 이데올로기적 공백상태에서 극단적인 상업화와 물질주의 문명, 그리고 극도의 개인주의에 대한 하나의 대안으로 생각되던 마르크스주의의 집합주의적 해결책마저 그 힘을 상실하게 되었다.

이러한 상황은 바로 지금 이 시점이 도덕적 위기에 대한 하나의 대안으로서 동양의 전통적인 가치의 현재적 의미를 근본적으로 재검토해야 할 시기임을 의미하는 것이다. 최근 IMF의 개입과 더불어 지금까지 동아시아 발전의 원동력으로 지적되어온 유교적인 전통의 긍정적인 가치는 더 이상 관심을 끌지 못하고 있다. 오히려 유교적 가치는 최근의 아시아의 경제위기를 양산해 낸 사회적 비효율성의 총체적인 원인으로서 비판받고 있다. 과연 우리의 전통적인 유산은 사회발전을 위해서 극복되거나 타파되어야 하는 부정적인 요소일 수밖에 없는 것인가.

우리는 단기적으로 현재의 어려운 경제위기를 극복하고 경기를 회복시키거나 법률의 개정을 통해서 소외된 계층의 시민권을 신장시키는 방식의 사회발전의 방안을 모색해 볼 수 있다. 그러나 이러한 단기적인 해결책이 우리 사회가 나아갈 방향에 대한 장기적인 비전에 기반하고 있지 않다면 그것은 아무런 의미가 없다. 그런 의미에서 이제 우리는 개인을 공동체에 강하게 결속시키면서 그에 대한 권리와 의무를 규정하는 사회질서를 하나의 대안으로 신중하게 검토해야 한다. 각 사회의 독특한 문화적 배경을 기반으로 다양한 형태의 민주주의가 발전해 갈 가능성을 인정하고 개인을 공동체에 결속시켜주는 유교적 질서의 장점을 살리면서 이를 민주주의 체제에 접합시키는 방법을 찾아야 한다.

이는 개인과 공동체, 권리와 책임, 자유와 질서 사이에 균형을 도출해 내는 어려운 작업임에 틀림없다. 그러나 서구식의 자유민주주의 체제가 만들어낸 여러 가지 폐해를 극복하면서 우리 나름의 민주주의적 발전과정을 정립시키기 위해서는 또한 반드시 거쳐야할 작업이기도 하다. 이를 통해 우리는 전통으로의 회귀가 아니라 개인들을 결속시켜주는 공동체적 문화의 장점을 살리면서 근대화를 완성할 수 있다. 만일 우리가 성공적으로 이러한 과제를 완성할 수 있다면 오히려 서구에서 유교적 문화전통의 유용성을 배우고자 하는 시도가 확산될 수도 있을 것이다. 우리 사회의 비영리·비정부 부문 그 중에서도 특히 연고집단의 기능과 역할은 바로 이러한 가능성을 열어 주는 사회발전의 동력이 될 수 있다.

3부

정치적 차원: 국가·사회 관계

| 5장 |

박정희 유교 자본주의의 가능성과 한계

| 6장 |

강한 국가와 강한 사회 간의 일반화된 호혜성:
박정희 시대 한국의 발전 경로(왕혜숙 공저)

| 7장 |

1997년 외환위기는 발전국가를 변화시켰는가? 공적자금을 중심으로
(왕혜숙 공저)

제5장 | 박정희 유교 자본주의의 가능성과 한계[53)]

1. '유교 자본주의'의 등장

얼마 전까지만 해도 "자본주의와 유교는 조화될 수 있는가?"라는 질문을 놓고 많은 논란이 벌어지곤 했었다. 그러나 이 질문은 이제 분명한 답, 그것도 정답을 얻은 질문이 되었다. 일본의 경제적 번영과 그 뒤를 이은 한국, 대만, 싱가포르, 홍콩의 눈부신 성장, 그리고 최근 개혁과 개방을 통해 경제적 도약에 진입한 중국과 베트남이 모두 유교 문화권의 국가라는 사실이 분명한 답을 제시하고 있기 때문이다. 자본주의와 유교는 이미 조화되고 있다.

유교 문화권의 나라 가운데 경제적 번영을 이룩한 사례가 일본 하나뿐이었을 때에만 해도 이 질문에 대한 답은 부정적인 해석이 지배적이었다 (고병익, 1996). 직업을 귀천에 따라 분류하고 질서를 상하의 위계로 설정하는 유교의 가치체계가 자유분망한 시장에서의 이윤추구를 억압한다는 해석이 주류를 이루었다. 문제는 일본이라는 예외가 존재한다는 사실 뿐이었다

53) 『전통과현대』 1997 여름호(창간호)에 실린 글을 대폭 수정하였다.

(Morishima, 1981).

그러나 '동아시아의 작은 용'이라는 4개의 사례가 첨가되면서부터 사정은 달라지기 시작하여 이 질문은 격렬한 찬반논쟁에 휩싸이게 되었다(국민호, 1995). 유교 국가의 교육열과 엄격한 노동윤리가 이들 국가의 수출경쟁력을 뒷받침하고 있으며(Clegg, Higgins, & Spybey 1990), 유교적 전통을 이어받은 엘리트 관료의 국가관리 능력이 발전지향적인 국가를 낳고 있다는 해석이 득세하기 시작한 것이다(Johnson, 1985, Haggard 1990).

그리고 최근 동아시아 사회주의 국가에서조차 시장경제가 도입되어 중국과 베트남의 경제가 꿈틀거리기 시작하자 유교가 자본주의의 발전을 가로막고 있다는 주장은 슬그머니 꼬리를 감추어 버렸다. 그리고 이제는 오히려 유교적 유산이 없었다면 동아시아의 발전은 불가능하였을 것이라는 설명이 확고한 우위를 차지하고 있다. '유교 자본주의'라는 개념의 등장이 이러한 경향을 웅변으로 증명한다(국민호, 1997; Tai, 1989; Tu, 1991; Rozman, 1992: Berger & Borer, 1997).

'유교와 자본주의의 조화'가 이미 존재하는 역사적 사실이라면 우리가 궁금해야 할 것은 이제 '그것이 어떻게 이루어지고 있는가?'의 문제로 바뀌어야 한다. 즉 조화의 구체적인 내용이 문제가 되는 것이다. 유교는 과연 서구 '개신교 윤리의 기능적 등가물'로 동아시아 자본주의의 발전을 이끌고 있는가? 막스 베버 이후로 논란이 되어 온 이 문제를 우리는 다시 한 번 생각해 보지 않을 수 없다.

2. '아시아적 가치'를 둘러싼 논쟁

'아시아적 가치'에 관한 논쟁이 불붙은 때가 있었다(Kim D. J., 1994; Zakaria,

1994; Bell, 1996, 2008; Christie, 1997; Chan, 1997). 1997년 외환위기 이전에는 긍정적인 평가가 부각되더니, 그 이후에는 부정적인 평가로 돌아서 왔다. 그러나 논쟁의 초점은 서구와 대비되는 가치체계의 내용 그 자체보다는, 경제적 성공 여부라는 현실적인 기준이었다. 그래서 아시아 경제가 성장할 때는 아시아적 가치의 유용성이 주목을 받았고, 아시아 경제가 휘청거리면서는 아시아적 가치의 문제점이 집중적인 성토의 대상이 되어 왔다.

아시아적 가치에 대비되는 유럽적 가치는 과연 무엇인가? 두말할 것도 없이 그것은 근대 서구의 발전을 가져 온 유럽의 가치체계를 이르는 말이다. 가톨릭이 지배하던 중세 서구의 질서를 밑에서부터 부정하며 새롭게 등장한 기독교 개신교 분파의 가치체계가 유럽을 중세로부터 근대로 바꾸는데 결정적인 역할을 하였음은 누구나 알고 있는 일이다.

그러나 개신교의 가치체계가 근대 유럽의 가치체계로 자리 잡는 데에는 두 가지 중요한 계기가 있었다. 첫째는 우선 종교로부터 정치가 분리되는 과정이었다. 세속적인 문제를 다루는 국가가 성스러운 문제를 다루는 교회로부터 분리되지 못하는 한 중세 유럽의 질곡은 깨어질 수 없었다. 르네상스로부터 시작되어 종교개혁을 거치면서 등장한 유럽의 절대주의 국가는 바로 종교로부터 분리된 국가의 탄생을 확인해 주는 역사적 과정이었다 (Anderson, 1974).

둘째는 이렇게 탄생한 국가로부터 다시 경제가 분리되는 과정이었다. 재분배의 과정을 정치적으로 결정하는 국가의 통제로부터 경제가 분리되지 않는 한 산업혁명과 같은 생산력의 비약적 발전은 기대할 수 없는 일이었다. 이 과정에서 개신교의 가치체계는 자유방임이라는 이데올로기를 내세우며 유럽의 시장을 국가로부터 독립시키는 작업에 성공했다. 시장이 주역이었던 부르조아 계급이 귀족의 절대주의 국가를 무너뜨리며 경제적 이익의 자유로운 추구를 지배적인 가치로 등장시킨 것이 바로 유럽의 역사인 것이다(Polanyi, 2001[1944]).

이러한 두 단계의 분리과정을 거치면서 유럽은 기독교 개신교 분파의 가치를 지배적인 가치로 수용하게 되었다. 근검절약을 전제로 절대자와의 고독한 만남을 통해서만 구원에 이를 수 있다는 개신교의 가르침은 이러한 사회구조적 변화를 배경으로 근대 서구에서 자본주의를 탄생시킨 정신이 될 수 있었던 것이다(Weber, 1930[1920]).

그렇다면 아시아적 가치는 과연 어떠한 사회적 및 역사적 배경을 가지고 자라온 것인가? 아시아적 가치는 물론 다양한 내용을 담고 있다. 어쩌면 비유럽적 가치는 모두 아시아적 가치라고 할 수 있을지도 모른다. 중동의 무슬림에서부터 인도의 힌두교 그리고 동남아시아의 불교는 모두 넓은 의미의 아시아적 가치에 포함될 수 있다. 그러나 최근 관심의 주된 대상은 물론 동아시아의 유교적 가치체계이다.

그러나 동아시아의 역사는 앞에서 살펴보았던 유럽 역사와는 엄청난 차별성을 보여 준다. 우선 유교는 처음부터 세속적인 종교이었기 때문에 국가를 종교로부터 분리할 여지가 없었다. 예수가 태어나기 수백 년 전부터 전개된 유교의 가르침은 개인의 구원이라는 성스러운 문제에는 전혀 관심이 없었다. 처음부터 유교는 국가를 어떻게 다스려야 하는가의 문제에 관심이 집중된 가치체계였다. 그렇기 때문에 서구에서 진행되었던 정치와 경제의 분리라는 두 번째의 과정도 동아시아에는 전혀 나타날 여지가 없었다. 유교적 가치체계에서 생산이 정치적 재분배로부터 독립하겠다는 생각은 국가의 올바른 역할을 포기하는 일과 다름이 없기 때문이다(Hall and Ames, 1987; Tu, 1996).

이러한 역사적이고 사회적인 맥락을 무시한 채 진행되고 있는 최근의 아시아적 가치에 관한 논쟁은 그래서 아무런 의미가 없다. 가족이나 공동체의 중요성 혹은 혈연, 지연, 학연의 기능과 역기능은 모두 사회의 구조적이고 총체적인 짜임새와 연관될 때에만 의미를 갖는다. 역사적 축적을 사상한 채 현실의 부침에 편승하는 아시아적 가치에 관한 논쟁은 지양되어야 한다.

3. 베버의 설명과 근대화 이론

막스 베버는 일찍이 근검절약을 요구하는 개신교의 신앙생활이 서구에서 봉건적 질서를 무너뜨리고 자본주의를 탄생시키는데 결정적인 역할을 제공하였다고 주장하였다. 세계종교의 경제윤리 가운데 유독 개신교만이 이윤추구라는 자본주의적 경제활동과 특별한 친화력을 가지고 있어 서구에서 가장 먼저 '합리적' 자본주의가 꽃필수 있었다는 것이다(Weber, 1930 [1920]). 여기에 덧붙여 베버는 중국에서 자본주의가 발전하지 못한 까닭으로 여러 가지 조건을 복합적으로 들고 있지만, 가장 중요하고 결정적인 이유로 유교의 '현세적응' 윤리가 개신교의 '현세초월' 윤리와 정반대로 기능한 측면을 강조하였다(Weber, 1951 [1920]).

이러한 베버의 해석은 유교의 부정적 기능에 대한 가장 고전적인 설명이 되었다. 물론 베버의 설명이 이렇게 단순하지만은 않다는 주장도 만만치 않다. 이들은 베버가 종교적인 가치체계의 존재여부만으로 자본주의의 등장을 설명하지 않았다고 지적한다(류석춘, 1992; Collins, 1980). 종교적 신념이 담겨지는 사회의 구조적 특성을 베버는 결코 소홀하게 취급하지 않았다는 것이다. 그러나 문제는 이렇게 '단순화'된 베버의 논리가 자본주의적 발전을 설명하는 틀로 확고한 자리를 차지하게 되었다는 사실이다. 개신교 윤리가 중세 서구의 사회구조를 무너뜨리는 '진보'적 역할을 수행한 반면, 유교 윤리는 중국 중세사회의 질서를 유지하는 '보수'적 기능을 담당했다는 설명은 그러나 다음과 같은 한 쌍의 문제점을 해명할 수 없었다.

첫째, 개신교를 따르지 않는 비서구 사회에서는 자본주의라는 새로운 경제체제가 불가능한가의 문제에 대한 의문이다. 이 문제의 설정은 소위 '근대화 이론'의 탄생을 가져왔다. 전근대적 가치체계를 근대적인 가치체계로 전환하기 위해 비서구 사회는 서구사회의 '합리적'인 규범과 절차를 배워야 한다는 시각이 등장한 것이다. 이 시각은 서구의 경제적이고 군사적인 헤게모니와 결합하여 비서구사회에서 자본주의를 수용하는 기본 틀로 한동안 받아들여졌다. 그러나 이 이론은 남미의 '실패'한 근대화 경험을 바탕으로 '종속이론'이 등장하면서 급격한 몰락을 경험하였다.

둘째, 개신교를 따르지 않는 비서구 사회의 경제발전은 어떻게 설명할 수 있는가의 문제이다. 이 문제는 특히 일본의 초기 산업화를 설명하면서 반드시 짚고 넘어 가야할 문제로 인식되었다. 그리고 나름대로의 설득력 있는 답도 제시되었다. 즉 서구의 개신교 윤리와 동일한 역할을 한 '기능적 등가물'이 도쿠가와 시대의 일본에 존재하였기 때문에 일본은 자본주의가 발전할 수 있었다는 설명이다(Bellah, 1957). 이 설명은 자본주의의 조속한 정착을 원하는 모든 나라에서 지성사를 거슬러 올라가며 개신교 윤리의 기능적 등가물을 찾는 지적 작업을 유행시켰다. 우리나라의 '실학사상'과 중국의 '신유교'(Metzger, 1977)는 바로 이런 맥락에서 재발굴된 개신교 윤리의 기능적 등가물이다. 그러나 문제는 이러한 재발굴에도 불구하고 이들 나라의 자본주의는 서구나 일본과 같이 자생적으로 발전하지 않았다는 사실이다.

이러한 두 가지 의문을 기초로 할 때 앞서 정리한 단순화된 설명은 큰 설득력이 없다. 특정한 가치체계의 존재 여부를 중심으로 자본주의의 발전을 설명하는 것은 지나친 논리의 비약이다. 문제는 특정한 가치체계의 존재 여부가 아니다. 오히려 더 중요한 것은 그 특정한 가치체계를 가진 집단이 사회적으로 어떤 조건에 놓여 있는가의 문제이다.

서구 개신교 윤리의 '담지자 집단'은 두말할 것도 없이 '부르주아'였다. 그리고 이들은 서구적 봉건사회의 질서에서 주변적인 위치에 있었다. 가톨릭의 후원을 받으며 봉건적 질서를 유지하고자 한 토지귀족 계급에 맞서 부르주아가 투쟁할 때 이를 북돋아 주었던 가치체계가 바로 '개신교 윤리'였던 것이다. 이에 반해 유교 윤리의 담지자 집단은 '학자관료' 집단으로 이들은 중국의 중세질서에서 지배적인 자리를 한 번이라도 다른 집단에게 내준 적이 없었다. 왕조가 바뀌고 이민족이 침략하여도 이들의 기득권은 '과거제'라는 제도적 장치를 통하여 중국사회의 핵심적 지배집단으로서 굳건히 살아남을 수 있었다.

담지자 집단이 처해 있는 구조적 조건을 고려하지 않은 채 평면적으로 동서양의 이념적 지향을 비교하는 일은 마치 액체의 종류를 가리지 않고 같은 그릇에 담아 그 형태를 비교하는 일과 같다. 포도주 잔에 담긴 포도주와 위스키 잔에 담긴 위스키는 바로 그 액체의 차별성 때문에 그것을 담는 잔의 형태가 다른 것이다. 개신교는 서구 중세 질서에 대한 도전자 집단의 윤리였고, 유교는 동아시아 중세 질서의 수호자 집단의 윤리였다. 그리고 이와 같이 서로 다른 지향을 보여 주는 윤리를 담고 있는 사회적 조건은 물론 서로 다른 모습일 수밖에 없다.

베버의 분석을 평면화시켜 자본주의의 등장을 특정한 가치체계의 존재 여부로 설명하려 했던 근대화 이론은 바로 이 지점에서 문제점을 드러낸다. 사회의 구조적 특징을 덮어 둔 채 가치체계의 역할만을 따로 떼어 분석할 수는 없다. 모든 가치체계는 그것을 실천하는 담지자 집단이 처해 있는 구조적 조건에 따라 기능을 달리할 수 있기 때문이다. 이러한 구조적 상황 때문에 개신교는 '진보'적 역할을 수행할 수 있었고, 유교는 '보수'적 역할을 제공하지 않을 수 없었던 것이다.

4. 유교와 자본주의의 결합 역사: 정경유착

동아시아의 자본주의는 바로 앞에서 설명한 이유로 인하여 자생적으로 발전하지 못하였다. '학자관료'가 지배하던 동아시아의 유교 문화권 국가에서 자본주의가 역동성을 갖기까지에는 오랜 시간에 걸친 우여곡절을 겪어야만 했다. 유교 문화권의 국가는 우선 서구 제국주의의 침략에 시달리며 자본주의가 이식되는 과정을 밟아야 했다. 그리고는 두 가지의 대안 가운데 하나의 선택을 강요받았다. 하나는 사회주의 체제로의 직행이었고, 다른 하나는 자본주의 체제의 본격적인 도입이었다.

자본주의를 건너뛰고 사회주의 체제로 직행하려 한 유교 국가의 경우는 물론 중국과 베트남 그리고 북한을 들 수 있다. 이들 나라의 지도자와 민중은 학자관료 지주를 몰아내고 새로운 사상체계를 받아들여 사회주의 국가 건설에 매진하였다. 그러나 기이하게도 이들이 건설한 새로운 국가의 핵심에 있는 공산당 관료집단의 역할은 과거 역사에 존재하여 왔던 학자관료의 구조적 역할을 그대로 계승한 것이었다. 아니 오히려 그것을 강화한 모습이었다. 당의 관료집단이 경제를 계획하며 '사회전체의 통합과 질서의 유지'를 독점하였기 때문이다.

그러나 불행하게도 사회주의로 직행한 동아시아의 유교 국가는 동구의 사회주의 국가와 마찬가지로 사회주의라는 체제의 문제점을 근본적으로 극복할 수 없었다. 이들 나라에서 최근 진행되고 있는 시장경제의 도입은 바로 이를 상징하는 역사적 사건이다. 또한 최근 알려지고 있는 북한의 경제적 어려움도 마찬가지 맥락에서 진행되는 현상이다. 결국 이들 나라에서도 사회주의는 자본주의를 향한 가장 길고도 험난한 선택이었던 것이다. 이제 당관료의 어쩔 수 없는 선택의 결과로 중국과 베트남은 자본주의적 경제발전의 논리를 빠르게 도입하고 있다. 그리고 이 과정은 과거의 유교적 학자관료 집단이 누렸던 특권을 당의 간부가 다시 한 번 계승하는 과정이기도 하다.

한편 자본주의 체제의 적극적 도입이라는 노선을 한발 앞서 선택한 유교국가들의 경우 시장경제를 기본으로 출발한 것이 사실이다. 그러나 이 경우에도 국가는 시장에 깊숙이 개입하여 경제를 계획하고 또한 이를 성공적으로 집행하였다. 한국과 대만, 그리고 싱가포르의 국가가 경제발전에서 행한 역할을 두고 '시장에 대한 통치(governing the market)'라는 개념까지 제기되는 일은 바로 이와 같은 국가의 경제에 대한 개입의 능력과 범위를 두고 하는 말이다(Wade, 1990).

따라서 식민지로부터의 독립과 함께 시장경제의 도입을 본격적으로 추진한 이들 국가에서도 정부관리들이 행한 역할은 과거의 '학자관료' 집단이 경제에 대해 수행한 역할과 별반 다를 바가 없었다. 이들 국가의 관료는 없는 시장을 육성해야 했고, 희소한 자본을 축적시켜야 했으며, 풍부한 노동을 동원하여야 했다. 과거에 학자관료의 몫이었던 '사회전체의 통합과 질서의 유지'라는 사명이 다만 이제는 자본주의라는 새로운 방식으로 이들 국가의 관료들에 의해 재현될 뿐이었다.

동아시아의 유교 국가에서 발견되는 이 두 가지의 대안적 역사발전 과정은 모두 결국에는 국가관류에 의한 위루부터의 자본주의 도입이라는 동일한 결과로 수렴되고 말았다. 일본의 메이지 유신도 시기가 빨랐을 뿐 마찬가지 경우에 해당한다. 그리고 이 과정은 모두 유교적 질서의 담지자인 학자관료 집단의 지배적 역할이 자본주의라는 새로운 경제의 작동방식을 통해 국가관료에 의해 재가동되는 과정이었다. 길고도 복잡한 과정을 거쳐 동아시아에서도 마침내는 유교적 사회질서의 핵심 담지자 집단의 후예인 국가관료가 자본주의의 도입을 스스로 결정하게 된 것이다. 그리고 일단 자본주의의 도입을 선택한 이상 이들은 그것의 효과적인 실행을 위한 방법을 이미 알고 있었으며 또한 그 수단도 이미 확보하고 있었다.

유교 국가의 자본주의는 국가의 관리들에 의해 위로부터 도입된 것이었다. 따라서 자본주의의 작동방식이 서구의 경우와 달리 나타나는 것은 어쩌면 너무나 당연한 일인지도 모른다. 서구의 자본주의는 봉건적 토지귀족의 지배질서라는 장애물을 뚫고 성장해야만 했다. 그리고 그 싸움에서 승리하기 위해 '부르주아' 는 새로운 사회적 장치들을 필요로 했다. 무엇보다도 귀족의 권력에 대항하여 시민권을 확보하여야 했으며, 토지에 긴박된 농민을 자유로운 노동자로 만들기 위해 도시라는 자치공간을 필요로 하였고, 직업집단이 결속력을 과시할 수 있도록 조합이 있어야만 했다. 한마디로 줄여서 이들 부르주아는 귀족의 절대국가에 대항할 수 있는 '시민사회'의 건설을 필요로 하였던 것이다.

그러나 유교 국가에 의해 위로부터 도입된 동아시아의 자본주의는 서구와 같은 사회적 장치의 성립을 전혀 필요로 하지 않았다. 서구적 시민사회와 이를 뒷받침하는 자발적 결사체에 의해 자본주의가 조직될 필요가 없었기 때문이다. 대신 자본주의는 학자관료의 구조적 역할을 역사적으로 이어받은 국가관료에 의해 조직되었다. 그들의 판단에 따라 시장이 만들어지고, 그렇게 만들어진 시장에서 자본이 축적되었으며 임노동자가 창출되었다. 그리고 이러한 국가의 필요와 계획에 의해 민간부문이 동원되었다. 동원의 방식으로는 전통적으로 존재해 온 유교적 질서의 조직방식이 다시 한 번 활용되었다. 즉 '혈연, 지연, 학연'이라는 유교적 연고주의가 활용된 것이다.

그렇기 때문에 국가주도의 산업화를 중심적인 모습으로 보여 준 유교 자본주의의 등장과정은 서구의 고전적 자본주의가 보여 준 자유경쟁의 모습과는 전혀 맥락을 달리한다. 시장에의 진입과 후퇴는 국가의 통제에 의해 결정되었으며, 자본의 축적은 국가의 특혜를 받은 집단에게 집중되었고, 노동은 국가에 의해 관리되고 훈련되었다. 서구적 의미의 시민사회와 자유시장은 유교 자본주의의 발전에 전혀 필요한 장치가 아니었다. 유교 자본주의는 투쟁할 대상이 없는 지배집단의 선택이었다. 자본주의는 학자관리의 전통을 계승한 국가관리의 선택을 받는 것이 어려운 일이었지, 일단 선택된 후에는 아무런 제약도 있을 수 없었다.

한국의 박정희, 대만의 장제쓰(蔣介石), 싱가포르의 리콴유(李光耀), 중국의 덩샤오핑(鄧小平)은 이러한 유교 자본주의의 역동성을 전 세계에 너무나 실감나게 보여 준 정치 지도자들이었다. 이들 국가에서는 능력 있는 관료의 치밀한 계획과 집행을 통해 경제적 목표가 신속하고도 정확하게 성취되었다. 그리고 이 과정에서 국가의 정책에 재빨리 편승한 기업가들은 특혜를 통해 엄청난 부를 축적할 수 있었고, 국가의 정책과 어긋난 선택을 한 기업가는 가차 없이 배제되었다.

유교 자본주의의 역동성은 국가의 효과적인 시장개입을 전제로 한다. 그리고 이 개입의 방식은 '두 가지 전통적인 유교적 질서'의 양식을 답습한 것이었다(Jacobs 1958, 1985). 하나는 지배집단의 정치적인 판단이 민간의 객관적인 경제적 능력에 우선한다는 기준이다. 말을 바꾸면 국가관료의 정책적 판단이 기업의 자발적 의사결정을 압도하는 메커니즘을 작동시키는 것이다. 이를 위해 국가는 제시한 정책에 민간기업이 따르는 경우 특혜를 제공하였고 반대로 이에 도전하면 상응하는 불이익을 관철시켰다. 특혜금융과 세무사찰은 이를 위한 국가의 양날의 칼이었다.

다른 하나는 기업과 민간의 조직방식이다. 시민사회의 성장과 함께 그리고 경쟁적 자본주의의 발전과 함께 서구에서는 약화일로에 있는 혈연, 지연, 학연이라는 연결망의 역할이 유교 자본주의에서는 더욱 강화되었다. '가족주의'(박충석 등, 1993)라고도 불리는 이 조직방식의 위력은 한국의 '재벌'과 일본의 '자이바쯔'라는 기업집단의 구조에서 가장 극적으로 드러난다(Hattori, 1989, 1997). 또한 동남아시아 경제를 석권하고 있는 화교기업의 구조에서도 동향이나 동족과 같은 연결망의 중요성은 다시 한 번 확인되고 있다(Wong, 1985; Redding, 1990; Hamilton, Zeile, and Kim W.J., 1990; Gold, Guthrie, & Wank, 2002; Yao, 2002).

유교 자본주의의 역동성을 담보하는 두 가지 기제 즉 국가의 특혜에 의한 개입과 연고주의의 기능은 모두 서구 자본주의의 발전에서는 오히려 억제되어 온 현상이다. 두 가지 모두 자유경쟁의 논리와는 대척적인 관계에 있기 때문이다. 서구 개신교 자본주의에서는 안정적인 경제활동의 수행에 필수적인 경제적 '신뢰'의 문제가 자율적인 시민사회의 성장과 국가 역할의 축소로부터 해결되었다. 반면에 동아시아의 유교 자본주의에서는 안정적인 경제활동에 필요한 '신뢰'가 국가의 보증과 연결망의 작동에 의해 확보되고 있는 것이다.

따라서 동아시아 유교 자본주의에서는 경제활동의 '거래비용(Williamson, 1985)'을 줄이기 위해 기업은 국가의 보증을 필요로 하였고, 이를 얻기 위해서는 혈연 학연 지연이라는 연결망에 의지하지 않을 수 없었다. '지대허가(rent-granting)'를 하는 국가 아래에서 '지대추구(rent-seeking)'는 가장 효과적인 자본축적의 수단이 될 수밖에 없다(Lew, 2000a: 6). 기업은 국가로부터 특혜를 얻고 이를 유지하기 위해 사적인 연결망에 의지하였다. 이러한 유교 자본주의의 구조적 특징을 가장 간단히 요약하여 표현한 말이 바로 '정경유착'인 것이다. 그리고 이는 바로 자본주의를 국가관리가 위로부터 도입하면서 발생시킨 유교적 전통과 자본주의의 필연적인 결합 기제인 것이다.

5. 유교 자본주의의 정당성

정경유착 혹은 지대추구에 의한 경제활동은 궁극적으로 사회적인 낭비를 가져 오는가? 서구적 시민사회 혹은 자유시장의 성립을 배경으로 이론을 발전시킨 '신고전주의 주류 경제학'과 '합리적 선택이론'은 분명히 '그렇다'고 대답한다. 경쟁적인 시장에서 정치적인 이유로 국가에 의해 특혜가 마련되면 기업은 그 특혜를 얻기 위해 비생산적인 로비 등의 활동에 빠져들고 이러한 기업의 활동은 생산성 향상으로 이어지기보다는 결국 사회적인 낭비 즉 부패로 이어진다는 것이 이들의 설명이다(Buchanan et al, 1980).

그렇다면 정경유착에 근거하여 이룩된 동아시아의 눈부신 경제발전은 어떻게 설명할 수 있는가? 혹자는 동아시아의 자본주의에는 정경유착이 없다고 강변할지도 모른다. 일부 드러난 경우는 그야말로 극히 제한된 현상으로서 경제 전체의 규모로 볼 때 대수롭지 않은 현상일 뿐이라고 치부할 수도 있을 것이다. 그러나 한보와 같은 사건은 한국의 유교 자본주의 발전에 내재적이고 필수불가결한 그리고 일반적인 현상일 가능성이 더 높다.

한보그룹의 성장과 나머지 재벌그룹의 성장은 과연 무엇이 다른가? 우리나라의 재벌기업은 모두 국가의 엄청난 지원과 특혜를 배경으로 성장하였다. 국가가 제공해 준 진입장벽, 금융지원, 면세 등의 혜택을 배경으로 국내시장을 영역별로 분할하고 독과점적인 위치를 확보하며 기업활동을 해

온 것이 재벌인 사실을 모르는 국민은 아무도 없다. 이런 과정에서 드러나지는 않았지만 한보와 같은 검은 유착이 반복되지 않았을 것이라는 보장은 전혀 없다.

특히 현재의 대통령 선거와 같이 엄청난 비용을 치루어야 하는 정치과정이 존재하는 한 이러한 유착의 의혹은 더욱 더 증폭된다. 실제로 전직 대통령 가운데 두 명 즉 전두환과 노태우 대통령은 모두 기업으로부터 거둔 정치자금을 유용하였다는 이유로 감옥에 갔던 것이 우리의 정치현실이다. 이들을 이은 김영삼 김대중 두 대통령의 경우는 아들들이 모두 정경유착의 의혹으로 국회의 청문회는 물론 검찰의 소환에 불려 다니다가 결국 감옥까지 갔다 왔다. 그러므로 정경유착은 해방이후 한국 유교 자본주의의 발전에 동반하여 나타나고 있는 구조적 필연이라고 보아야 한다.

그렇다면 이와 같은 정경유착에도 불구하고 어떻게 한국의 유교 자본주의는 지난 40년간 연평균 성장률을 10%선에서 유지하는 기적을 만들 수 있었는가? 신고전주의 경제학에 거꾸로 묻고 싶은 질문이다. 구조적인 지대추구와 지속적인 경제성장이 도대체 어떻게 40년간 동시에 가능할 수 있는가? 왜 사회적 낭비와 경제적 파산으로 이어지지 않았는가?

이 질문의 답은 역시 유교와 자본주의가 결합하고 있는 내용을 다시 한번 검토할 때 찾아질 수 있다. 앞에서도 말하였지만 유교와 자본주의의 결합기제는 서구의 개신교와 자본주의가 결합된 모습과 분명한 차별성을 보여 준다. 도전할 상대가 없는 지배집단이 자본주의를 수용한 동아시아와 봉건 지배계급을 상대로 투쟁하며 자본주의가 자라 온 서구를 같은 척도로 분석할 수는 없는 것이다.

서구의 부르주아는 정치적으로 시민사회 그리고 경제적으로 자유시장이라는 사회적 공간을 봉건 지배권력에 대해 요구하였고 이를 관철시켰다.

이와 같은 부르주아의 국가권력에 대한 자율성 확보과정을 서구의 경제사학자들은 사적 소유의 법적 권리 즉 '재산권(property right)'의 확보과정으로 설명한다(North & Thomas, 1973). 이를 통해 부르주아는 경제활동의 안정성과 예측가능성을 담보할 수 있었고 이는 사회 전체적으로 경제활동에 필요한 '거래비용'을 감소시키는 효과를 가져와 경제가 지속적으로 성장할 수 있는 밑거름이 되었다는 설명이다.

그러나 동아시아의 자본주의는 위로부터 수용된 결과 오히려 국가의 효과적인 시장(시민사회)에 대한 개입을 특징으로 한다. 이와 같은 상황에서 민간기업이 경제적 의사결정의 자율성(즉 사적 소유권의 절대성)을 국가에 대해 요구하는 일은 엄청난 거래비용을 자초하는 일이 된다. 오히려 국가의 개입에 적응하고 순응하는 것이 기업의 경제활동의 안정성과 예측가능성을 확보하는 방법이다. 민간기업이 할 수 있는 일은 국가가 효과적인 개입을 위해 설정한 특혜를 어떻게 하면 차지할 수 있느냐 하는 문제에 고심하는 일뿐이다. 그리고 이 때 동원되는 방법이 혈연, 지연, 학연이라는 연결망을 통한 권력과의 유착인 것이다. 이 방법이 동아시아의 유교 자본주의에서 거래비용을 줄이는 가장 확실한 수단이다.

그렇다면 왜 부정부패가 만연하여 경제를 망치지 않고 있는가? 어떻게 유교 자본주의는 유착을 허용하면서 부정을 막고 성장을 지속시킬 수 있는가? 한 가지 예를 드는 것이 논의의 전개에 도움이 될 수 있다. 1997년 위기를 불러온 과정에서 확인할 수 있었던 사실이다. 당시 여론은 한보철강에 대해서는 부정적이었지만 포항제철에는 긍정적이었다. 그러나 두 사례 모두 국가적 차원의 지원과 특혜를 바탕으로 성장하였다. 그런데 왜 포철은 되고 한보는 안 되는가? 이 문제에 대한 판단의 기준을 찾을 수 있다면 유교 자본주의의 지속적 성장에 대한 비밀을 설명할 수 있을 것이다.

한국의 경우 유교 자본주의의 역동성은 5·16 이후 박정희가 정권을 잡고부터 시작되었다. 이후 국가는 재벌에 대해 각종 특혜를 제공하며 성장을 주도하도록 부추긴 것이 사실이다. 그러나 국가의 재벌에 대한 지원의 이면에는 두 가지 중요한 원칙이 채택되고 있었다. 하나는 재벌이 국내적으로 특혜를 받는 대신, 국제경쟁에서 반드시 성공해야 한다는 기준이었다. 이것이 그 유명한 '수출주도 산업화' 정책의 도입인 것이다. 수출에 실패하면 혹은 같은 만큼의 수입대체에 실패하면 재벌에 제공되었던 특혜는 즉각 회수되었다. 수출신용장을 기준으로 금융지원을 결정한 사실이 분명한 증거가 된다. 정치적 연결이 전혀 작용할 수 없는 해외시장에서의 성과가 국가의 특혜를 받는 기준이었던 것이다.

그러나 이보다 더 중요한 기준이 있었다. 국가는 지원을 받는 수혜자들 특히 재벌기업이 시장에서 개별적으로 보여 주는 생산성과 경쟁력의 수준이 최소한의 기준을 넘어서고 있는가 하는 문제를 매우 중요하게 생각해서 주기적으로 감시·감독을 시행했다. 기준을 넘어서지 못하는 재벌은 즉시 시장에서 퇴출당했다. 국가의 통제 하에 요구된 경쟁의 강도가 시장의 경쟁 강도보다 심하면 심했지 결코 약하지 않은 상황이었다. 국가가 특혜를 통해 시장에 깊숙이 개입한 것은 사실이지만, 동시에 국가는 효율성을 기준으로 경쟁하는 시장의 원칙을 절대 포기하지 않았다는 사실이다. 국가는 시장에서의 경쟁력과 효율성을 갖추지 못한 재벌에게 특혜가 집중되는 일을 경계하였고 조심스러워 했다. 국가는 최대한은 아니더라도 최소한의 시장 메카니즘이 유지되는 정책을 유지했다. 어떤 재벌 기업도 국가의 감시와 감독을 벗어나, 한번 받은 혜택을 영원히 자기 것으로 만들 수 없었다.

[표 5.1] 100대 기업의 생존율: 1965, 1975, 1985.

	1965	1975	1985
1965	100	22	19
1975		100	30
1985			100

출처: 공병호, 1993: 16.

[표 5.1]이 보여주듯이 경제발전의 초기 단계에서 한국 기업의 생존율은 매우 낮았다. 1965년의 100대 기업 중 10년 후인 1975년까지 그 지위를 유지할 수 있었던 기업은 단지 22개뿐이었다. 마찬가지로 1975년의 100대 기업 중 1985년까지 그 지위를 유지할 수 있었던 기업은 단지 30개뿐이었다. 1965년부터 1985년까지 20년 동안 100대 기업의 지위를 유지한 기업은 단지 19개뿐이다. 100대 기업의 구성이 10년을 단위로 이렇게 변동한 사실은 경제발전 과정에서 기업의 흥망성쇠 즉 부침이 매우 극심했다는 사실을 뒷받침한다. 비록 [표 5.1]에 제시된 기업의 숫자가 모두 재벌 기업의 숫자는 아니지만, 재벌 기업이 이들의 절대 다수를 차지하고 있었음은 의심의 여지가 없다.

[표 5.1]이 재벌 기업의 흥망을 보여주는 함축적 자료라면, 시기별로 상위 10대 재벌의 구성을 보여주는 [표 5.2]는 재벌의 흥망과 부침이 매우 격심했음을 보다 명쾌히 보여 준다. 이 표에 따르면 1950년대 말의 10대 재벌 중 1960년대 중반까지 같은 지위를 유지한 재벌은 단지 6개뿐이다. 또한 1960년대 중반의 10대 재벌 중 1970년대 중반까지 같은 지위를 유지한 재벌은 단지 3개뿐이다. 이 두 시기를 합친 20년 동안 같은 지위를 유지한 재벌은 단지 삼성과 럭키금성(LG) 둘 뿐이다. 이들을 빼고 10대 재벌을 구성한 명단은 각 시기마다 새로운 이름으로 채워져 있다. 이는 1960년대 그리

고 1970년대 상위 10대 재벌의 순위가 얼마나 자주 바뀌고 있었는가를 분명히 확인해 준다.

[표 5.2] 상위 10대 재벌 명단: 1950년대 후반, 1960년대 중반, 1970년대 중반.

순위	1950년대 후반	1960년대 중반	1970년대 중반
1	삼성	삼성*	삼성*
2	삼호	삼호*	럭키금성*
3	개풍	럭키금성*	현대
4	태한	태한*	한진
5	럭키금성	개풍*	쌍용*
6	동양	삼양	선경
7	극동	쌍용	한국화약
8	한국유리	화신	대농
9	동립	판본	동아
10	태창	동양*	한일합섬

주: * 앞 시기에도 명단에 포함된 재벌

출처: Kim, E M. 1997: 124.

경제발전 과정에서 나타난 재벌의 부침을 통해 박정희 시대 한국 경제의 두 가지 특징을 확인할 수 있다. 하나는 재벌 전체를 놓고 보았을 때 분명 이들은 박정희 정부의 지원에 힘입어 엄청난 성장을 할 수 있었다는 사실이다. 그러나 다른 하나는 같은 시기 재벌의 극심한 부침에서 드러나듯이 이들은 국가로부터 한 번 받은 특혜를 영원한 특혜로 누릴 수 없었다는 사실이다. 재벌은 국가의 특혜를 얻기 위해 개별적인 경쟁이라는 압력을 끊임없이 헤쳐 나가야 했다. 그러므로 '규율을 통한 지원'이야말로 한국 경제의 성공을 이해하는 가장 중요한 열쇠라 아니할 수 없다(Chibber 1999, 2002; Davis, 2004; Chang H. J. 2006).

수출주도산업화 정책이 요구하는 국제경쟁력과 국내시장에서 채택한 최소한의 시장경쟁력 유지라는 두 가지 원칙은 한국 국가가 경제를 다스리는 중요한 수단이었다. 그리고 이는 또한 모든 국민이 동의한 원칙이기도 했다. 이 원칙이 적용되는 한 국민은 국가가 기업에게 특혜를 제공하는 일에 전혀 시비를 걸지 않았다. 아니 오히려 그래야 한다는 국민적 압력을 행사하였다. 국민들은 검은 유착을 통해 기업이 국가의 특혜를 사유화하는 것을 반대하였지, 특혜를 받을 만한 기업 즉 경쟁력을 갖춘 기업이 특혜를 받는 일에 반대하지 않았다. 오히려 그런 기업의 발전과 성취를 자랑스러워했다.

이제 우리는 한보와 포철의 차이점을 말할 수 있다. 포철에 대한 국가의 특혜는 '정당'한 것이었고, 한보에 대한 국가의 특혜는 '부당'한 것이었다. 개별 기업의 입장에서 포철과 한보는 동일하게 국가의 특혜를 얻기 위해 온갖 노력을 기울일 수 있다. 그리고 이 노력에는 물론 검은 돈을 주고받는 정치적 부패와, 혈연과 지연 그리고 학연이라는 연결망을 동원한 유착이 포함된다. 그러나 국내시장에서의 최소한의 경쟁력과 해외시장에서의 수출경쟁력이라는 특혜의 기준이 전혀 확인되지 않은 상황에서 발견된 부패와 유착이 한보를 용납하지 않고 있는 것이다.

유교 자본주의의 전개에 있어서 정당성의 문제는 매우 심각한 논쟁점을 제공한다. 서구적 시민사회의 합리성이 발전할 수 없는 구조에서 전개되고 있는 유교 자본주의의 역동성을 우리는 정당성의 기준에서 어떻게 평가할 수 있는가? 연결망을 통한 정경유착이 구조화되어 있는 상황을 우리는 어떻게 받아들여야 하는가?

일부에서는 서구적 합리성을 지금부터라도 도입하고 육성하여야 한다고 말한다. 시민사회의 활성화와 경쟁시장의 확대를 통해 서구적 합리성이 되도록 빨리 자리 잡을 수 있도록 하여야 한다고 주장한다. 그러나 유교 자본주의의 구조는 이러한 합리성을 추동할 수 있는 사회적 세력의 성장을 허용하지 않고 있다. 자발적 결사체 보다는 관변단체가 유리하고, 자유경쟁보다는 정경유착이 지배적이며, 계급적 연대보다는 연고주의가 중요한 기능을 수행하도록 조직화된 것이 바로 유교 자본주의이다. 그리고 이는 매우 오래된 역사의 산물이다. 학자관료 집단의 지배라는 역사적 구조가 자본주의라는 경제체제와 결합하여 나타난 현상이기 때문이다.

유교 자본주의가 만약 실패하였다면 우리는 이러한 구조적이고 역사적인 조건을 하루빨리 제거하는 작업에 몰두해야 한다는 주장에 선뜻 동의할 수 있다. 그러나 불행인지 다행인지 유교 자본주의는 최근 30년 이상 전 세계에서 가장 성공적인 자본주의로 평가받고 있다. 우리는 과연 이를 무너뜨리고 서양적 합리성이 지배하는 개신교 자본주의를 동아시아에 건설하기 위해 계급의식을 고취하고 시민권을 확대하고 자본가 계급에게 '문화적 헤게모니'를 내주어야 하는 것인가?

서양적인 합리성의 실천을 가능케 하는 여건이 조성되지 않은 상황에서 이를 억지로 관철시키려는 노력은 나무에서 물고기를 찾는 것과 같은 잘못을 범하는 일이 될 수도 있다. 또한 유교적 질서와 정당성이 반드시 서구 개신교의 질서와 정당성에 비해 열등하다는 판단을 성급하게 내릴 근거도 없다. 만약 학자관료의 지배에 의해 만들어진 질서와 도덕성이 그렇게 열등한 것이었다면 조선사회는 500년을 유지할 수 없었을 것이다.

지금까지 한국 경제가 성공적인 이유가 될 수 있었던 까닭은 국가가 특혜를 제공하는 원칙을 분명히 하였고 또한 그러한 원칙이 경제적인 기준에서 생산적으로 기능하였기 때문이다. 현대 한국 유교 자본주의의 이러한 원칙과 그것의 적용 결과는 마치 조선사회에서 관직에 오르려면 과거에 급제하여야 한다는 원칙과 그렇게 채용한 관리가 백성을 보다 효율적으로 다스린다는 기능적 결과를 확인하는 것과 동일한 모습을 보이고 있다. 또한 이승만 시대의 경제가 박정희 시대의 경제와 비교하여 전혀 역동성을 보여주지 않는 이유도 동일한 논리에서 해답을 구할 수 있다. 이승만의 국가는 경제를 다스리는데 있어 국민이 동의할 수 있는 분명하고도 생산적인 원칙을 가지고 있지 않았다. 이승만은 다만 자신과 가까운 주변의 인물들에게 자의적인 특혜를 제공하였을 뿐이다.

이제 유교 자본주의의 정당성에 관한 논의를 마무리할 수 있는 지점에 도달하였다. 국가는 기업에 특혜를 제공할 수 있지만 그 기준과 결과가 분명하고 생산적이어서 국민이 납득할 수 있어야 한다는 사실이다. 그렇지 않으면 제공된 특혜는 정당하지 못한 것으로 평가되어 부당한 유착 즉 부패의 의혹이 제기된다. 부패의 의혹에 대한 문제제기는 유교적 전통에서 매우 익숙한 일이었다. 조선시대 학자관료의 지배에서는 '언관과 사림'이 그 역할을 담당하였다. 그리고 오늘날의 유교 자본주의에서는 '언론과 지식인 특히 학생'이 이 역할을 계승하고 있는 것이다.

이들이 제기한 의혹에 납득할만한 설명이 제공되지 않으면 유교 자본주의는 정당성을 인정받지 못하고 국가는 국민의 저항에 직면하게 된다. 이승만 권력의 자의적 유교 자본주의에 대한 학생들의 문제제기가 국민적 지지를 얻으며 '부당한 유착' 즉 부패를 제거한 것이 좋은 예이다. 거꾸로 박정희의 체계적인 유교 자본주의가 20년 가까이 유지될 수 있었던 이유도 동일한 논리에서 근거를 찾을 수 있다. 언론과 학생들의 문제제기가 끊임없이 있었지만 박정희 시대의 유교 자본주의는 상대적으로 엄격한 기준을 가진 체계적인 것이었고 동시에 생산적이고 효율적인 것이어서 국가는 '정당한 유착'에 대한 국민적 동의를 상당한 정도 확보할 수 있었고 따라서 무너지지 않았다(Kim H.A., 2004; Davis, 2004; Chang H.J., 2006). 무너지기는커녕 엄청난 역동성을 보여 주며 한국 자본주의의 기초를 닦았다.

6. 유교 자본주의의 견제와 균형

동아시아에서 국가가 주도하는 유교 자본주의의 균형자는 '시민사회'와 '노동조합'이 될 수 없다. 유교적 질서에서 권력을 감시해 온 집단은 '언론'과 '지식인'이다. 그리고 이들은 서구적 의미의 이익집단이나 직업집단 혹은 계급이라는 범주의 집단으로 분류할 수 없다. 이들은 전통사회에서 학자관료로 진출하기 위해 고전을 읽으며 수양을 쌓고 교양을 익히던 선비집단으로 위로는 상소를 통해 국가의 자의적 권력행사를 견제하였고 아래로는 백성을 교화하며 향촌사회의 질서를 유지한 조선사회의 기둥이었다(조혜인, 1993). 이러한 선비집단의 후예가 오늘날에는 언론과 지식인의 모습으로 국가의 자의적 권력행사를 감시하고 국민을 계몽하는 역할을 담당하고 있다.

이 집단의 성원은 조선시대의 선비처럼 기회만 있으면 개별적으로 국가의 관리가 되는 일을 주저하지 않는다. 그러나 그들은 관료가 되어 직접 권력을 행사할 수 있기 전까지는 감시자의 역할을 수행한다. 그리고 감시자의 역할을 충분히 한 이유로 이들은 관료로 발탁된다. 이러한 권력에 대한 견제의 패턴이 지금도 그대로 작동하고 있고, 또한 그 견제의 결과가 '자의적' 유교 자본주의의 부작용을 최소화하고 있음은 놀라운 일이다. 오늘날에도 대학과 언론은 한편으로 국가의 견제세력으로 엄존하고 있지만, 동시에 이 두 사회조직은 국가의 관리를 배출하는 저수지 역할을 충실히 수행하고 있다. 엄청난 교육열과 국가고시에 대한 집착, 그리고 끊임없는 교수와 언론인의 관직 진출이 이를 뒷받침한다. 학자관료에게 주어졌던 '이중의 역할'은 오늘날의 지식인 집단에게 변함없이 계승되어 유교 자본주의의 정당성을 확보하는 기제로 기능하고 있다.

따라서 유교적 질서의 균형자 집단에 대한 모형을 서양의 중세 '토지귀족 권력'에 대항했던 '시민사회' 혹은 근대 '자본주의 국가'에 대항하고 있는 '노동조합'에서 찾는 일은 마치 산에서 소금을 찾는 일과 같아 보인다. 유교 자본주의의 균형자 집단은 지식인이지 노동자가 아니기 때문이다. 그리고 이들이 처해 있는 구조적 조건과 이념적 지향은 서구 개신교 자본주의가 아니라 동아시아 유교 자본주의가 규정하고 있기 때문이다. 자발적 결사체가 지향하는 정치적 목표를 수용하고 이익집단이 추구하는 경제적 이해를 수렴하는 서구적 의미의 시민사회가 이러한 구조적 조건 아래에서 성공적인 결과를 가져올 가능성은 매우 희박하다. 이것이 유교 자본주의의 현실이고, 또한 가능성과 한계인 것이다.

예를 하나 들어보자. 비영리비정부 영역에서 활동한다는 한국의 시민단체 가운데 가장 영향력이 큰 '참여연대'는 노무현 정권이 들어서면서 친정부단체 즉 관변단체로 변신했다는 비난을 피할 수 없었다(동아일보 2006. 9. 1 머리기사). 1995년 창립된 이래 2006년까지 12년 동안 이 단체에서 활동한 총 416 명의 임원 가운데 약 1/3 즉 150 명이 313 개의 정부 고위 공직에 진출한 사실이 밝혀졌기 때문이다(류석춘·왕혜숙 2006). 비정부단체가 친정부단체로 변신하면서 정치권력까지도 손에 넣는 과정은 특히 김대중 정부와 노무현 정부에서 두드러졌다. 이른바 민주화가 이루어지기 전까지 시민단체는 대부분 반정부 혹은 비정부 단체로 활동했다. 그러나 민주화 이후 시민단체는 친정부 단체로 급 변신했다. 2017년 출범한 문재인 정부에서 참여연대 출신이 차지하고 있는 위상은 박정희·전두환·노태우 정부에서 육사 출신이 차지하고 있는 위상과 전혀 다를 바가 없다.

사실 이 쟁점은 이 책의 제4장에서 이미 깊이 있게 다룬 바 있다. 서구사회에 존재하는 시민사회의 반정부적 요소가 한국과 같은 유교전통을 가진 사회에서도 마찬가지로 존재할 것이라고 전제하기 어렵다는 설명도 곁들였다. 한 일간지 사설이 이 논점을 명확히 보여 준다(중앙일보 2006. 9. 2 사설 '권력기관 된 참여연대').

"대표적 시민단체로 손꼽히는 참여연대의 전·현직 임원들이 청와대를 비롯한 공직에 대거 진출했다고 한다. 연세대 류석춘 교수팀의 분석 결과다. 지난 12년간 전체 임원 중 3분의 1이나 되는 150명이 313개의 정부 고위직, 각종 위원회 등에 참여했다. 국무총리, 부총리, 장관 등 권력 핵심부로 나아갔을 뿐 아니라 단체의 핵심 인사들이 다수의 공직을 겸하며 적지 않은 영향력을 행사해 왔다고 한다.

참여연대는 '각계각층 국민의 자발적인 참여로 국가권력을 감시하고(중략)'라고 정관에서 밝히고 있다. 하지만 조사 결과는 참여연대가 본연의 역할을 망각했거나 아니면 입으로는 권력감시를 외치면서 실제로는 권력화, 관변화했음을 여실히 보여주고 있다. 권력 감시를 하겠다는 이들이 어떻게 권력에 참여해 스스로를 견제하고 비판할 수 있겠는가? 정부와 연계를 맺은 이들은 비판보다는 조언, 감시보다는 이해나 협조에 무게중심이 이동할 수밖에 없다. 위원회 공화국인 노무현 정부에서 '참여정부의 정책=참여연대의 정책'이란 지적은 각종 위원회에 전방위로 포진해 있는 참여연대 인사들이 자초한 비판임을 부인하기 어려울 것이다.

상근 활동가들은 임원들의 공직 진출과 상관없이 비판 기능을 다해 왔다고 항변할지 모른다. 하지만 이번 통계는 결국 시민단체라는 명분을 이용해 입신출세한 것이라는 비판을 면하기 어렵게 됐다. 권력과 시민단체가 거리 두기는 커녕 한 몸이 됐으니 이게 무슨 시민단체인가. 특히 일부 인사는 정부직뿐 아니라 정계 진출을 위한 발판으로 이용한 경우도 많다. 이 정부 들어 시민단체의 그럴 듯한 직책을 명함에 새기면 공직 진출에 가속도가 붙는 것은 주지의 사실이다.

참여연대가 그동안 우리 사회의 각종 비리와 부패, 인권 유린에 목소리를 내 왔던 공적을 부인할 생각은 없다. 하지만 이 단체가 이제 정부 보조단체쯤으로 타락한다면 모두에게 불행이다. 참여연대가 아니라 권력에의 참여연대라는 시민들의 질타를 받지 않도록 쇄신하라."

한국의 노동운동 또한 엇비슷한 비판에 직면해 있다. 현대차 노조와 같은 재벌기업의 조직화된 노동자들은 일인당 국민소득의 3배가 넘는 고임금을 누리고 있는 것이 사실이다. 그러나 이들이 속한 대기업 노조의 주장과 정책은 오늘날 최저임금 수준에서 고통 받고 있는 비정규 임시직 노동자들의 문제를 해결하는 노력을 전혀 기울이지 않고 있다(김대호 2009). 이들은 스스로의 임금을 올리기 위해 집단 이기주의적인 전투적 투쟁만을 매년 반복하고 있을 뿐이다. 한국의 노동운동에서 노동자 집단 전체의 계급적 연대에 기초한 투쟁은 찾아 볼 수 없다. 소속 노조원의 이해를 보장하기 위해 귀족화된 투쟁에만 전념하는 한국의 노동운동에서 공공의 이익을 위한 중재자 역할을 찾기란 불가능하다(류석춘 2018).

7. '유교 자본주의'의 확대 가능성

'유교 자본주의'는 정의상 유교적 가치 혹은 질서를 일정하게 수용한 자본주의 체제를 말한다. '유교 자본주의'를 이렇게 정의한다면 우리는 동아시아 한중일 3국의 자본주의는 물론 해외 화교가 주도하는 동남아시아 및 싱가포르의 자본주의, 그리고 베트남의 자본주의 이행에도 관심을 기울이지 않을 수 없다. 이들 국가의 자본주의는 동아시아의 경우에서 확인된 바와 같이 세계의 나머지 지역과 비교하여 상대적으로 빨리 발전하고 있다. 일본은 이 그룹을 선도하는 국가가 된지 오래이고, 중국은 이제 미국과 패권을 다투는 국가로 성장하였다. 그렇다면 '유교 자본주의'는 엄청난 가능성을 가진 경제블록으로 존재하는 셈이다. 이들 국가의 인구를 모두 합치면 세계 인구의 1/4을 초과한다.

그럼에도 불구하고 유교권 국가의 장래를 어둡게 평가하는 견해가 존재하고 있는 것은 사실이다. 동아시아 유교권 경제의 장래를 부정적으로 평가하는 견해는 다음과 같은 몇 가지 흐름으로 나누어진다. 우선 동아시아의 경제를 과거 사회주의권의 경제와 동일한 맥락에서 평가하는 주류경제학의 비관론이다(Krugman, 1994). 즉 동아시아의 경제는 과거 사회주의권의 경제가 일시적으로 성장하다가 갑자기 몰락하게 된 이유와 동일한 이유로 앞으로 주저앉게 될 것이라는 주장이다. 왜냐하면 경제의 성장이 기술발전과 같은 효율성의 증가나 생산성의 향상에 기초하여 이루어진 것이 아니라, 국가의 동원과 감시와 같은 방법에 의해 단순히 노동과 자본의 투입을 증가시킨 양적인 방법으로 이루어졌기 때문이라는 지적이다. 그러나 이 견해는 경제활동의 개념을 오로지 '생산비용'으로만 접근하는 근시안적인 견해이다. 왜냐하면 '유교 자본주의'가 지속적인 성장을 이룩한 배경에는 '거래비용'의 축소와 같은 보다 근원적인 사회질서의 문제를 고려할 필요가 있기 때문이다.

이에 반해 '사회자본' 즉 '신뢰'의 문제를 언급하고 있는 후쿠야마(Fukuyama, 1995a)의 견해는 앞의 신고전주의적 견해보다는 한걸음 더 사회구조 혹은 사회질서의 문제를 적극적으로 고려하고 있다는 의미에서 발전적이다. 그러나 이 견해는 경험적인 기준에서 동아시아의 '유교 자본주의'가 보여주는 공통점과 차별성을 적절히 설명하지 못하는 한계를 보여준다. 특히 후쿠야마의 견해는 동아시아 3국에서 공통적으로 나타난 기업조직의 유교질서 수용과 배태 그리고 제도화가 어떻게 일본에서는 '높은' 신뢰를 형성하고, 한국과 대만에서는 '낮은' 신뢰를 형성하게 되었는지를 설득력 있게 설명해 주지 못한다.

아마도 '유교 자본주의'라는 개념의 발전 잠재력을 가장 확실하게 받아들이고 있는 학자는 앞으로 세계가 '문명의 충돌'에 따라 새로운 질서를 만들어 나갈 것이라고 예상하는 헌팅톤일 것이다(Huntington, 1993). 그러나 그의 '유교문명'에 대한 논의는 서구의 국제정치적 헤게모니 고수에 집착하는 철저한 서구중심의 관심과 경계로부터 비롯되고 있다. 따라서 21세기를 '유교 문화권의 시대'로 만들기 위한 노력이 넘어야 할 과제는 비단 유교 문화권 국가의 경제적 성공만이 아니다. 서구의 견제와 의심을 극복할 수 있는 보편성의 확보가 보다 중요한 과제이다. 그리고 이러한 노력을 성공시킬 수 있는 실마리는 사회의 제도적 특징에 관심을 기울이는 일로부터 출발할 때 찾아 질 수 있다.

한국은 중앙집권적인 사회구조의 유산을 강하게 물려받은 사회이다. 오백년에 걸친 유교 왕조의 지배와 이를 이은 일본의 식민통치 및 미군정은 한국 사회에 항상 분권의 경향보다는 집권의 경향을 강하게 각인하여 왔다. 해방 후의 국가건설, 군사혁명 이후의 경제발전, 그리고 6·29 이후의 민주화 모두 중앙집권화 된 관료권력이 주도하기는 마찬가지였다. 국가관료의 하향적 지배와 통제가 사회의 나머지 영역을 장악하는 정도와 범위에 있어서 한국은 다른 어떤 국가와 비교하여도 결코 뒤지지 않는다.

이러한 한국사회의 중앙집권화된 지배구조는 특히 최근의 급속한 경제

발전 과정에서 매우 두드러진 역할을 제공해 왔다. 위로부터의 계획과 집행 그리고 감시와 동원을 통해 한국의 경제는 지난 30여 년 간 세계 최고의 성장률을 기록하여 왔다. 물론 국가가 시장에 개입한 범위와 정도는 시기에 따라 변화를 보이지만, 그것은 기본적으로 정부는 상급자 그리고 민간기업은 하급자라는 역할분담을 전제로 한 것이었다. 정부와 기업의 이러한 위계적 관계로 인해 한국은 경우에 따라 시장경제의 기본질서를 따르지 않는 개입주의 국가라는 낙인을 받았던 것도 사실이다. 그러나 다른 한편으로는 바로 그러한 개입주의의 결과 한국의 경제가 압축적으로 성장할 수 있었던 것 또한 사실이다.

'유교 자본주의'라는 개념은 한국을 비롯한 유교문화권의 동아시아 국가가 서구의 '기독교 개신교 자본주의'와는 전혀 다른 모습으로 경제발전을 이룩한 사실에 주목하는 개념이다(Lew, 1996; 류석춘 1997a, 1997b, 1998). 동아시아에서 유교와 자본주의가 역사적으로 결합하는 과정은 서구에서 개신교가 자본주의와 결합하는 과정과 전혀 다른 모습을 보여 주었다. 서구는 중세의 지방분권적인 지배질서를 극복하는 과정에서 개신교와 자본주의가 결합하였다. 그러나 동아시아에서는 중세의 중앙집권적인 지배질서를 유지하는 과정에서 유교와 자본주의가 결합하였다. 따라서 서구의 자본주의는 '밑으로부터' 시작되었고, 동아시아의 자본주의는 '위로부터' 시작되었다.

이 두 자본주의는 발생의 기원뿐만이 아니라 발전의 과정도 대조적이다. 서구에서는 귀족과 대항하며 성장하던 '부르주아' 계급이 경제적으로는 물론이고 마침내는 정치적이고 문화적인 지배계급으로 성장하면서 '자본주의 국가'를 건설하고 노동자 계급을 포섭하였다(Gramsi, 1971). 그러나 동아시아에서는 자생력이 없는 '부르주아'를 국가관료가 경제적으로 육성하는 것은 물론이고 정치적 그리고 문화적으로 지도하면서 '자본주의 국가'를 이룩하였고 노동자 집단 역시 국가의 직접적인 관리 아래에 두고 통제 및 보호하여 왔다(Deyo, 1989). 또한 서구에서는 부르주아 집단의 독립적인 '경제적 경쟁력'이 가장 중요한 자본의 축적수단이었다. 그러나 동아시아의 유교 자본주의에서는 지배세력과의 '정치적 유착'이 가장 중요한 자본의 축적수단이었다.

'개신교' 자본주의는 모든 경제적 거래에서 '배타적 재산권'의 확립을 경제활동의 예측가능성을 보장하는 전제조건으로 매우 중요하게 생각한다(North & Thomas, 1973). 사적인 소유권이 없다면 시장에서 이루어지는 이해 당사자 간의 '거래'(Williamson, 1985)가 불확실성에 종속되어, '사회적 신뢰'(Fukuyama, 1995a)를 유지할 수 없기 때문이다. 그러나 '유교' 자본주의에서는 배타적이고 사적인 소유권보다는 공공의 질서와 이해를 공식적으로 대변하는 정치집단 즉 집권 관료의 개입과 보증이 모든 경제적 거래의 궁극적 기준이 된다(Jacobs, 1985). 비록 근대적인 법체계가 사유재산을 보호하고 있는 것이 사실이지만, 국가적 위기와 같은 비상사태가 발생하면 이해 당사자 간의 법률에 근거한 거래보다는 도덕적인 기준에 따른 경제행위를 제3자 특히 지식인집단이 요구하고 이를 국가가 관철시키기 때문이다(Hahm P C, 1986).

한국이 1997년 외환위기로부터 비롯된 경제적 어려움을 극복하는 과정에서 이러한 '유교 자본주의'의 특징은 다시 한 번 확인되었다. 예를 들면 재벌의 사재를 헌납하라는 요구나 혹은 인위적으로 기획조정실을 폐지하라는 요구 또한 대규모 사업을 서로 맞교환하여 업종을 전문화하라는 요구(소위 빅딜)는 모두 여론을 등에 업은 지식인 집단의 도덕적인 요구인 동시에 정치권력의 지원을 받는 강압적 요구이다. 특히 이러한 요구를 관철시키고 있는 김대중 대통령의 각종 개혁정책은 국회의 입법과정을 통해 법률적인 정당성을 전혀 확보하지 못하고 있었음에도 불구하고 당시 강력한 효과를 발휘했다.

물론 이를 문제 삼는 여론이나 저항은 미미하였다. 국민 전체의 지배적인 의견이 이러한 법적이고 제도적인 문제와 상관없이 당시 대통령의 개혁 정책을 전폭적으로 지지하였기 때문이다. 그러나 이러한 상황은 김영삼 정부의 초반기에 행해진 사정정국이나 5공 초기의 '국보위' 정국에서도 꼭 같이 반복되었던 일이다(Kim J. H. and Lew S. C., 1995: 186). 1997년 IMF의 개입에도 불구하고 '유교 자본주의'는 김대중 정부에서 살아남았다. 뒤를 이은 노무현 이명박 박근혜 문재인 정권에서도 마찬가지다.

8. 결론: 한국의 유교 가치

부유한 딸의 집에 살던 병든 아버지와 가난한 남동생 가족은 딸(누이)이 요구하는 최소한의 월세도 낼 수 없어 딸로부터 집을 비워 달라는 요구를 받는다. 딸은 자신의 요구가 관철되지 않자 급기야 재산권의 행사를 법에 호소한다. 1심과 2심은 딸의 손을 들어준다. 그러나 대법원은 딸의 재산권은 인정하지만 그것의 행사는 인륜을 저버린 행위이므로 부당하다고 판결하고 사건을 서울지방법원으로 되돌려 보낸다.

1998년 6월 12일 있었던 대법원 판결의 내용이다. 우리나라의 거의 모든 언론은 13일 이 사건을 대서특필했다. 왜 그랬을까? 비정한 딸의 재산권 행사보다는 병든 부모를 모셔야 한다는 인륜이 더욱 중요한 가치라는 대법원의 판단에 동의하기 때문이다. 배타적 재산권에 기초한 개인주의적 삶을 우리 사회는 아직 수용하지 못하고 있다. 아니 '아직' 수용하지 못하는 정도가 아니라 오히려 '절대' 수용하면 안 된다는 정서가 지배적이다.

'서구화'와 어떤 차이를 가지고 있는지 정확히 알 수 없는 소위 '근대화'가 한국에서 시작된 지 이미 100년이 훨씬 넘었다. 1876년의 강제된 개항 이후 한국은 끊임없이 근대화를 추구하여 왔다. 그 결과 정치체제와 경제제도가 바뀌었고, 가치체계와 생활양식이 달라졌다. 누구라고 특별히 구분할 필요도 없이 우리는 모두 서구의 제도와 가치를 본떠 새로운 사회를 만드는데 열심이었다. 그리고 결과적으로 상당한 성과를 이룩하였다. 1997년 여름까지 우리는 산업화와 민주화를 연속적으로 이룩한 기쁨을 자랑하면서 근대화에 성공하였다는 확신을 갖게 되었다.

그러나 성공에 대한 기대가 확신으로 바뀌면서부터 다시 새로운 혼란은 시작되고 있다. 외환시장의 위기가 촉발한 IMF의 개입은 이제 금융은 물론 실물경제까지도 잠식하면서 우리의 생존을 위협하고 있다. IMF가 요구하는 신자유주의적 개혁의 논리가 경제는 물론 사회의 모든 구석구석에 침투하여 효율성을 높여야 한다는 목청을 높이고 있다. 심지어 미국을 방문한 대통령까지도 한국은 미국적 가치를 신봉하는 국가이니 안심하고 투자하라고 연설하였다(한국일보, 2면, 1998 6 14).

미국적 가치의 표상은 두말할 것도 없이 '자유'이다. 그리고 언론, 출판, 결사, 집회의 자유 없이 민주주의는 불가능하다. 이런 의미에서 자유라는 미국의 가치는 보편적인 민주주의의 전제로 기능하기 때문에 중요하다. 그리고 물론 우리는 '자유'라는 미국적 가치의 보편성을 받아들였기에 미국을 모형으로 한 근대화를 지금껏 죽기살기로 추진하여 온 것이다. 그러나 우리는 근대화 그 자체만을 추진하는 일에 급급한 나머지 미국적 가치의 이면에 있는 역사의 유산과 사회적 조건에 관해서는 체계적인 관심을 기울이지 못하였다.

'개인주의'는 미국적 가치인 자유의 개념을 담아내는 또 다른 용어이다.

미국적 자유의 이면에는 개인을 국가나 사회의 개입으로부터 분리해 내는 서구의 역사가 존재하여 왔다. 중세의 교회로부터, 그리고 절대주의 시대의 국가로부터 근대의 개인은 분리되었다. 종교적이고 정치적인 자유를 획득한 이후에 개인은 다시 경제적인 자유를 요구하며 자본주의 시장경제를 확립하였다. 그리고 경제적 자유를 확립한 서구의 개인은 이제 마지막으로 가족으로부터의 자유를 요구하고 있다. 여성과 동성애자의 권리에 대한 보호는 서구의 가족을 해체시키며 개인을 가족으로부터 분리해 내고 있다.

그러나 우리는 이러한 서구의 근대화 과정이 과연 바람직한 모습인지에 관하여 확신하지 못하고 있다. 인륜을 중시하는 대법원의 공동체주의적 판결에 박수를 보내는 가치체계와 배타적 재산권의 행사를 존중하는 개인주의적 가치체계는 결코 양립할 수 없다. 우리는 겉으로 드러난 미국식 가치인 자유만을 추구하였지 그 자유의 이면에 있는 '개인의 분리'라는 역사적 과정에 대한 충분한 검토를 하지 못하여 왔다. 조금 심하게 이야기하면 대소변을 못 가리고 미국을 흉내내는 일에만 급급하여 왔다. 1997년 IMF라는 국난을 만나고 나서부터는 이러한 경향이 더욱 증폭되고 있다. '따뜻한 인륜'과 '비정한 개인주의'는 과연 상보적인 관계로 정착될 수 있을까? 모르긴 몰라도 우리는 두 가지 대안 가운데 하나를 선택해야만 하는 어려운 결단을 내려야 할지도 모른다.

제6장 | '강한 국가'와 '강한 사회' 간의 일반화된 호혜성: 박정희 시대 한국의 발전 경로[54]

왕혜숙[55] 공저

1. 머리말

일반적으로 한국의 경제적 성공은 '강한 국가'의 주도적 역할로부터 비롯되었다고 설명한다. 또한 강한 국가와 대비하여 사회는 약하고 수동적이어서 강한 국가의 적극적인 계획에 따라 효과적으로 동원되었다는 설명도 따라 붙인다. 그러나 과연 그런가? 여기서는 이러한 일반적 견해가 과연 정말인지 따져보고자 한다. 박정희 시대의 '자율적'이고(autonomous) '배태'된[embedded (Evans 1995)] 발전국가[developmental state (Johnson 1982)]는 "강한 국가와 약한 사회"라는 단순한 이분법(Migdal 1988)으로 설명할 수 없기 때문이다. 오히려 박정희 시대는 '강한 국가'와 '강한 사회'가 서로 상승작용을 일으켜 발전을 이루어 나가는 모습을 보여 주었다.

거시적 수준에서 강한 국가를 추구한 국가의 관료들은 '규율적 윤리

54) 이 글은 『사회와이론』 통권 제12집 (2008: 109~162) 에 "사회자본 개념으로 재구성한 한국의 발전 경로"라는 제목으로 발표한 논문을 이 책의 맥락에 맞게 내용 수정한 글이다.

55) 홍익대 초빙교수.

(disciplinary ethos)'로 무장하기 위해 당시 한국 사회의 중산층, 특히 국민의 절대 다수를 차지하고 있던 '농촌 중간계급'에 스스로를 배태시켰다(Davis, 2004: 13). 농촌의 소농 집단이 자연스레 가지고 있는 노동윤리를 체화한 대통령 박정희는 국가의 관료들에게 무능과 게으름은 곧 조국에 대한 배신과 다를 바 없다고 역설했다. 이와 같이 위로부터 부과된 관료의 규율적 윤리는 지주와 자본가는 물론 노동자를 포함한 사회의 모든 영역을 추동해야 하는 국가의 도덕적 기반이 되었다. 특히 실천적 모범을 보여야 하는 최고 지도자의 역할이야말로 이러한 도덕적 요구를 뒷받침하는 가장 근본적인 힘이었다.

다른 한편 미시적인 수준에서 한국사회의 개인들은 혈연, 지연, 학연과 같은 전통적인 연대를 따라 가족, 마을, 학교, 직장 등과 같은 다양한 집단에 소속되어 있었다. 이 책의 2장과 3장에서 논의한 바와 같이 연고에 기반한 이와 같은 집단들은 구성원들에게 강력한 소속감과 헌신을 요구하고 있었다. 비록 자원적 결사로 대표되는 2차집단의 활동이 당시 사회에서 활발하지는 않았지만, 1차 집단에 기반한 다양한 연대는 개인을 서로 가로지르는 다양한 공동체에 소속되도록 만들었다. 그러므로 관계가 서로 촘촘히 엮여 있는 강한 사회의 조건을 당시 사회는 이미 가지고 있었다.

이런 조건에서 스스로를 규율한 국가는 여러 가지 재분배 정책을 통해 미시적인 수준에서 능력을 보여주는 집단을 우대하며 집단 간 경쟁을 촉진시켰다. 발전을 위한 국가와 사회의 시너지를 만들어 내는 방식이었다. 농촌의 '새마을 운동' 그리고 산업정책의 이름으로 정부가 기업에 제공한 각종 '특혜'가 바로 이런 국가의 전략을 보여주는 대표적 사례들이다. 이들 정책은 결국 개인으로 하여금 자신이 소속한 집단에 관심을 기울이고 헌신하도록 만들었다. 왜냐하면 국가의 재분배 정책의 대상이 되기 위해 집단 간에 치러야 하는 경쟁이, 각각의 집단 내부에서는 구성원들을 자극해 자신이 소속한 집단에 헌신하도록 만들었기 때문이다(Portes 1998). 각각의 개인은 소속 집단의 발전이 스스로의 발전을 이끄는 동력이라는 '일바화된 호혜성'의 규범을 내면화 하지 않을 수 없었다.

이런 방식으로 '강한 국가와 강한 사회'의 조합이 만들어지자 아무도 예상치 못한 엄청난 시너지가 만들어졌다. 미시와 거시의 양 수준에서 나타난 집단의 통합성이 '무임승차' 혹은 '공유지의 비극'을 예방하는 결정적 역할을 했기 때문이다. 박정희 대한민국에서는 사회의 모든 층위가 '소속 집단의 발전이 개인의 발전과 같이 간다'는 규범을 내면화 했다.[56] 호혜성의 규범 가운데서도 특히 '일반화된 호혜성'(Polany 1957; Sahlins 1972)의 규범이 미시와 거시 수준에서 작동하면서 자율적이고 동시에 배태된 국가를 만들어 내는 궁극적인 힘으로 작용했다.

호혜성은 동기의 측면, 즉 개인이 교환에 임하면서 그 행위를 어떻게 도덕적으로 합리화하는가를 설명하는 개념이다. 그런 만큼 호혜성은 실제 거래되는 자원의 절대적 양에 대한 평가를 준거로 하지 않는다. 오히려 호혜성의 가장 중요한 준거는 누구의 이해관계를 먼저 고려하는가라는 도덕적 동기의 문제이다. 호혜성은 도덕적인 교환의 동기를 준거로 다음과 같은 세 가지 종류로 나눌 수 있다(Sahlins, 1972). 첫째는 불완전한 시장에서 나타나는 기회주의적 행동과 같이 자신만의 이익 극대화를 목표로 하는 '부정적 호혜성(negative reciprocity)'이다. 둘째는 교환에 참여하는 당사자 모두 즉 상대방과 자신의 이익을 동시에 고려하는 '균형 잡힌 호혜성(balanced reciprocity)'이다. 그리고 셋째는 교환의 대상이 되는 상대방을 비롯하여 타인의 이익을 우선적으로 고려하는 '일반화된 호혜성(generalized reciprocity)'이다.

56) 1장의 각주 7번 참조.

이와 같은 호혜성 가운데 불신의 상태 즉 사기나 횡령과 같은 '부정적 호혜성'은 논의할 필요조차 없다. 이는 가장 비사회학적인 혹은 가장 경제학적인 개념으로 인간의 기회주의적 속성을 지적하고 있기 때문에 '협동'이나 '시너지'를 만들어 내지 못한다.[57] 대신 여기서는 '일반화된 호혜성'과 '균형 잡힌 호혜성'의 차이에 주목하고자 한다.

일반화된 호혜성이라는 규범은 교환에 참여하는 상대방은 물론 일반적 타인 또는 공공의 이익을 우선적으로 고려하는 규범이다. 따라서 이 규범을 따르는 행위자는 제3자의 무임승차 가능성에도 불구하고 자신의 희생을 감수하며 집단 전체의 이익을 위해 봉사한다. 반면에 균형 잡힌 호혜성은 교환에 참여하는 당사자들 간의 이익 극대화만을 목표로 한다.[58] 이런 맥락에서 이 규범은 사회자본의 대표적 부정적 효과로 일컬어지는 외부자 차별 즉 '파벌의 해악(mischiefs of faction)' 혹은 '도둑들 간의 명예(honors of thieves)'라고 불리는 부정적 외부효과를 발생시키는 원인이 될 수 있다(Granovetter, 1985: 62; 퍼트남, 2002). 왜냐하면 당사자 간의 이해관계가 맞아떨어지기만 하면 제3자의 이해관계는 상관하지 않기 때문이다.

2. 대한민국: 강한 국가, 약한 사회?

박정희 정부가 추진한 정책의 합리성과 전문성에 관한 논의는 많이 있어 왔다(Amsden 1989; Johnson 1982; Wade 1990; Woo-Cumings 1999; World Bank 1993; Shin and Chang 2003). 특히 정부가 시행한 산업정책의 전략적 역할 그리고

57) "부정적인 호혜성"은 자신만의 이익의 극대화를 추구한다는 점에서 사실상 'self-interest'를 무제한적으로 추구하는 홉스의 자연 상태와 같은 개념이다.

58) 자유로운 개인 간의 '계약' contract이 가장 대표적인 모습이다.

재정적 지원과 규율에 따른 정부의 개입 등에 관해서 논의가 집중되어 왔다. 그러나 이들 논의는 왜 한국과 엇비슷한 정책을 추진한 다른 개도국에서 같은 결과가 나오지 않았는지를 충분히 설명하지 않았다. 이들은 특히 국가/자본의 관계에서 국가의 자율성이 중요하다고 지적한다. 심지어 "한국의 국가는 자본가 계급으로부터 너무도 자율적이어서 기업이 어떤 반응을 보일지는 전혀 걱정하지 않고 필요한 정책을 펼쳤다"고 말하기도 한다 (Chibber 2003: 52). 이 말이 어느 정도 사실일 수 있다. 이 책의 5장에서 주장했듯이 국가는 민간 부문을 규율할 수 있는 적절한 자율성을 가지고 있었기 때문이다.

그러나 이들은 어떻게 국가가 대기업들의 활동과 성장을 지휘하고 경우에 따라서는 개별 기업에 특정한 과제를 수행하도록 요구했는지 구체적인 설명을 하지 않는다. 한국은 그냥 '약한 사회와 강한 국가'(Migdal 1988: 269)의 범주에 속한다고 말할 뿐이다. 즉 한국 사회는 여전히 전근대적이고 조직화가 충분히 진행되지 않아 내부적으로 자율적인 자체 조직을 만들어 내는 기제가 결여되어 있다고 설명한다. 그러나 강한 국가와 약한 사회의 조합은 부패한 약탈국가를 만들어 낼 뿐이다. 국가/사회 관계가 만들어 내는 개발도상국의 4가지 유형을 에반스는 [표 6.1]과 같이 정리하고 있다(Evans 1995: 12-18). 이 표에 따르면 '발전 국가'가 되기 위해서는 강한 국가에 반응하고 또한 견제하는 강한 사회가 반드시 필요하다.

[표 6.1] 개발도상국의 유형

	강한 국가	약한 국가
강한 사회	발전국가 (상승작용)	포획된 국가
약한 사회	약탈국가	붕괴된 국가

출처: Evans (1995: 12-18).

이 분류에 기초해 여기에서는 박정희 시대에 나타난 '강한 국가와 강한 사회' 사이의 '상승작용(synergy)'을 보다 구체적으로 살펴보고자 한다. 이를 통해 한국의 발전경로에서 나타난 두 가지 측면에 특히 주목하고자 한다. 첫째는, 이 책의 5장에서 이미 논의한 국가의 규범적 차원에 관한 분석을 진전시켜 관료가 공유한 가치 그리고 지도자의 지향에 대해 보다 깊이 있는 논의를 진행하는 과제다. 둘째는, 발전국가를 만들어내기 위해서는 왜 강하고 반응적인 사회가 필요한지를 논의하는 일이다.

제3세계 국가에서 강한 사회는 흔히 국가에 저항적이다. 그러나 한국의 사회는 대안적인 즉 국가에 적극적으로 협조하는 선택을 했다. 물론 보다 정확히 말하면 박정희 대한민국에서도 정치적 억압 및 그에 대한 반작용으로 격렬한 시위와 같은 국가와 사회의 갈등이 전혀 없었던 것은 아니다. 그러나 그러한 갈등에도 불구하고 국가의 주도적 역할은 사회의 다양한 집단으로부터 긍정적인 협조를 이끌어 내 결과적으로 성공적인 발전의 결실을 만들어 낼 수 있었다. 무엇 때문에 국가의 발전에 대한 노력을 사회가 뒷받침해 상승작용이 나타나게 되었는가? 이 문제에 대한 규명이 필요하다.

우선, 어떤 사회가 '강한' 사회이고 또한 '약한' 사회인가를 분명히 정의하기 위해서는 '사회자본(social capital)'[59]에 관한 논의로 돌아가지 않을 수 없다. 퍼트남은 "자발적 협력은 호혜성의 규범과 시민적 참여의 네트워크 등과 같은 사회자본이 충분히 축적된 공동체에서 더 쉽게 달성된다"고 주장한다(퍼트남 2006 [1993a]: 281 [169]). 따라서 공동체의 사회자본은 경제적이고 정치적인 발전을 이룩하는데 가장 결정적인 요소다. 공동체의 사회자본 없이 경제적이고 정치적인 제도 자체만으로 사회 구성원들의 적극적 참여와

59) 사회자본 개념에 대한 설명은 류석춘·장미혜·정병은·배영 (2003) 의 서장 참조. 일부에서는 '사회적 자본'이라 부르기도 한다.

협동을 이끌어 낼 수 없기 때문이다(Woolcock & Narayan, 2000). 그러므로 공동체에 사회자본이 많을 때 우리는 그 사회를 '강한 사회'라 부를 수 있고, 바로 그 강한 사회가 존재해야 강한 국가와 결합해 발전의 시너지를 만들 수 있다.

[표 6.2] 울콕의 사회자본 유형

	배태성	자율성
위에서 아래로: 국가	a. 상승작용: 국가/사회의 관계 (집단 외부)	b. 조직적 완전성: 제도적 응집력과 역량 (집단 내부)
아래서 위로: 사회집단	c. 통합성: 집단 내부 네트워크	d. 연계성: 집단 외부 네트워크

울콕(Woolcock 1998: 172 and 177)은 사회자본의 속성을 '배태성(embedddedness)'과 '자율성(autonomy)' 그리고 이를 다시 미시와 거시의 차원으로 각각 구분하여 [표 6.2]와 같이 사회자본의 형태를 정리한 바 있다. 그에 따르면 미시적 수준의 배태성은 공동체 내부에서 개인을 집단에 묶어주는 '통합성(integration)' (c)이며, 거시적 수준의 배태성은 국가와 사회 사이에 나타나는 '상승작용(synergy)' (a)이다. 또한 미시적 수준의 자율성은 공동체를 벗어나는 외부와의 '연계성(linkage)' (d)이고, 거시적 수준의 자율성은 국가 내부의 제도적 응집력과 역량이 사회에 대해 영향력을 유지하는 '조직적 완전성(organizational integrity)' (b)이다.

[그림 6.1]은 미시와 거시 그리고 집단 내부와 외부에 존재하는 사회자본이 시너지를 만들어 내는 관계를 보다 시각적으로 이해하기 쉽게 정리한 결과다. 미시적 차원에서는 마을과 기업이라는 두 가지 집단을 예로 들었고, 거시적 수준에서는 이들과 상호작용하는 국가가 존재한다. 이를 기초로 미시 및 거시, 그리고 내부 및 외부의 사회자본이 일반화된 호혜성의 맥락

에서 어떤 관계를 맺는지 종합적으로 정리해보자.

[그림 6.1] 강한 국가와 강한 사회의 시너지: 네 가지 사회자본의 관계

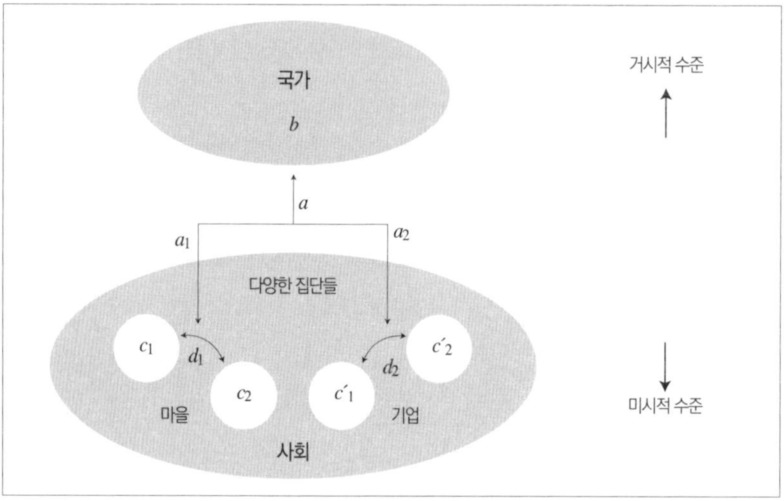

첫 번째로 거시적 차원의 집단 내부 사회자본, 즉 발전국가의 조직적 완전성을 앞에서와 마찬가지로 일반화된 호혜성의 관점에서 살펴보아야 한다(그림 6.1의 *b*). 제도적 수준에서 국가의 조직적 완전성은 관료 제도와 기구를 일관성 있게 구성할 수 있는 능력과 의지에 달려 있다. 그렇다면 한국의 발전국가는 어떤 규범에 기초해 응집력과 역량을 확립하고 이를 영속화시킬 수 있었는가? 이 질문은 국가기구의 제도적 배열 그리고 그 결과로 드러나는 국가기구의 권위적 형태 등과 같이 겉으로 드러나는 발전국가의 모습과는 전혀 다른 차원의 문제이다. 즉 발전국가를 내부적으로 추동한 도덕적 규범이 과연 있었는지, 만약 있었다면 그 규범의 실체는 무엇이며 또한 그것은 어떻게 국가의 조직적 완전성을 만들어낼 수 있었는지 등의 문제에

관한 관심이다. 다시 말해 한국 발전국가 내부 구성원들의 문화적이고 규범적인 지향이 무엇이었기에 다른 제3세계 국가들과 달리 한국의 국가는 부패와 무능에 포획되지 않고 발전을 향해 전진할 수 있었는가 하는 질문에 해답이 필요하다.

두 번째로 미시적 차원에서는 집단 내부의 통합성이 개인의 성취동기에 어떤 영향을 미치는지를 살펴보아야 한다(그림 6.1의 *c*). 예컨대 우리나라의 대표적인 비공식 관계라고 할 수 있는 혈연/지연/학연 등과 같은 다양한 연고 관계는 과연 일반화된 호혜성에 기초한 규범을 가지고 있는지, 그리고 만약 그렇다면 그러한 연고 집단의 규범이 개인에게 어떠한 내부적 긴장을 발생시키는지, 그리고 또한 개인은 그러한 긴장을 해결하기 위해 어떤 선택을 하는지 등의 문제가 관심의 초점이 된다. 나아가서 그와 같은 호혜성에 기초한 연고 집단의 규범이 내면화 된다면 그것은 과연 집단의 내부적 통합성을 높이는지 그리고 또한 그것이 어떻게 개인의 이익과 집단의 이익 사이의 갈등을 매개하고 있는지도 규명해보아야 한다.

마지막으로 강한 국가와 강한 사회 사이에 어떻게 발전의 시너지가 발생하는 지 살펴보고자 한다(그림 6.1의 *a*). 이 과정에서 우리는 특히 미시적 수준에 존재하는 집단들 간에 자원을 재분배하는 국가의 역할에 주목하고자 한다. 미시적 차원의 집단 간 관계는 기본적으로 경쟁적일 수밖에 없지만, 이를 매개하는 국가의 역할에 따라 그러한 경쟁이 비생산적인 방향으로 치닫거나 혹은 비도덕적 가족주의와 같은 저발전으로 귀결되지 않도록 관리될 수 있다. 발전을 향한 시너지를 만들어 내는 가장 중요한 요소는 '리더십' '경쟁과 보상' '참여'와 결정적 역할들이 일반화된 호혜성이라는 규범으로 뒷받침되어야 한다는 사실이다.

일반화된 호혜성에 기초한 국가의 재분배는 미시적 차원의 다양한 집단 사이에 경쟁에 기초한 이해관계의 추구를 뛰어 넘어 국가가 베푼 호혜성을 되갚아야 한다는 도덕적 의무감을 불어넣는다. 이 과정에서 국가는 특히 '전시적 의례(display rituals)'를 사용해 미시적 집단 간의 경쟁을 유도할 수 있다. 국가의 개입에 의해 매개된 미시적 집단 간의 경쟁 그 가운데서도 특히 지위 경쟁이야말로 역동적인 국가/사회관계를 만들어낸 원동력이었다.[60] 여기서는 이러한 과정의 예로 마을 간(그림 6.1의 d_1) 그리고 기업 간(그림 6.1의 d_2)의 관계를 매개한 국가의 역할(그림 6.1의 a_1, a_2)을 각각 살펴보기로 한다.

3. 박정희 시대의 강한 국가와 강한 사회

3.1. 강한 국가 만들기: 국가 내부의 일반화된 호혜성(그림 6.1의)

많은 학자들이 한국 발전국가의 특이성에 주목하면서 높은 국가 자율성 및 역량과 경제 발전 사이의 상관관계에 대해 연구하였다(Wade, 1990; Kim E M, 1997; Chibber, 2002; 이기준, 2005; 류석춘·왕혜숙, 2007). 이들은 특히 국가 관료제의 독립성과 자율성, 그리고 이를 뒷받침했던 제도의 응집성과 권위의 배열 문제에 초점을 맞추어왔다. 그러나 이들의 논의가 제도적 문제에 집중된 만큼, 국가를 구성하는 관료들이 공유하고 있던 규범적 지향이나 가치의 문제는 상대적으로 소홀히 다루었다. 거시적인 차원에서 관료제의 제도적 배열에만 관심을 기울이는 것은 결국 앞서 지적했듯이 공식적인 제도를 뒷받침하고 그것의 성공 여부를 결정하는 내부 구성원들 간의 인간관계 그리고 이를 중심으로 나타나는 국가 구성원의 규범과 같은 거시적 사회자

60) '전시적 의례' 및 '지위 경쟁' 등의 용어는 이 연구 과제의 수행을 위한 내부 토론회(2006년 1월)에서 최종렬에 의해 처음으로 사용되었다.

본의 역할을 간과하는 문제를 드러낸다.

또한 이러한 접근은 애초에 강한 국가의 형성이 가능했던 이유는 무엇인가를 설명하는 데에도 한계를 드러낸다. 예컨대 "강력한 정부가 관료적 자율성을 애당초 어떻게 획득했으며 뒤이어 다른 국가에서 흔히 일어나기 마련인 자기 극대화나 자기 이익만을 차리는 형태가 된 것이 아니라 개발을 목표로 곧바로 나아갈 수 있었던 이유가 무엇인가"라는 질문에 대답할 수 없다(김형아, 2005: 132). 실제로 대부분의 저발전 상황에 있는 강한 국가는 약한 사회에 대해 높은 자율성을 기반으로 자원을 사적으로 추출해 약탈국가로 전락하고 만다(Evans 1995). 대표적인 예가 북한이다.

그러므로 국가의 자율성이 크다는 사실 자체만 가지고 그것이 발전국가 혹은 약탈국가 어느 쪽으로 작용할지 결코 알 수 없다. 다른 조건과 결합할 때에만 그 결과를 알 수 있다. 그러한 조건 중의 하나가 국가 내부를 구성하는 관료집단 사이에 국가의 '조직성 완전성(organizational integrity)'을 확보할 수 있는 규율적 윤리가 존재하는 가의 여부이다. 또 다른 조건의 하나는 국가 외부에 다양하고 풍부한 사회자본을 가지고 국가에 적극적으로 반응할 수 있는 강한 사회가 존재하는 가의 여부이다.

많은 문헌들이 한국 발전국가의 특성을 '규율을 통한 지원'으로 꼽고 있다(Kim E M, 1997; Chibber, 2003; Shin & Chang, 2003; Davis, 2004; 류석춘·왕혜숙, 2007). 이러한 규율은 엄격한 능력주의 관료제도 및 이를 통해 성립된 관료집단 내부의 응집력을 통해 기업에 대한 길들이기 혹은 사회 영역에 대한 통제와 동원이라는 구체적인 모습으로 나타난다. 특히 박정희 한국의 경우 이러한 규율은 단순한 행정적 지침이나 제도적 장치의 수준을 넘어서, 위로부터 아래까지 모든 국가 관료들의 행동 규범으로 내면화되어 있었다.[61]

---

61) 이런 맥락에서 한국 관료 집단 내부의 규율은 단순히 위로부터 강제된 규율이라기보다는 규범이 자

그러나 이러한 시각은 여전히 왜 유독 한국, 그중에서도 특정 시기의 한국, 즉 박정희 시대에 이와 같은 현상이 나타났는지를 설명하는 데 어려움을 겪는다. 많은 경우 그것은 '식민지적 유산'(Kohli, 2004)이나 '유교적 전통'(Berger, 1988; Song, 1990; Clegg, Higgins, & Spibey, 1990; 류석춘, 1997a; 국민호, 1999) 때문이라고 치부되지만, 여전히 이러한 견해는 왜 하필 그것이 박정희 시대에 비로소 본격적으로 작동하였는지를 적절하게 설명하지 못한다. 그렇다면 박정희 시대 국가 관료의 이와 같은 규범은 어디에서부터 비롯된 것인가? 이 질문에 대한 대답을 데이비스(Davis, 2004)는 박정희 정부 내부의 관료 집단이 공유하고 있던 '농촌 중간계급 지향성'에서 발견한다.

1961년 쿠데타는 한국 역사상 최초로 상층이 아닌 중간계급, 특히 농촌 중간계급 출신이 국가권력의 핵심을 차지하는 계기가 되었다. 해외와의 연계 특히 미국과의 관계를 권력의 주된 거점으로 삼은 이승만과 달리, 박정희는 농촌 중간계급 출신이 대다수를 차지하고 있는 군부를 권력의 발판으로 삼았다(류석춘·이우영·장덕진, 2002). 장면 정부의 무능과 혼란을 부정하며 등장한 군사정권은 당시 곤경에 처해 있던 농민들에 대한 애정을 공개적으로 천명하면서, 도시보다는 농촌의 정서에 의지하여 쿠데타의 정당성을 호소하였다.

특히 박정희는 소규모 토지를 소유한 농민들의 자연스러운 부지런함과 규율적인 생활 태도를 당시 지주들이나 자본가들이 보여주고 있던 사치, 허영, 과소비, 부패를 대치할 수 있는 이상적인 가치로 여겼다. 농촌 중간계급은 근면하고, 자기 규율적이며, 자신의 소비를 자제할 뿐만 아니라, 저축

율적으로 내면화된 '규율적 에토스(disciplinary ethos)'라고 보아야 한다. 규율적 에토스란 개인이 생산 활동에 임하면서 스스로 부여하는 일정한 정도의 엄격성과 자기 통제를 말한다. 특히 데이비스는 이러한 형태의 규율적 에토스가 사회와 국가 모두에 확산되어 있어야 발전적 목표가 극대화될 수 있음을 지적하고 있다(Davis, 2004: 11).

을 통해 경제를 성장시킬 수 있는 생활 윤리를 가지고 있다고 믿었기 때문이다. 이와 같은 농촌 중간계급의 규율, 엄격, 근검과 같은 규범은 베버의 개신교 윤리와 유사한 측면을 가지고 있고, 또한 앞서 살펴본 효를 중심으로 한 유교 윤리의 수기치인(修己治人)과도 일맥상통하는 정신적·심리적 지향을 가진 것이기도 하다(Davis, 2004: 106).

박정희 정부의 이와 같은 규범적 지향은 그 유명한 '수출 지향 공업화' 정책을 추진한 동기에서도 확인할 수 있다. 이 정책은 수입을 통해 불필요한 사치를 즐기던 당시의 지배층, 즉 상업 부르주아나 지주계급의 소비를 억제하고, 대신 인구가 넘쳐나는 농업 부문에서 어려운 생활을 이어가고 있던 농민들에게 일자리를 만들어주기 위한 정책에 다름 아니다. 특히 박정희는 당시 농촌의 문제가 대부분 욕심이 지나친 금융기관과 고리대금업자들이 농촌의 가난을 이용해 자신들의 주머니를 채우고 있기 때문이라는 농민들의 인식을 공유했다. 박정희는 이와 같은 비도덕적인 자본가들의 행태를 바로 잡기 위해서는 보다 많은 자원을 국가가 직접적으로 통제하며, 도덕적 근면성을 실천하는 농민들이나 기타 소규모 자영업자들에게 국가가 자원을 재분배할 수 있어야 한다고 호소했다(Davis, 2004: 99).

건전한 국가 윤리를 확립하고 이를 기초로 국민적 여망인 경제 발전을 이룩하기 위하여 박정희는 다른 무엇보다 자립과 자조가 필수적인 덕목이라고 생각했으며, 이는 "근면, 절약, 검소"라는 농촌 중간계급의 규범을 받아들일 때 확립될 수 있는 것이라고 판단했다. 이러한 비전을 달성하기 위해 박정희는 농촌 중간계급의 '규율적 에토스'를 적극 활용하였다. 농촌 중간계급의 규율적 에토스는 박정희에 의해 자본가와 지주계급은 말할 것도 없고 노동계급을 포함한 국민 모두가 따라야 하는 도덕적 지침으로 격상되었다. 특히 박정희는 다른 무엇보다도 규율적 에토스를 솔선수범의 차원에서 국가의 관료들에게 가장 엄격하게 요구했다(Davis, 2004: 97).

박정희의 이러한 규범적 지향은 국민들 사이에 상당한 공감을 불러 일으켰다. 이제 관료들은 스스로를 국가와 민족 공동체의 이익을 위한 도구로서 규율하지 않을 수 없었다. 관료집단은 모두 스스로에 대한 규율의 가장 큰 목적이 경제발전을 통해 국력을 증대시키는 것이라는 공통된 신념을 갖게 되었다. 물론 여기에는 국가 공동체 전체의 이익에 대한 헌신과 규율의 실천은 관료 각각의 개인과 가족에게도 안정과 번영을 가져다줄 것이라는 믿음이 자리 잡고 있었다(김성진 1994, 2006; 김정렴 1997, 2006). 결국 이들은 모두 국가가 번영해야 개인도 번영한다는 국가주의적 입장을 공유하고 있는 셈이었다(김형아, 2005).[62] 이러한 신념의 근원에는 말할 것도 없이 자신의 이익보다는 더 큰 국가 공동체의 이익을 우선적으로 생각하는 일반화된 호혜성의 규범 그리고 이를 뒷받침하는 완성적인 동기가 자리 잡고 있음은 물론이다. 이는 앞서 미시적 집단 내부의 사회자본 분석에서 발견되던 일반화된 호혜성의 규범이 거시적인 국가 내부에도 마찬가지로 자리 잡고 있음을 보여주는 대목이다.

이들에게 있어서 규율이 없는 방종이나 무능력은 곧 국가에 대한 헌신이 부족한 것이었고, 이는 도덕적 처벌의 대상이 되는 것을 의미하였다. 그렇기 때문에 국가에 대한 자신의 헌신을 드러내기 위해서 관료들은 근면, 절약, 검소 등의 금욕적 태도만이 아니라, 보다 적극적으로 스스로의 능력과 이를 기반으로 한 실질적 업적을 보여주어야 했다. 이는 발전국가 시기 내내 지속적으로 이루어졌던 관료제도 개혁에서 매우 잘 드러난다.[63] 관료 개

62) 21쪽의 각주 7번에서 언급한 정주영의 발언 참고.

63) 박정희는 관료적 행정력이 국가 재건을 달성하는 데뿐만 아니라 자신의 정치적 지도력을 강화하는 데에도 매우 효율적인 수단이라고 확신하고 있었다(Davis, 2004: 106)

혁은 철저한 능력주의적 기술 관료의 충원과 무능력한 관료의 퇴출이라는 두 가지 측면에서 동시에 추진되었다.[64] 동시에 훈장 및 포상 등과 같은 방식으로 관료들의 업적을 보상하는 다양한 방법도 도입되었다.[65]

말할 것도 없이 이러한 관료 개혁은 철저히 능력과 업적이라는 준거에 의한 것이었다. 이를 통해 관료 집단은 규율을 내면화시킴과 동시에 높은 통합성을 확보할 수 있었다. 규율에 대한 신념은 발전국가 내부의 관료들 간에 일반화된 호혜성에 기초한 상호 신뢰를 가져왔고, 국가는 이를 기초로 높은 응집력을 행사하며 국가 역량을 신장시킬 수 있었다. 그 결과 관료

64) 국가재건최고회의는 1961년 10월 광범위한 행정 개혁을 단행하였다. 1961년 상공부 조직을 살펴보면 6·25 전쟁 이후 한국의 관료조직이 공업 발전을 이끌어가기에는 역부족이었다는 사실을 알 수 있다. 부처 내 대부분의 주요 직위는 행정 직원들이 차지하고 있었고 기술 전문가들은 제도적으로 밀려나는 상황이었다. 이러한 상황을 타파하기 위해 5·16 혁명정부는 상공부의 철저한 구조 개혁에 착수했다. 국가기구들은 우수한 능력의 기술 전문가, 즉 테크노크라트들과 젊은 엘리트 기술자들 그리고 연관된 분야 특히 상업이나 경제 분야의 전문가로 채워졌다. 이 과정에서 전체 공무원 24만 명 중 6분의 1이 해고되었다. 능력주의에 대한 엄격한 요구는 초기 경제기획원 장관의 잦은 교체에서도 드러난다. 경제기획원이 설립된 1961년 7월부터 1964년 5월까지 3년도 안 되는 기간 동안 일곱 차례나 경제기획원 장관이 교체되었다. 이는 관료의 무능력은 곧 즉각적인 퇴출의 대상이었음을 말해준다. 또한 1963년 공무원의 승진이 연공서열이 아니라 능력에 따라 이루어져야 한다는 것을 골자로 하는 국가공무원법을 시행하는데, 이는 한국에서 능력주의 관료제의 시작을 의미하는 것으로 평가된다(김일영, 2004). 충원 과정에서 나타나는 관료제의 엘리트적 특성은 기술 관료적 능력에 따른 보상의 차별화 제도와 결합하여 더욱 강화되었고, 이는 관료제 내부의 결속을 더욱 높이는 기능을 하였다. 특히 유신 기간에 행해진 '서정쇄신'이라는 관료 개혁은 능력과 업적에 터한 엄정한 평가 외에도 공동체적 책임을 강조하여 내부 통합력 강화를 이루었다. 서정쇄신 프로그램 하에 정부는 소위 '계열 연대 책임제'와 '쌍벌제'를 도입했다. '계열 연대 책임제'란 공동 책임제로서 관련 공무원은 물론 그 상사까지도 함께 책임을 지는 제도였다. 이 제도 아래 1975년부터 1978년까지 3년의 기간 동안 1만 7,562명의 공무원들이 공동으로 처벌을 받았다. 전체적으로 공공 업무를 맡았던 11만 9,000명이 징계를 받았다. 이와 더불어 고도의 기술과 자격을 요하는 선별과정을 통해 선택된 집단에 속해있다는 사실은 관료들 간의 특정한 동질적 문화를 형성하고 이는 다시 국가 응집력을 신장시키는 효과를 가져왔다(Chibber, 2003: 20).

65) 1976~77년에 총 15만 9,726명이 이 같은 포상을 받았다. 이는 당시 내무부 자료에 따르면 1978년 3월 말 전체 공무원(51만 9,000명)의 30.8%에 달하는 수치였다(김형아, 2005: 256).

들은 개인적 부정부패가 아니라, 국가적 차원의 경제 발전이라는 공동의 목표를 공유하는 사회자본을 실천하는 집단이 될 수 있었다.

그렇다면 이러한 규범을 공유하고 서로 높은 결속력을 강화시켜 나간 국가는 어떻게 시장에 개입하고 사회를 동원하였는가? 그리고 그 결과 '약한 사회에 기반한 강한 약탈 국가'가 아닌 '강한 사회에 기반한 강한 발전국가'가 어떻게 가능하게 되었는가? 강한 통합성이라는 사회자본을 지닌 거시적 집단과 미시적 집단, 두 집단 간에 어떠한 상호작용이 있었기에 시너지를 생성하고 발전을 향한 제도적 완성으로 이어지게 되었는지를 다음 절에서 살펴보기로 한다.

3.2. 강한 사회의 잠재력: 미시적 집단 내부의 일반화된 호혜성(그림 6.1의 c)

한국의 성공에 관한 대부분의 연구는 제도의 역할 그리고 공식 부문의 역할을 강조해 왔다. 그러나 위로부터 일방적으로 전개되는 발전의 전략은 아래 즉 사회로부터의 적절한 반응을 이끌어 내지 못하면 실패할 수밖에 없다(Leys, 1996). 특히 최근 진행되고 있는 사회자본에 관한 연구를 통해 경제발전 그리고 정치발전에 사회 영역이 매우 중요한 역할을 제공하고 있음이 분명히 드러나고 있다(Putnam, 1993a; Platteau 1994a, 1994b; Portes 1998; Woolcock 1998).

한국 사회의 가장 특징적인 모습은 공식/비공식 그리고 국가/비국가 영역을 가리지 않고 거미줄처럼 얽혀있는 연고관계의 존재다. 이 책의 2장과 3장에서 자세히 논의했듯이 이러한 관계는 대부분 혈연·지연·학연과 같이 1차 집단에 기초한 정서적 연결망이다. 정서적 연결망은 한국 사회의 미시적 차원에 뿌리 깊게 남아있고, "개인이 단독으로 행동할 때 얻을 수 있는 반대급부보다 더 큰 반대급부를 얻을 수 있는 집합행동을 가능하도록 만들어 준다"(Warren, 2008: 125).

이 책의 2장에서 살펴보았듯이 한국 사회의 정서적 연결망 중에서도 가장 대표적인 연결망인 가족 연결망은 경제발전에 엄청난 기여를 했다. 한국의 모든 가족은 유교적 가치인 '효'를 추구했다. 이 효가 가지고 있는 종교적 특성 즉 기억과 재현의 사회심리학은 조상숭배 그리고 자식교육이라는 전시적 의례를 통해 물질적인 제도화를 요구한다. 한국의 모든 가족은 '누가 더 잘 기억하고 누가 더 잘 재현하는가'를 보여주는 경쟁을 피할 수 없었다. 그러기 위해서는 경제적 성공이 필요했다. '효'라는 유교 가치가 의도한 결과는 아니었지만 이 도덕적 동기야말로 경제적 성공으로부터 제사 및 교육에서의 전시적 과시를 이끌어 내는 근본 동력이었다.

'효'라는 규범을 공유한 가족 공동체 속의 개인은 조상에 대한 기억과 재현이라는 도덕적 의무와 그 구체적 실천인 효의 객관화 과정을 자신의 소명으로 받아들여 사적 이익이 아닌 소속 공동체 전체의 이익을 위해 기여해야 한다는 일반화된 호혜성을 행동의 준거로 삼지 않을 수 없다. 일반화된 호혜성은 경제적 이익을 추구하는 행위의 세속성을 도덕적으로 합리화시키며, 이는 자신의 세속적(경제적) 행위로 인해 발생하는 내적 긴장을 보다 큰 맥락, 즉 공동체 차원에서 해소해주는 역할을 한다. 그 결과 동기와 수단의 차원에서 효의 실천은 의도하지 않은 결과로서 부의 축적이라는 기능을 담당한다. 자신이 이룩한 경제적 성취는 개인이 취할 수 있는 사적 이익이 아니라, 공동체 성원 모두에게 베풀어져야 한다. 그렇기에 축적된 부는 나의 소비를 위해서 사용되어질 수 없으며, 나의 형제자매 그리고 나의 후대들에게 베풀어져야 하는 것이다.[66]

66) 이러한 집합적 재현의 압력은 친족 공동체 내부에서 복지의 기능을 가능하게 하는 요소로도 지적되

이는 청교도들이 자신의 부의 축적을 현세에서의 자신의 부귀영화를 위한 것이 아니라, 신의 영광을 현세에 재현하는 수단으로 또한 자신은 그 위대한 신의 뜻을 실천하는 신의 도구로서 인식하였다는 맥락과 매우 유사하다. 개신교 윤리에서 부는 검약의 결과다. 즉 신의 섭리에 따라 충실히 살았기 때문에 생긴 의도하지 않은 결과이다. 이와 마찬가지로 한국 사회에서의 부 역시 조상을 더 잘 기억하고 더 잘 재현해야 한다는 도덕적 의무에 따라 충실히 살았기 때문에 생긴 의도하지 않은 결과이며, 사적 이익을 위해서가 아닌 공동체 전체의 전유를 위해 검약한 결과이다.

한국 사회의 미시적 차원에 존재하는 종친회, 향우회, 어촌계와 같이 혈연·지연·학연에 기초한 다른 연고 집단에 관한 연구 결과 또한 가족 공동체와 같은 내적 동기 부여가 이루어지고 있음을 밝히고 있다(류석춘 외, 2008). 이 책에는 이러한 동기부여의 구체적 국면들이 생생하게 드러난다. 종친회,[67] 향우회,[68] 어촌계[69] 등에 관한 면접 조사에서 취재원들의 서사에 공통적으로 나타나는 부분은 자기 자신의 영달이 아닌 집단 전체의 이익을 위한 헌신의 부분이다. 또한 집단의 이익을 위해 자기 자신을 지저분하고 궂은일을 하는 수단으로 인식한다.

위에서 예로 든 세 집단 모두에서 도덕적 의무감의 공유는 집단 내의 공통의 규범을 내면화해가면서 집단의 통합성을 높이는 과정으로 이어진다.

고 있다(류석춘·장미혜·김태은, 2002: 144; 류석춘·최우영·왕혜숙, 2005).

67) 면접이 이루어진 종친회는 선산(善山) 유씨(柳氏) 문절공파(文節公派) 종친회로, 미암(眉巖) 유희춘(柳希春)이 대표적인 현조(顯祖)이다(최우영, 2006a). 미암 유희춘은 사헌부 대사헌, 홍문관 부제학 등의 벼슬을 지낸 조선 중기의 대표적 선비이며, 1567년부터 11년간 조선 시대 양반 가정의 일상생활을 사실대로 기록한 『미암일기(眉巖日記)』의 저자이다(정창권, 2003).

68) 면접이 이루어진 향우회는 재경안동향우회이다(정병은, 2007).

69) 면접이 이루어진 어촌계는 울산 주전동(朱田洞) 어촌계이다(최종렬·황보명화·정병은, 2006).

또한 내면화된 규범은 집단의 이익과 개인의 이익이 다르지 않다는 믿음을 통해 내부 긴장을 해소하는 기능을 수행한다. 그렇다면 이러한 집단의 통합성이 어떻게 경제 발전으로 이어지는가. 개인의 이익을 장기적으로 증진시키는 방법은 자신이 활용할 수 있는 개인적 자본은 물론 자신이 소속된 집단의 공공재를 파괴하지 않는 것이다.[70] 위의 각 집단들이 보여주는 높은 통합성과 공동 이익에 대한 헌신은 개인의 이기심을 억제시켜 단기적으로는 개인 이익의 희생을 요구하는 듯하다. 그러나 장기적으로는 전혀 그렇지 아니하다. 오히려 개인의 단기적인 계산 합리성에 의해 공공재가 파괴될 수 있는 위험을 미연에 방지한다.

공통의 도덕적 규범에 의해 증대된 집단의 통합성은, 개인에게 경제적 이해관계를 우선적으로 고려하지 않도록 계속적으로 압력을 가하여, 경우에 따라서는 자기 행동의 기준이 되는 스스로의 이해관계를 무시하도록까지 유도한다. 이러한 과정은 높은 일반화된 호혜성의 규범에 의해 자신의 이익을 위한 것이 아닌 타인의 그리고 공동체 전체의 이익을 위한 행위를 하도록 요구하며, 그것이 또한 궁극적으로는 자신의 이익과도 일치할 것이라고 믿도록 만든다는 사실이다. 결국 개인의 이기심을 억제하여, 공동체 전체의 이익이 개인에게도 이익이 된다는 도덕적 의무감을 실천하지 않을 수 없도록 한다. 이러한 호혜적 실천은 공동체 전체의 이익을 향하는 동시에, 궁극적으로 의도하지 않은 결과로서 사적 이익의 장기적 극대화도 가져온다.

일반화된 호혜성에 기초한 이러한 도덕적 규범은 개인적 이익과 집단적

---

70) 이는 공유지의 비극의 문제를 해결하는데 있어서 오스트롬(Ostrom, 1990)이 시장과 국가의 대안으로 제사하고 있는 CPR(Common Property Regime)과 흡사하다.

이익의 상충을 해결하는 시민사회의 공론장 기능을 했다고 볼 수 있다.[71)]더 정확히 말하면 개인적 이익과 집단적 선(善)의 상충이 일어날 수 있는 상황을 미연에 방지하는데, 이는 이익에 관한 계산 자체에 무관심하도록 하는 도덕적 규범에 의해서다. 동일한 규범을 공유하는 공동체는 개인에게 규범의 실천을 위한 여러 가지 압력을 행사한다. 계승적, 발전적, 집합적 압력이 대표적인 모습이며 이는 일반화된 호혜성의 규범으로 나타난다. 강한 일반화된 호혜성의 규범은 자신의 이익이 아닌 타인과 공동체의 이익에 대한 헌신을 요구하며, 이는 역설적이게도 공공재의 보존을 통해 의도하지 않은 결과로서 개인의 이익을 보장하기도 한다.

4. 강한 국가와 강한 사회: '일반화된 호혜성'을 통한 발전의 시너지

강한 국가와 강한 사회가 시너지를 만들어 내는 가장 근본적 요소는 '일반화된 호혜성'이라는 규범이다. 여기서 '일반화된(generalized)'이라는 용어는 인류학에서 많이 쓰이는 방식과 같이 호혜성(reciprocity)을 베푸는데 아무런 조건이 없음을 강조하기 위해 사용하는 용어다. 경제학에서는 '호혜성(reciprocity)'이라는 용어를 특정한 교환의 조건 즉 두 당사자 간에 이루어지는 교환의 가치가 동등하고 또 동시에 이루어진다는 조건을 충족할 때 사용한다.[72)] 그러나 교환은 항상 이와 같은 형태로 이루어지지 않는다. 모스가 지적한 대로 교환은 교환의 대상이 가지는 가치가 대칭적이지 않은 경우가 많고 또한 교환의 대상을 주고받는 시점이 달라 지체된 상태로 발

71) 시민사회는 가족과 국가 사이에 존재하는 광범위한 제도 집단을 뜻하며, 시민사회 내부와 시민사회를 통해서 공론장은 필요한 경우에, "개인적 이익과 사회적 선의 상충되는 요구를 조정하려고 시도한다"(Woolcock, 1998: 207).

72) 살린스(Sahlins 1972)는 이를 '균형잡힌 호혜성(balanced reciprocity)'이라 부른다.

생하는 경우도 많다(Mauss 1990[1925]). 특히 잘 통합되어 있는 공동체 내에서 교환이 발생하는 경우에 더욱 그렇다. 이와 같은 호혜성의 특징을 연구한 학자들은 '일반화된 호혜성'의 규범을 주어진 네트워크나 공동체 안에서 '일반화된 타자(others in general)'와 주고 받으면서 또한 비동시적으로 이루어지는 거래에 적용할 수 있는 개념이라고 설명한다(Sahlins, 1972). 이들은 그래야 그 집단이 높은 통합성을 유지할 수 있다는 설명도 빼놓지 않는다.

박정희 시대에 나타난 발전을 향한 강한 국가와 강한 사회의 시너지를 분석하기 위해서는 이와 같은 '일반화된 호혜성' 개념에 대한 이해가 필수적이다. 그러나 이 용어를 쓴다고 하여 박정희 시대의 발전을 원시적인 혹은 인류학적인 분석의 대상으로 격하시키려는 의도는 전혀 없다. 그렇게 하는 목적은 시장의 합리성만으로 설명할 수 없는 박정희 시대 발전의 역동성에 숨어 있는 규범적 동기의 측면을 부각시키기 위해서다. 이 책의 5장에서 살펴본 데로 박정희 시대의 국가는 사적인 지대추구를 위해서가 아니라 조국의 발전을 위해 사회를 규율했다. 이에 더해 국가는 경쟁을 부추겨 더 잘하는 집단에 보다 많은 보상을 주기 위해 재분배 정책을 활용했다. 그 결과 미시적 수준에 존재하는 수많은 집단이 자신의 자원을 최대한 동원하면서 국가주도의 정책과 제안에 적극적으로 통합되었다. 강한 국가와 강한 사회가 일반화된 호혜성을 통해 발전을 위한 시너지를 만들어 낸 구체적인 두 사례를 분석한다. 다름 아닌 농촌 마을을 대상으로 한 '새마을 운동' 그리고 기업에 대해 시행한 '수출지향적 산업화 정책'이다.

4.1. 마을 간의 경쟁과 국가의 재분배: 새마을운동(그림 6.1의 *a1*과 *d2*)

1970년대의 출발과 함께 박정희 대통령은 농촌 근대화 운동의 한 방편으로 새마을운동을 제안하고 헌신적으로 추진했다. 새마을 운동 혹은 새마을 프로그램은 농촌의 주민들이 생활환경을 개선하고 소득을 증대시키기 위해 마을 단위로 필요한 과제를 스스로 선정하고 정부가 이를 지원하는 형식으로 출범한 매우 조직적인 운동이었다. 이 운동은 전국의 모든 마을이 빠짐없이 참여하도록 지방행정을 담당하고 있던 도 및 군 단위의 관료조직이 특히 적극적으로 개입했다. 초기에는 마을의 도로나 다리를 개선하고 초가지붕을 함석지붕으로 개량하는 등의 실용적인 과제를 중심으로 진행되었으나, 운동이 본격적으로 진행되면서 정부는 기본적인 운동의 원칙으로 '근면, 자조, 협동'이라는 가치를 내세웠다(김성동 2002).

이 운동에 관해서는 두 가지 상반된 평가가 존재한다. 하나는 국가의 강압적인 동원일 뿐이라는 평가(Han S. J., 1981; 박진도·한도현 1999) 그리고 다른 하나는 합리적 농민이 자발적으로 참여한 운동이라는 평가다(Brandt, 1971; Ho Y. I. & Kim B. H., 1981; 박진환 1987; 브란트 1980). 그러나 이 두 견해는 모두 사실을 호도하는 측면이 없지 않다. 왜냐하면 농촌 마을 간의 도덕적 경쟁이라는 측면을 고려하지 않기 때문이다. 국가가 이 운동을 주도한 것은 틀림없는 사실이다. 그러나 농촌의 마을의 주민들이 이 운동에 적극적으로 참여하도록 만든 것은 단순히 국가가 제공한 경제적 유인이나 보상 때문이 아니라, 마을 주민들 사이에 존재하던 내부의 인적 네트워크 그리고 그 네트워크에 내장된 도덕적 가치 때문이었다. 2013년 2월 선출된 대통령으로 취임해 2017년 3월 헌재의 탄핵 인용으로 파면된 박정희 대통령의 장녀 박근혜는 중국 공산당학교 특강에서 새마을운동의 성공 요인으로 '리더십, 경쟁과 인센티브, 그리고 주민의 참여'를 꼽았다(박근혜, 2006). 이 세 가지 요인이 어떻게 새마을 운동의 성공을 가져 왔는지 살펴보도록 한다.

우선 리더십 부분부터 검토한다. 새마을 운동에 대한 박정희 대통령의 주도적 역할 그리고 그에 대한 관료들의 지향은 농촌 중간계급 규범에 배태되어 있었다. 물론 박정희 대통령의 역할이 보다 광범한 국민들로부터 지지를 얻기 위한 정치적 이해관계에서 완전히 분리된 선택이라고 말할 수는 없다. 그러나 지도자와 관료들의 공유된 규범 즉 농촌 중간계급의 아들이라는 지향이 농촌의 발전에 우선순위를 두게 한 것은 틀림없는 사실이다(Davis, 2004: 86~87). 동시에 농촌의 가난을 벗어나기 위해서는 주민 스스로 노력해야 한다는 규율 또한 항상 강조하였다. 박정희는 스스로 노력하고 규율하지 않는 사람에게 국가의 자원을 지원하는 자원의 낭비일 뿐이었다(박근혜 2006). 국가가 주도한 운동이었지만 지도자 박정희는 국가의 강압으로만 시행하는 운동은 결국 실패한다는 사실을 너무나 잘 알고 있었다. 그래서 그는 주민의 자발적 참여가 운동의 성공여부를 결정짓는 가장 중요한 핵심 포인트라고 생각했다. 바로 이러한 이유로 박정희는 이 운동에 매우 독특한 인센티브 구조를 마련했다.

운동을 시작하면서 국가는 농촌의 마을간 경쟁을 유도했다. 정부는 전국의 모든 마을에 같은 양의 자원 예컨대 동일한 양의 시멘트와 철근을 제공하고 마을 사정에 따라 스스로 선택한 사업에 활용하도록 권장했다. 마을마다 결과는 천차만별이었다. 주민의 자발적 참여가 활성화된 마을일수록 사업의 결과가 좋았음은 물론이다. 다음 단계에서 국가는 성과가 좋은 마을에 보다 많은 자원을 제공함은 물론, 그 구체적인 성과를 전국적으로 홍보하여 해당 마을 주민들이 자부심을 느끼고 다른 마을 주민에 대해 도덕적 성취감을 가지도록 만들었다. 이러한 방식으로 국가는 마을 간의 경쟁을 관리하고 중재하면서 운동이 활성화되도록 결정적 역할을 했다. 재분배 정책을 이같이 제도화한 결과 마을 간의 경쟁이 활성화되는 동시에, 각각의 마을에서는 경쟁에서 지지 않기 위한 내부의 협동 또한 최대한으로 활성화 될 수 있었다.

주민의 자발적 참여 또한 이 운동의 성공에 결정적 역할을 했다. 물론 참여와 동원은 경제적 혹은 강제적 수단에 의한 것이 아니라 일반화된 호혜성의 규범에 따른 것이었다. 앞서 설명했듯이 국가가 개인 단위가 아닌 마을 단위의 경쟁을 도입한 까닭에 마을의 주민들은 협동을 하지 않을 수 없었다. 또한 당시의 사회경제적 여건을 고려했을 때 마을 주민 개개인이 마을의 경계를 넘어서는 외부와의 연계를 많이 가질 수는 없는 상황이었다. 이 역시 마을 내부를 통합시켜 마을 외부와의 경쟁을 강화하는 역할을 제공했음에 틀림없다. 했다. 물론 이 과정에서 작동한 일반화된 호혜성의 규범은 집합행동에 대해 개별 농민들 사이에 발생할 수 있는 갈등을 완화시키고 공공선을 만들어 내는데 기여했다(Woolcock 1998: 190).

그렇다면 기회주의적 행동은 어떻게 해결되었나? 일반화된 호혜성의 규범은 사적 이해관계와 공적 이해관계의 경계를 모호하게 만든다(Woolcock 1998: 161). 따라서 마을의 주민들은 결과적으로 자신의 개인적 이해관계를 떠나 행동하면서, 주고받는 것을 정확하게 계산하여 일치시키는 시장에서의 교환과 같은 '균형 잡힌 호혜성'에 따른 행동을 배격하게 된다. 왜냐하면 그것은 규범과 도덕에 기초한 행동을 위협 혹은 세속화시켜 오로지 이해관계만을 따지는 이기적인 모습으로 비춰지지 때문이다. 내 것과 네 것을 구별하고, 비용과 편익을 계산하는 경제적 행동은 주민들 사이의 차이와 경계를 부각시켜, 집단 내부의 통합을 저하시키는 결과를 가져올 뿐이다.

마지막으로 정서적 연결망에 기초해 마을 내부에 자리 잡고 있는 일반화된 호혜성의 규범은 마을 내부의 자원을 동원하는데 주민들 사이의 갈등을 만들어 내지도 않았으며 또한 국가로부터 지원받은 자원이 마을의 가장 낮은 바닥으로 내려가도록 만들었다. 일부 주민이 마을 위해 자신이 소유한 토지마저도 기꺼이 희사한 경우가 이런 모습을 보여주는 대표적인 사례다(내무부, 1980). 더구나 [표 6.3]이 보여주듯이 운동에 필요한 재원의 과반 혹은 그 이상이 국가의 지원이 아니라 마을 자체로부터 조달되었다. 일반화된 호혜성에 기초한 주민의 자발적인 협동과는 참여가 이 운동의 가장 핵심적인 모습이었다. 박정희 대통령 본인에 의해 우리 농촌의 후진성의 원인이라 비난받던 '비합리적인 농민(irrational peasants)'의 규범과 가치가 근대화를 위한 새마을 운동의 성공을 만들어낸 가장 중요한 요인이란 사실은 정말이지 역설적이다. 일반화된 호혜성의 규범이야말로 비합리적인 농민을 합리적인 농민으로 변화시킨 동력이었다.

[표 6.3] 새마을운동의 재원.

(단위: 억원)

연도	자체조달 (%)	정부 지원				합계 (%)
		중앙정부	지방정부	기타	합계	
1971	81 (66.4)	27	14		41 (33.6)	122 (100)
1972	280 (89.5)	20	13		33 (10.5)	313 (100)
1973	769 (78.2)	125	90		215 (21.8)	984 (100)
1974	1,020 (76.8)	121	173	14	308 (23.2)	1,328 (100)
1975	1,306 (44.1)	666	579	408	1,653 (55.9)	2,959 (100)
1976	1,575 (48.8)	484	396	771	1,651 (51.2)	3,226 (100)
1977	2,205 (47.3)	599	723	1,138	2,460 (52.7)	4,665 (100)
1978	2,958 (46.6)	654	773	1,957	3,384 (53.4)	6,342 (100)
1979	3,330 (43.9)	1,258	1,010	1,984	4,252 (56.1)	7,582 (100)

출처: 내무부, 1980: 18.

이처럼 국가는 사회 영역에 존재하는 다양한 형태의 집단이 스스로의 사회자본을 효과적으로 활용하도록 유도하여 경쟁을 제도화하고, 그 결과가 거시적인 경제 발전으로 이어질 수 있도록 중앙의 자원을 차별적으로 재분배하는 역할을 담당하였다. 이는 결국 앞의 [그림 6.1]에서 보았던 미시적 집단 내부의 일반화된 호혜성에 기초한 사회자본이 국가의 제도적 개입으로 상승효과를 발휘하여 결국에는 사회의 전반적인 발전으로 귀결되고 있음을 말해준다. 다시 말해 한국의 근대화 과정과 경제 발전은 국가의 재분배 메커니즘과 사회의 일반화된 호혜성 메커니즘이 상호 결합해 만들어낸 시너지의 결과라고 보아야 한다.[73)]

4.2. 기업 간의 경쟁과 국가의 재분배: 수출 및 산업 정책(그림 6.1의 a_2와 d_2)

국가의 경제개입에 회의적인 학자들은 산업정책이 시장을 왜곡하고, 기술적으로 관리하기 어렵고, 이해집단에 포획되어 부패에 취약하다고 주장한다(World Bank 1991). 이들이 지적하는 현상은 '후원/수혜 관계(patron-client relations)', 특혜주의(favoritism), 측근주의(cronyism) 등의 이름으로 저개발국가에서 광범위하게 나타나는 현상이기도 하다. 그렇다면 한국의 국가와 기업 간에는 그런 관계가 없었는가? 있었다면 왜 전혀 다른 결과를 가져왔는가? 만약 박정희 시대 한국에서 부패가 심각했다고 주장한다면, 왜 그러한 부패가 저발전이 아닌 발전과 공존하게 되었는지를 설명할 수 있어야 한다. 이 수수께끼 역시 새마을운동의 성공을 설명하는 논리로 국가의 산업정책을 설명하면 이해가 가능하다. 앞서와 마찬가지로 '리더십, 경쟁과 인센티브, 그리고 기업의 참여' 이 세 가지가 중요하다.

우선 산업정책에 관한 '리더십'은 박정희와 군의 동료들이 농촌 중간계급의 아들로서 어떻게 이승만 시대부터 지배적이던 도시 및 상업 기반의

73) 폴라니는 경제의 통합 형식을 호혜성(reciprocity), 재분배(redistribution), 교환(exchange)으로 나눈다(Polanyi, 1957).

기득권과 싸워 나갔는지를 이해할 필요가 있다(Davis 2004: 87). 박정희는 "농촌의 저발전 문제는 이승만 시대 수입대체 산업화를 주도한 기업가는 물론이고 은행을 포함해 농촌에서 농민들은 굶어 죽어나가고 국가는 고통받게 됨에도 불구하고 고리대금업으로 주머니를 채운 탐욕스러운 자본가의 과시적이고 사려 분별없고 통제가 불가능한 소비욕으로부터 비롯된다"고 생각했다(Davis 2004: 97). 바로 이 대목이 왜 박정희가 자신의 집권과 함께 1963년 '부정축재처리법'을 시행한 것에서 드러나듯이 고리대금업에 기반한 자본가들을 규율하기 시작했는지를 알 수 있게 해준다. 박정희 정권은 "부정한 방법으로 부를 축적한 죄로 잘나가는 기업인들을 감옥으로 보낸 다음 나중에 '기업보국'을 약속받고 석방했다"(Chang H. J. 2006: 97).

시장을 규율하기 위해 국가는 새마을운동과 같은 방식의 '경쟁과 인센티브'를 전략을 활용했다. 국가는 인센티브로 수출보조금 제도를 시행했다(Amsden 1989; Chang H.J., 2006). 수출 기업에 대한 저리의 융자, 수출에 필요한 수입 관세 면제, 국내자원 활용 수출업자에 대한 탄력적 회계 등이 활용되었다. 해외시장에 관한 정보는 국가가 투자한 공기업인 대한무역공사(KOTRA)가 수집 및 분석해 주었고, 경우에 따라서는 외교부가 이를 직접 맡아 해결해 주기도 했다.

그러나 이 책의 5장에서 설명했듯이 그러한 지원이 경제의 모든 영역이나 부문에 제공되었던 것은 아니다. 국가가 목표로 삼은 영역에서 활동하는 기업에만 그러한 특혜가 제공되었다. 또한 그러한 지원을 받은 기업은 반드시 해외시장에서의 경쟁력을 보여주어야 했다. 지원을 받은 기업 특히 재벌에 대해 국가는 시장에서의 성과를 기준으로 주기적인 평가를 실시해 수혜기업이 밑으로부터의 경쟁력을 확보하고 있는지 확인했다. 만약 그렇지 못한 기업에 있으면 시장에서 퇴출되었다. 국가의 감독 하에 이루어진 경쟁이 시장의 경쟁보다 결코 말랑말랑하지 않았다. 이 책의 5장에서 보여 주었던 1950년대부터 1970년대까지의 10대 재벌의 순위가 극심하게 유동적인 상황이 이를 잘 드러내 준다([표 5.2]).

기업 혹은 재벌 사이의 부과된 경쟁의 틀에 더해, 국가는 특히 경제를 도덕적으로 규율하는 전략을 사용했다. 도덕적 규율을 보여주는 가장 대표적 사례가 5·16 직후의 부정축재자 처리과정이다. 박 정권은 1961년 6월 14일 '부정축재처리법'을 공포하고, 국가재건최고회의는 51명의 주요 기업인을 '부정 축재' 혐의로 체포한다. 그러나 체포되었던 주요 기업인들은 "정부가 국가 건설을 위해 요구할 시에는 재산 전부를 기부하겠다"는 동의서를 쓴 뒤 풀려났다.[74] 즉각적인 처벌이나 부정 축재 재산의 몰수 등은 이루어지지 않았지만, 그들은 국가에 대한 부채감과 '국가에 대한 봉사'라는 도덕적 의무감을 부여 받았다(김형아, 2005: 142).

부정 축재자 처리 과정은 국가가 전시적으로 일반화된 호혜성을 베푼 대표적인 모습이었다. 부정 축재자들을 처벌 없이 방면한 것은 물론이고, 이후 국가에 대한 봉사를 적극적으로 실천하는 기업들에 대해서는 특혜의 제공과 같은 자원의 재분배를 적극적으로 제공했다. 대신 기업들은 국가가 베푼 호혜성을 되갚기 위해 개인의 사적 이익을 초월하여, 공동체 전체를 위해 경제적 이익을 창출하는 모습을 보여 주어야 했다.

국가가 특정 기업에게 준 특혜는 한국 사회라는 공동체 전체가 기업에게

74) 이러한 동의는 곧바로 실천에 옮겨졌다. 1961년 8월 '부정축재특별처리법(개정)' 제18조 2항에서 "(부정이득자로서) 국가 재건에 필요한 공장을 건설하여 그 주식을 납부코자 하는 자는 각의의 심의를 거쳐 내각 수반이 승인하는 기한, 기타 조건에 의하여 1964년 12월 31일 이내에 공장을 건설하여 그 주식 중 부정 축재 통고액에 해당하는 부분을 정부에 납부함으로써 부정 축재 통고액에 대할 수 있다"고 규정하고, 경제개발계획에서 구상한 사업들을 부정 축재자들로 하여금 건설케 하였기 때문이다(한국정신문화연구원, 1999).

베푼 일반화된 호혜성이며, 그렇기에 기업은 박정희라는 개인의 이익을 위해 받은 호혜성을 되갚는 것이 아니라 한국 사회 전체를 위해 국제 시장에서의 경쟁력을 확보하는 방식으로 호혜성을 되갚아야 했다. 이와 같은 관계가 한 사이클 완성되면, 국가는 다음 단계에서 보다 많은 보상과 특혜를 기업에게 주고 그들로 하여금 또 다시 호혜성을 되갚도록 하였다. 그런 점에서 국가와 기업은 단순히 도구적인 차원에서 정치자금과 특혜로 유착되어 있던 것이 아니라, '일반화된 호혜성'에 기초한 도덕적 의무감으로 묶여 있었다.[75)]

국가에 의해 제공된 호혜성을 되갚으려는 지위 경쟁을 제도화하기 위해 박정희 정권은 수출에 공헌한 기업에 상을 주는 제도를 통해 기업들 사이에서 지위 경쟁을 이끌어냈다. 지위 경쟁의 핵심은 '전시적 의례(display rituals)'에 있다. 전시적 의례를 광범하게 사용하면 이를 지켜보는 사람들 사이에 지위에 기초한 경쟁심을 불러일으킨다. 일반적 호혜성의 핵심은 명예이며, 경제적 이익은 이에 비해 부차적인 문제가 된다. 이러한 지위 경쟁과 전시적 의례를 통해 기업들은 사적 이익을 추구하는 탐욕스러운 자본가를 넘어서 국가와 사회 전체의 발전에 이바지하는 산업 역군으로 스스로를 합리화시킬 수 있었다.[76)]

---

75) 물론 국가의 산업 정책에 부응하지 않는 기업들, 즉 한국 사회라는 공동체가 베푼 호혜성을 되갚지 않는 기업들은 처절한 대가를 치러야만 했다. 부정 축재자 가운데 김성룡(대한중앙산업주식회사), 함창희(동립)는 공장 건설 해당자로 되지 않아 부정 축재액이 강제 징수되면서, 기업을 몰수당하고 시장에서 퇴출된다(한국정신문화연구원, 1999: 149). 서구의 시장 상황에서는 불가능한 국가의 개입이다. 이런 국가의 개입이 가능했던 것은 그들이 단순히 시장에서의 경쟁력이 취약했기 때문이 아니라, 호혜성을 되갚지 않았기 때문에, 즉 도덕적 의무를 다 하지 않았기 때문에 처벌을 받은 셈이다.

76) 강력한 집단 정체성을 가지고 있는 곳에서 '도덕 경제'의 개념은 거의 어김없이 나타나는 현상이다. 그리고 이것은 경제행위에 대해 규범적이고 경제 외적인 의미를 부여한다(스콧, 2004; 김은미·장덕진·Granovetter, 2005).

지위 경쟁과 전시적 의례의 대표적인 예로 산업훈장 제도를 들 수 있다. 산업훈장은 이전에 있었던 훈장 제도를 5·16 이후 1963년 새로이 정비하면서 시작된 것이다. 이전의 국가 훈장은 건국공로훈장이나 무궁화훈장처럼 국가의 안보나 존립과 관련된 부분에만 존재하였다.[77] 그러나 박정희 정권은 산업 부문에 대한 훈장을 이례적으로 신설함으로써 산업 부문에 대한 경쟁을 지위 경쟁으로 전화시켰다. 또한 '수출의 날'[78] '상공의 날'[79] 등을 지정하여, 산업 발전에 이바지한 이들에 대한 전시적 의례를 제도화한다.

바로 이러한 일반화된 호혜성의 규범에 기초한 국가와 기업의 관계는 한국 사회에 나타난 시장 대체적 국가, 나아가서 권위주의적 정부 형태가 어떻게 기업의 자발적인 참여를 만들어 낼 수 있었는지를 설명해준다. 이는 한국 사회의 국가가 자본가계급의 파수꾼으로 전락하지 않으면서, 그들을 통제할 수 있는 자율성을 끝내 유지할 수 있었던 까닭이다. 또한 자본가계급으로 하여금 국가의 강압에 의해 수동적으로 동원되는 종이호랑이가 아

77) 한국의 훈장 제도는 대한제국 시대인 1900년 공포되어 7가지의 훈장을 제정한 칙령인 훈장조례에서 비롯했으며, 일제강점기에는 일본의 훈장 제도가 대신 사용되기도 했다. 1948년 대한민국정부가 수립된 이후에는 각종 훈장 및 포장이 종류별로 공포·시행되었으며, 1963년 12월 14일 제3공화국이 기존의 훈장령 및 포장령을 통합하여 최초로 상훈법을 공포·시행했다. 이 법은 모두 3차례에 걸친 개정(1967년, 1970년, 1973년)을 거쳐 현재의 상훈 제도로 정착되었다. 그 이전에는 건국공로훈장령(1949. 4.27)이 제정, 공포되면서 대한제국말 훈장조례 이후 새로운 상훈 제도가 설치되었고, 계속해서 무궁화대훈장령(1949. 8.13), 무공훈장령(1950. 10.19), 포장령(1949. 6.6) 등이 공포, 시행되었다.

78) 우리나라가 처음으로 수출 1억 달러를 달성한 1964년 11월 30일을 기념해 이 날을 '수출의 날'로 지정해 매년 기념행사를 치러 오다가, 1987년부터 '각종 기념일등에 관한 규정'에 따라 '무역의 날'로 명칭을 변경해 오늘에 이른다(KTV 국가기록영상관). '무역의 날'은 무역의 균형 발전과 무역 입국의 의지를 다지기 위해 제정한 법정 기념일이다.

79) '상공의 날'은 지속적인 경제성장을 위하여 상공인의 역할을 강화하고 상공업의 진흥을 촉진하고, 재외 상공인의 애국심 고취 및 국내 상공인과의 유대를 강화하기 위해 1964년 5월 12일 처음 지정하여 시작하였다. 이후 1973년 3월 30일 상공인의 날(10. 31), 발명의 날(5. 19), 중소기업의 날(5. 14), 계량의 날(10. 26), 전기의 날(3. 30) 등 상공 관련 5개 기념일을 통합하여 행사일을 '3월 20일'로 변경하고 유공 상공인에 대한 정부의 포상을 실시하였다.

니라, 적극적으로 국가가 제도화한 지위 경쟁에 참여하여 자신들의 이익 추구가 사회 전반의 이익으로 환원될 수 있는 선순환을 만들어내는 역할을 담당하도록 하였다(Chibber, 2003: 83). 이는 결국 한국의 발전국가가 약탈 국가로 전락하지 않으면서 사회 전반의 경제성장을 이끌어낼 수 있었던 근본적 원인이다.

5. 약한 국가와 강한 사회: 박정희 이후

박정희 체제의 관성은 전두환·노태우 정권을 거치며 계속 이어졌지만, 1990년대 초반에 들어오면서 강한 국가는 금융 부분에서부터 약화되기 시작했다. 1993년 김영삼 정권의 출범과 함께 은행의 이자율은 자유화되었고, 정책금융이 폐지되었으며, 금융의 자율성이 확대되었고, 자본계정 또한 자유화되는 등 전반적으로 신자유주의의 물결이 강화되었다(Chang H. J. 2006: 209). 이 책의 다음 장에서 살펴보겠지만 이와 같은 변화는 결국 1997년 금융위기를 불러왔다.

금융의 자율화를 불러온 요인은 여러 가지다. 그중 가장 분명한 조건은 한국 경제의 성공이었다. 무역수지의 흑자가 계속되었고 또한 해외자본이 대거 국내로 유입되면서 국가의 외환관리에 대한 개입이 불필요하게 되었다. 동시에 국내 기업과 은행에 대한 국제금융시장의 신용평가가 상승하면서 점점 더 기업은 국가의 개입을 거추장스럽게 느끼기 시작했다. 이러한 구조적인 조건 외에도 미국 정부는 김영삼 정부로 하여금 금융시장을 개방하도록 압력을 계속했고, OECD 가입을 위한 김영삼 정부의 노력 또한 자유화에 대한 외부의 압력을 가속화시켰다(Chang H. J., 2006: 211).

다른 무엇보다도 1962년 이후 경제 정책의 기본적인 프레임을 제공해 온 경제개발 5개년 계획이 김영삼 정부가 들어서면서 자유화의 물결을 타고 폐지되었다. 동시에 계획을 입안해 오던 경제기획원을 폐지하고 재무부에 흡수시켜 재정경제원으로 통합되었다. 이러한 일련의 상황은 한국 경제에서 '계획' 혹은 '기획' 기능이 사라지고 있음을 보여주는 상징적인 사건들이다(Chang H. J., 2006: 214).

과거에는 산업정책이 중복과잉 투자를 조정하는 기능을 수행해 왔다. 그러나 1990년대 초반이 되면서 시장경쟁을 조정하고 관리하는 기능이 사라져 버렸다. 여기에 더해 신자유주의 이념의 확산과 재벌의 성장은 국가의 산업정책 기능을 약화시키게 되었다. 철강산업의 신데렐라였던 한보철강의 경우가 산업정책을 폐지한 당시의 상황이 한국 경제에 어떤 영향을 미쳤는지를 적절히 보여 준다. 한보는 대통령 아들이 개입된 특혜 대출 부패가 드러나면서 1997년 초 부도를 맞았다. 이 사건은 정부의 민간 투자조정 기능이 제대로 작동하지 못한 증거이기도 하지만, 동시에 국가와 기업의 관계가 박정희 시대와 전혀 달라졌음을 보여주는 구체적인 증거이기도 하다. 한보철강을 둘러싼 부패는 과거 발전국가 시절에는 전혀 찾아보기 어려운 모습이다.

과거 발전국가 시절 집단으로서 재벌기업들이 특혜를 받은 것은 사실이지만, 재벌기업 집단 내부에서 어느 한 재벌이 다른 재벌보다 특별히 정부에 가까웠던 경우는 찾아볼 수 없다(Lew S.C. 2000a). 그러나 정부의 5개년 계획이 폐지되고 산업정책 기능이 약화되자, 정치적 이유로 정책집행의 규칙을 대상이 되는 재발에 따라 그때 그때 바꾸는 경우가 늘어났다. 즉 원칙에 따른 보편적인 국가와 기업의 관계가 사라지는 대신, 특수한 혹은 정실에 따라 관계가 달라지는 경우가 늘어났다. 따라서 "한국에 정실 자본주의가 등장한 것은 박정희 정권 이후의 일이다"(Chang H. J. 2006: 217).

국가의 역할은 이렇게 잠식되어 갔지만, 사회는 그 어느 때보다 강해지고 있었다. 약화된 국가는 민간의 기업이 경쟁에서 지켜야 할 분명한 규칙과 규범을 제공하지 못하였다. 사회자본의 부정적 효과를 강조하는 학자는 파당적인 연결망에 의지해 개인적인 신뢰로 배타적인 호혜성을 축적하는 행위자는 '게임의 규칙'을 망가뜨린다고 지적한다(이재혁 1999a: 49). 이러한 상황은 바로 '게임의 규칙'이 망가진 박정희 시대 이후에 진행되었다.

'합리적 선택(rational choice)' 이론을 도입한 연구는 개인이 정서적인 연결망인 연고에 의지하는 이유는 정치사회적인 환경이 불안정하고 불확실할 때 그것이 거래의 비용을 줄일 수 있는 수단이 되기 때문이라고 분석한다. 즉 시스템의 예측 가능성이 낮은 경우 불확실성을 줄이는 방법으로 연고에 의지해 신뢰할 수 있고 예측 가능한 선택을 한다는 설명이다(김용학 1996: 106). 그렇다면 연고를 선호한다는 사실은 합리적 개인이 특정한 조건의 환경에서 전략적인 선택을 한 결과라고 이해할 수 있다. 전통적 연대에 기초한 연고는 제도적인 절차와 기준이 훼손되었을 때 정치적이고 경제적인 자원을 확보하기 위해 필요한 신뢰를 제공한다.

이러한 설명이야말로 바로 박정희 이후의 한국에서 국가의 명확한 규칙과 행정이 사라졌을 때 적용할 수 있다. 산업정책 그리고 새마을운동의 경우에서 보았듯이 박정희 정부는 경쟁과 보상에 대한 명확한 원칙과 규범을 가지고 있었다. 그리고 이러한 원칙과 규범은 당사자 누구에게도 똑같이 적용되었다. 더구나 국가는 이러한 규칙을 정치적이거나 경제적인 저항이 있더라도 바꾸지 않고 지속할 것이라는 확신을 주었다. 그러나 박정희 이후에는 게임의 규칙을 정하는 국가의 이러한 역할이 이러한 더 이상 지속되지 않았다. 바로 이러한 상황이 점증하는 불확실한 환경에 대처하는 방법으로 사회 영역에서 개인이 사회자본에 필요 이상으로 의존하도록 만들었다.

이 상황은 이해관계를 가진 시장에서의 민간기업이 자신의 사적 이익을 최대한 추구하는 경쟁으로 몰아넣었으며 결국 국가의 의사결정을 각자에게 유리하게 만드는 노력을 기울이지 않도록 할 수 없었다. 이 경쟁은 결국 누가 규칙을 만드는가 하는 보다 근본적인 갈등을 불러일으켰다. 이 상황은 가족, 문중, 다국적 기업, 국내 기업, 종족, 그리고 후원/수혜 관계 등 모든 이해관계를 가진 국가의 하위 집단이 국가 조직을 무력화시키고 국가 지도자의 기대와 목표보다 자신들을 위한 규칙을 만들기 위한 투쟁으로 이어졌다(Migdal 1988: 31).

1990년대 초 국가의 주도하에 이루어진 자유화 과정은 그 때까지 한국에서 자리 잡고 있던 전반적 인센티브 구조를 급격히 바꾸었다. 금융권의 자유화가 진행되면서 기업들은 민족 국가의 범위를 넘어서는 해외의 연계를 찾기 시작했다. 기업의 입장에서 더 이상 약화되고 있는 국가의 지원과 규율에만 의지할 이유가 없었다(Chang H J. 2006: 211). 기업은 보다 많은 자금줄을 찾기 위한 노력을 기울이지 않을 수 없었다. 이러한 상황은 동시에 국가의 금융관리 능력을 무력화시켜 새로운 복합적 문제들이 등장하도록 만들었다. 미시적인 수준에서 개인이나 개별 기업은 자신이 속한 공동체가 제공하는 보상이나 자원의 재분배를 기대할 수 없게 만들었고, 이는 다시 개인이나 개별 기업으로 하여금 자신이 속한 공동체에 헌신할 가치가 없다고 생각하도록 만들었다. 국가의 약화는 보다 많은 기회를 찾도록 개인으로 하여금 스스로가 소속한 공동체 외부와의 연계를 확대하도록 만들었으며, 이는 결국 공동체 내부의 통합성을 약화시키는 결과를 가져왔다.

이렇게 설명한다고 하여 사회자본의 중요성이 약화되었다고 주장하는 것은 결코 아니다. 그 보다는 한국 사회에 지배적인 사회자본의 형태가 박정희 시대의 '집단 내부의 통합성'(표 6.2의 c)에서 '집단 외부의 연계성'(표 6.2의 d)으로 바뀌었다는 사실을 강조하는 주장이다. 1960년대와 1970년대에는 강력한 집단 내부의 통합성이 사적인 이해와 공적인 이해의 경계를 무너뜨리며 둘을 결합시키며 헌신과 협동을 불러일으키는 규범을 제공했었다. 그러나 이러한 규범이 약화되면서 미시적 수준의 개인들은 개별적인 그리고 사적인 이해관계를 극대화하는 사적인 사회자본에 의지하게 되었다. 그렇게 하며 사회자본의 효과는 자유로운 혹은 원자화된 사회의 도래를 상징하는 단기적이고 개인적인 차원으로 초점이 모아졌다. 오늘날 한국에서 퍼트남(Putnam 1993a)이 설명한 공공의 이익을 대변하는 사회자본은 급속히 축소되었다. 대신 부르디외(Bourdieu 1986)가 비판한 사회적 배척과 계급적 분화에 필요한 사회자본의 형태가 지배적인 모습으로 바뀌었다. 이러한 변화는 홉스가 말한 '만인에 대한 만인의 투쟁'을 강화하며 사적인 이해관계를 중심으로 갈등하는 모습으로 사회를 바꾸어 놓았다. 이러한 갈등이 이 책의 다음 장에서 분석할 1997년의 경제위기에 기여했음은 두 말할 여지가 없다.

6. 맺는말

박정희는 다른 사람을 규율하려면 스스로가 먼저 규율을 지켜야 한다는 사실을 알고 있는 지도자였다. 솔선수범하지 않으면, 국민들이 따르지 않을 것을 아는 지도자였다. 바로 이러한 이유로 박정희는 국가의 관료를 먼저 규율했고, 그로부터 사회의 나머지 영역도 규율할 수 있었다. 말할 것도 없이 이와 같은 규율은 긴장을 동반하다. 바로 그런 이유로 그를 권위주의적 지도자 혹은 심지어 독재자라고 부르는지도 모르겠다. 그러나 이 책의 5

장에서 주장했듯이 규율을 하려는 사람이 국민의 동의를 얻고 나아가서 국민으로부터 정당성을 얻기 위해서는 반드시 보편적으로 받아들여질 수 있는 규칙과 규범을 실천해야 한다. 만약 규율을 하는 사람이 부과하는 규범과 규칙이 자의적이면 물론 그 규율은 실패할 수밖에 없다. 규율적 지도자의 가장 중요한 덕목은 솔선수범이다.

오늘날의 시점에서 평가해 볼 때 박정희의 규율은 자신만을 위한 규율이 아니었다. 그는 그 규율을 자신의 조국을 위해 실천했다. 민족중흥 혹은 조국근대화를 향한 그의 꿈은 '근면 자조 협동'이라는 스스로의 규율로부터 이루어졌다. 그러나 동시에 그는 그 자신이 실천한 규율의 희생양이기도 했다. 박정희 자신이 스스로의 규율로 발전시킨 강한 사회가 이제는 자유를 요구하고 있었기 때문이다. 약화된 국가는 이제 발전한 결과로 끈질기고 탄력적인 연고를 배경으로 투쟁적인 시민사회로 변신한 우리나라의 강한 사회를 상대로 적절히 대처할 능력을 상실했다. 이런 맥락에서 한국의 국가는 스스로의 무덤을 팠다. 국가의 규율로 성장한 강력한 시민사회 그리고 시장의 재벌기업이 국가의 통제를 벗어나 독립을 요구하고 있기 때문이다.

오늘날의 한국에서 발견되는 가장 큰 역설은 자유로운 시장이 모든 문제의 궁극적인 해결책이라고 믿고 있는 보수세력 혹은 정치적 우익이 박정희를 추념하는 반면, 국가가 자본을 규율하고 시장을 통제해야 한다고 믿는 진보세력 옥은 정치적 좌파는 박정희를 폄하하고 있다는 사실이다. 그러나 불편한 진실은 박정희는 결코 자유주의자가 아니었다는 사실이다. 그가 추구한 도덕적 가치는 '일반화된 호혜성'의 규범을 지향하는 공동체주의 아마도 국가공동체주의였다고 평가할 수 있다.

이와 같은 역설이 등장하는 배경에는 박정희 이후의 세대가 박정희를 평가할 때 보여 주는 편의적인 모습이 존재한다. 이들의 평가는 대부분 박정희가 '경제는 잘했는데. 정치는 잘못했다'는 단순한 평가다. 그러나 이 단순한 이분법은 실제 역사와 전혀 달라 아무런 설득력이 없다. 박정희라는 지도자에게 권위적인 규율과 급속한 산업화는 조국 근대화를 위한 양날의 칼이었다(Kim HA, 2004). 조갑제가 지적한 박정희의 유언 즉 '내 무덤에 침을 뱉어라'는 말은 박정희 스스로가 자신의 통치로부터 수혜를 받은 이들이 가장 앞서 자신을 비난할 것을 이미 알고 있었음을 암시한다(조갑제, 2007).

제7장 |

1997년 외환위기는 발전국가를 변화시켰는가: 공적자금을 중심으로[80)]

왕혜숙[81)] 공저

1. 머리말: 발전국가와 1997년의 외환위기

이 책은 한국의 경제발전을 '발전국가(developmental state)' 개념으로 설명해 왔다. 발전국가 한국의 특징은 다음과 같은 두 가지로 압축된다(Johnson, 1982; Amsden, 1989; Wade, 1990; Kim E M, 1997; Chibber, 1999; Woo-Cumings, 1999; 국민호, 1995; 류석춘, 1998, 2006).[82)] 하나는 '금융지원을 통한 산업자본 통제'이고, 다른 하나는 '정치적으로 자유롭고 독립적인 관료제에 기초한 경제 규율'이다. 한국의 국가는 금융자원을 산업정책의 지렛대로 활용하여 산업자본이 국가의 정책에 따르도록 유도하는 방식으로 시장에 개입했다(배영, 1993; 류석춘·장상철, 2001). '국가→금융자본→산업자본'의 방향으로 영향력을 행사했다는 맥락에서 한국의 국가는 지배계급 즉 자본에 대해 높은 '자율

80) 2007년 『한국사회학』 41집 5호(2인 공저)에 처음 발표한 글을 대폭 수정한 글이다.

81) 홍익대학교 초빙교수.

82) 이러한 국가의 개입방식은 학자들마다 다양한 용어로 표현된다. 예컨대 Johnson(1982)은 'guidance', Wade(1990)는 'governing', Amsden(1989)은 'discipline', 류석춘(2006)은 'patrimonialism' 등의 개념을 사용한다.

성(autonomy)'을 가졌다(손호철, 1998; Amsden & Euh Y. D., 1993: Chang H. J. 1998; Cherry, 2005; Lim W. H., 2003).

한편, 자본에 대한 국가의 자율성은 이를 생산적으로 활용할 수 있는 국가의 '역량(capacity)'이 없으면 발전이라는 결과를 만들어 낼 수 없다. 국가 역량을 신장시키기 위한 가장 중요한 조건은 국가의 '내부 응집력(internal cohesiveness)'이다. 이러한 응집력은 효율적인 동시에 규칙을 준수하는 관료제의 존재 즉 '관료적 합리성(bureaucratic rationality)'을 전제로 성립한다(Wade, 1990, Chibber 2002).[83] 이러한 기준에서 볼 때 경제발전 과정에서 한국의 관료집단이 보여준 테크노크라트적 성격은 높은 국가역량의 전형으로 평가된다(이상철, 2003; 김형아, 2005; 조이제·에커트, 2005).

이러한 높은 국가 자율성과 역량을 바탕으로 한국의 발전국가는 이 책의 6장에서 살펴보았듯이 시장 메커니즘과 질적으로 다른 자원 배분과 경쟁 메커니즘을 구사하며 시장에 개입할 수 있었다. 발전국가 한국의 시장개입 방식은 다른 동아시아 발전국가들과도 차별화되는 독특한 전략적 측면을 보여 준다(Shin & Chang, 2003). 한국은 시장의 존재 자체가 미비하였기 때문에(이영훈, 2016: 36; 핫또리, 2007), '시장친화적(market-friendly)'이거나(World Bank, 1991) '시장증진적(market-enhancing)'이기보다는(Aoki, Kim, & Okuno-Fujiwara, 1997), '시장대체적(market-substituting)'인 방식으로 개입하지 않을 수 없었다.[84] 또한 그러한 개입은 결과적으로 시장 메커니즘 못지않게 효율적이었

83) 이러한 관료 기구는 "nodal agency" 또는 "pilot agency"라 개념화되기도 한다(Wade, 1990: Chibber, 2002).

84) 왕혜숙(2004)은 한국 발전국가의 시장 개입을 서구 자본주의의 시장 기능과는 전혀 다른 메커니즘을 제공한 즉 시장을 '대체'한 경우라고 주장한다. 류석춘(2006) 또한 '민간의 지대추구(rent-seeking)' 개념에 대칭적인 '국가의 지대허가(rent-granting)' 개념을 통해 한국의 발전국가는 시장을 창출하였다고 주장한다.

다고 평가되어 왔다(Amsden, 1989; Chang, 2006; Chibber, 1999; 좌승희, 2015; 류석춘, 2006).

그러나 한국 경제에 엄청난 충격을 주며 1997년 말에 들이닥친 외환위기는 1980년대 초반 시행되었던 시장자유화가 촉발시켰던 한국 발전국가 모델의 유효성 논쟁을 다시 한 번 도마 위에 올려놓는 계기가 되었다(Thurbon, 2001).[85] 일부 학자들은 1997년 외환위기가 발전국가의 자율성과 역량을 심각하게 침식시킬 것이라 주장하였다(Lee Y. H., 2000; Frankel, 2000). 금융위기에 직면하여 한국의 국가는 IMF 혹은 IBRD 같은 국제기구로부터 금융지원을 요청할 수밖에 없었고, 이러한 국제기구들이 대변하는 지구화 세력은 그 대가로 국내 시장에 대한 국가 개입의 폭과 깊이를 제한하는 것을 골자로 하는 신자유주의적 개혁을 요구했기 때문이라는 설명이다(Aoki, Kim, & Okuno-Fujiwara, 1997).

하지만 이들과 달리 외환위기가 한국사회의 국가 자율성, 그 중에서도 대내적 자율성을 강화시키는 기회와 자원을 제공하였다는 주장 역시 존재한다(손호철, 1998; 홍훈, 1998; 장하준, 2000[1998]; Shin & Chang, 2003). 비록 해외자본이나 국제기구들에 대한 대외적 자율성이 약화되더라도, 구제금융 제도를 통한 금융자원의 분배자로서 또한 개혁 프로젝트의 실행과 감독 주체로서 국가의 역할이 증대되었기 때문에 국가의 대내적 자율성은 상승될 수밖

85) 발전국가 모델의 유효성은 금융자유화를 도입하기 시작한 1980년대 초반부터 문제제기가 이루어졌다(국민호 1988; 김윤태, 1999; 류석진, 2005). 1993년부터는 김영삼 정부가 시행한 시장자유화 정책들은 발전국가적 산업정책(투자조정, 과도한 경쟁 규제, 환율정책 등)의 포기를 의미하였으며, 이는 곧 국가의 본격적인 시장 후퇴라고 평가되었다(Chang, 2006). 이와 같은 일련의 변화를 두고 일부 학자들은 발전국가의 지율성과 능력이 약화되고 있다는 평가를 내리기도 하였다(손호철, 1998). 또한 이러한 발전국가 모델의 변화 또는 약화는 '규제국가'로의 전환 가능성에 대한 찬반 논쟁을 촉발시키기도 하였다(류석춘·장상철, 2001; 이병천·김균, 1998; 윤상우, 2002; 이연호 외, 2002; 김인춘 2007).

에 없었다는 설명이다.[86)]

이 쟁점에 대한 답을 구하기 위해 이 장에서는 발전국가 모델에서 나타나는 높은 국가의 자율성과 역량이 1997년의 외환위기를 계기로 실제 어떻게 변화하여 왔는가를 추적해 보고자 한다(Bank of Korea, 2010: 222~238). 외환위기에 대처하는 국가의 핵심적 정책도구였던 '공적자금'의 조성과 집행 과정을 분석하여 1997년 위기를 겪으며 나타난 변화에 대해 대립되는 두 시각을 검증해 보고자 한다. 공적자금은 외환위기 당시 국가가 동원한 시장 개입의 가장 직접적이고 핵심적인 금융정책의 수단이었다. 그렇기 때문에 공적자금의 조성, 투입, 회수, 사후 관리 및 감독 과정은 국가의 자율성과 역량을 가늠해 볼 수 있는 좋은 사례가 된다. 특히 이러한 일련의 과정들은 단순히 국가 관료제 내부의 문제로 그친 것이 아니라, 국가의 외부에 있는 금융자본 및 산업자본과 크나 큰 관련을 맺고 있기 때문이기도 하다.

이를 분석하기 위해 이 논문은 공적자금의 '투입'과 '회수' 과정을 분리하여 살펴본다. 먼저, 공적자금의 투입은 외환위기로 인해 금융압박을 겪게 된 금융기관에 정부가 긴급자금을 조성해 투입하는 과정을 말한다. 다음, 공적자금의 회수는 혜택을 받은 금융기관의 경영정상화를 위해 정부가 이들을 관리 및 감독하는 과정을 거치며 투입된 자금을 얼마나 회수할 수 있었는지를 말한다. 이와 같은 구분을 하는 이유는 정책의 입안에 따른 자금의 조성과 투입은 '금융 지원(financial support)'의 과정으로 지배계급인 자본가 집단에 대한 국가의 '자율성'을 드러내기 때문이고, 정책의 집행에 따른 자금의 관리 및 회수는 국가의 판단에 따라 혜택을 받은 시장 행위자들을 감독하고 지도하는 '규율(discipline)'의 능력 즉 국가의 '역량'을 드러내기 때

86) IMF 등의 요구에 의한 개혁 프로그램들은 건전한 시장규율 확립 및 국가개입의 폭을 제한하는 것을 목표로 하고 있음에도 불구하고, 그것의 실행 주체는 여전히 국가였다(류석춘, 1998).

문이다.

국가의 대내적[87] 자율성 변화를 추적하기 위해 이 글은 단순히 공적자금의 양적인 규모를 분석하는데 그치지 않고, 공적 자금을 통해 국가가 금융자본 및 산업자본과 맺는 관계의 질적인 변화도 함께 분석한다. 이를 통해 1997년 이후 공적자금의 조성과 집행이 국가와 금융자본 및 산업자본의 관계를 과거 발전국가 모델과 같은 형태로 유지하였는지 혹은 변화시켰는지를 확인할 수 있기 때문이다. 이어서 국가 역량의 차원은 국가 내부의 관료제 문제와 국가 외부의 지배계급인 자본과의 관계로 나누어 살펴본다. 먼저, 국가 역량의 내부적 핵심 조건으로 지목되는 국가 관료제의 응집성과 권위의 제도적 배열을 분석한다. 만약 공적자금과 관련된 국가의 기구들 사이에서 높은 응집성과 정책적 효율성이 발견되지 않는다면 이는 국가의 내적 역량이 약화되고 있음을 시사한다. 한편, 국가의 대외적 역량은 공적자금을 지원받은 금융권에 대한 관리 및 감독 능력을 집약해 보여주는 회수율로 평가될 수 있다. 만약 투입된 자금이 제대로 회수되지 않았다면 국가의 자본에 대한 규율 능력이 약화되고 있음을 시사한다.

2. 공적자금의 조성과 투입: 국가 자율성 강화

87) 이러한 접근은 공적자금을 통해 국가가 국내 자본을 어떻게 통제하고 규율하였는가의 문제에 초점을 맞춤으로써 국가 자율성의 대내적인 측면만을 분석대상으로 한정하는 문제를 가지고 있다. 이를 보완하기 위해 공적 자금이 해외금융기관에 투입된 사례를 통해 부분적으로나마 대외적 자율성의 측면을 분석해 볼 수도 있으나, 해외금융기관에 대한 투입액은 전체 공적자금 투입액의 1.4 % 정도에 불과하다. 또한 공적자금의 일부인 공공자금 중에 해외기구로부터 제공받은 차관을 통해서 국가의 대외적 자율성을 가늠해 볼 수도 있으나, 실질적으로 해외기구로부터 제공받은 17억불(ADB로부터 2억불, IBRD로부터 15억불)의 차관을 현재의 환율(1$=900원)로 계산하면 1조 5,400억 원으로 전체 공적 자금의 0.92%에 불과하다. 그렇기 때문에 공적 자금의 해외유입을 통해 대외적 자율성의 변화를 가늠해 보는 작업은 무리가 있다. 이런 이유로 이 글은 공적 자금을 통한 국가의 대내적 자율성 변화에만 초점을 맞추기로 한다.

2.1. 공적자금의 규모, 재원, 지원 방식

공적자금은 1997년 외환위기 당시 금융부문의 부실을 해소하기 위해 긴급외화유동성을 공급해 준 국제통화기금(IMF)과의 정책협의를 통해 조성된 자금이다.[88] 공적자금은 재원별로 네 가지 종류의 자금이 합쳐져 만들어 졌다. 첫째는, 국회의 동의하에 예금보험기금채권 및 부실채권정리기금채권 등을 발행하여 조성한 '채권발행자금'이다. 둘째는, 채권발행자금으로 지원된 금액 가운데 회수한 자금을 재사용하는 '회수자금'이다. 셋째는, 차관(ADB 및 IBRD 등), 국유재산, 공공자금관리기금 등과 같이 '공공자금'으로 조성된 자금이다. 마지막은 '기타자금'으로 앞의 세 가지 자금 이외에 예금보험공사[89]와 자산관리공사[90]가 금융기관으로부터 차입하여 지원한 자금 및 예금보험공사가 예금보험료로 지원한 자금 등이 포함된다. 공적자금의 규모를 재원의 성격에 따라 정리하면 [표 7.1]과 같다.

---

88) [공적자금관리특별법] 제2조에 정의된 '공적자금(public fund)'은, 가) 예금자보호법에 의한 예금보험기금, 나) 금융기관 부실자산 등의 효율적 처리 및 한국자산관리공사의 설립에 관한 법률에 의한 부실채권기금, 다) 공공자금관리기금법에 의한 공공자금관리기금, 라) 국유재산의 현물출자에 관한 법률에 의한 국유재산, 마) 한국은행법에 의한 한국은행이 금융기관에 출자한 자금, 바) 공공차관의 도입 및 관리에 관한 법률에 의한 공공차관 등에서 금융기관의 구조조정을 위하여 지원된 자금이다(재정경제부·공적자금관리위원회, 2002: 이인실 외, 2002).

89) 예금보험공사는 금융기관의 파산 등으로부터 예금자를 보호하고 금융제도의 안전성을 유지하기 위해 1995년 12월 설립된 정부투자기관이다. 주 업무는 ①예금보험기금 조달, ②부실금융기관 정리, ③공적자금 회수, ④부실관련자에 대한 조사 및 책임추궁 등이다 (www.kdic.or.kr).

90) 자산관리공사는 1962년 4월 '성업공사령'에 의해 설립된 법인으로 1999년 12월 31일 공사법 개정을 통해 회사 명칭을 성업공사에서 한국자산관리공사로 변경했다. 1999년 공사법 개정에 따르면 자산관리공사의 주 업무는 ①부실채권정리기금의 관리·운용 ②금융기관 부실자산의 인수 및 정리 ③인수 부실기업의 회생지원 ④국유재산 관리 및 체납조세 정리 등 배드뱅크(Bad Bank)로서의 기능이라 할 수 있다(www.kamco.or.kr).

[표 7.1] 재원별 공적자금 조성현황 (1997.11~2006.6)

단위: 조원

구분	채권발행	회수자금	공공자금	기타 자금	계
금액	102.1	42.0	19.9	4.3	168.3
비중(%)	60.7	25.0	11.8	2.6	100.0

자료: 재정경제부·공적자금관리위원회 (2006: 257)

그렇다면 이와 같은 재원별 공적자금의 동원 과정은 어떠하였는가. 첫째로, 채권발행에 사용된 공적자금의 경우 재경부가 공적자금 소요를 추정하여 이 금액에 해당하는 채권발행에 대한 국가지급보증동의안을 마련하여 국회에 제출하고 의결을 받는 절차에 따라 공적자금이 조성되었다. 이러한 과정에서 정부안에 대한 국회의 개입은 지극히 형식적이고 절차적인 것이었을 뿐 정부의 자율성을 전혀 제한하지 않았다. 결국 이 형태의 공적 자금과 관련된 실질적인 정책결정은 모두 정부의 몫이었고, 국회는 이를 사후에 승인하는 고무도장의 모습을 보여주었을 뿐이다.[91] 그러므로 채권발행과 관련된 정책의 입안 과정에서 정부는 다른 세력의 저항 없이 자신의 선호와 정책의 우선성을 관철할 수 있었다.

두 번째로 큰 비중을 차지하고 있는 '회수자금'은 행정부가 국회의 승인이나 동의 없이 자체적으로 용도를 결정할 수 있는 권한을 가진 자금이다. 따라서 이 형태의 공적자금은 정부가 절대적인 자율성을 행사할 수 있다.[92]

91) 예컨대 1998년 8월 28일 국회 재정경제위원회에서 정부가 제출한 64조원의 공적자금관련 법안을 만장일치로 합의 처리했으며, 이 법안은 같은 해 9월 2일 본회의에서 역시 여야 만장일치로 처리되었다. 말하자면 법안이 안건으로 상정된 지 일주일도 안 되어서 국회에서 통과된 것이었다. 1998년 상황 외에도 대부분의 공적자금 투입에 사용된 자원들은 재정융자 특별회계로 처리되어 재정경제부 금융구조조정 비용으로 사용되었으며 대다수 국회의 사후 승인을 받았다.

92) 회수자금의 재사용에 대한 부분은 국회의 국정조사특별위원회에서도 수차례 지적된 바가 있다. 이에 대해서는 다음의 자료를 주목할 필요가 있다(국회사무처, 2000a: 3차, 21). 이방호 의원: "이 자료에

세 번째 '공공자금'의 경우에는 해당 기금의 운용 및 관리에 관한 사항을 심의·의결하기 위하여 '공공자금 관리운용위원회'를 두고 그 위원장을 재정경제부 장관이 겸임하도록 하였다. 그렇기 때문에 이 자금 또한 행정부 소관으로 정부의 의지와 선호에 따라 사용될 수 있는 자원이다. 종합적으로 보아 결국 공적자금은 모두 정부가 다른 집단의 간섭과 저항 없이 동원할 수 있었던 자원이라는 해석이 가능하다. 다시 말해 공적자금은 정부의 증대된 자율성을 보여주는 직접적인 지표이다.

이제 공적자금의 투입과정에서 드러나는 정부의 자율성을 살펴보는 작업으로 들어가 보자. 공적자금이 금융권에 지원되는 방식은 해당 금융기관의 부실상황에 대한 판단 그리고 경영정상화 전망에 대한 판단에 따라 여러 가지 형태를 가진다. 구체적인 방식은 '출자'[93] '출연'[94] '예금대지급'[95] '자산매입 및 부실채권매입'[96] 등으로 구분된다(재정경제부 공적자금관리위원회,

---

보면 공적자금을 회수해서 쓴 것이 18조 6천억 원입니다. 공적자금이 회수되면 이것은 반드시 채권상환 재원으로 다시 국회의 동의를 얻어야 되는 것 아닙니까? 회수해서 이것을 그대로 쓸 수 있는 성격은 아니지 않습니까?" (후략) 재정경제부 장관 진념: "그것은 보시는 관점에 따라 차이가 나겠지요, 공적자금을 국회에서 동의해 주셨는데 상환기간 내에는 우선 급한 일이 있으면 그것을 유용하게 활용하고 그리고 그 기간이 되면 갚는다, 이런 개념으로 이해를 해주시면 되겠습니다."

93) 출자(equity participation)는 공적자금관리위원회가 해당 금융기관의 청산이나 파산이 시스템 불안을 초래할 우려가 있거나 매각 또는 자구 노력에 의해 자체적으로 경영정상화가 가능하다고 판단하는 경우에 지원하는 방식이다. 특히 출자는 투자의 형식으로, 출자한 액수에 상응하는 조합이나 기업의 지분을 취득하게 되어, 주주로서 권리와 의무를 가지게 된다. 즉, 금융기관에 대해 출자금에 상응하는 지배력을 취득하게 된다.

94) 출연(contribution)은 파산이나 청산의 상황에서 다른 금융기관으로 계약이 이전되는 경우, 정부가 인수금융기관에게 자산부족분의 자금을 기부의 형태로 투입하는 것을 말한다. 출연한 자금에 대한 권리와 의무는 인수금융기관이 가지게 되며, 출연한 지분은 돌려받을 수 없다.

95) 예금대지급(deposit payoff)은 금융기관이 청산·파산하는 경우, 예금자들의 예금을 보호해 주기 위해 예금보험공사가 보험금 방식으로 예금을 대신 지급하는 방식이다.

96) 자산매입(asset purchase)과 부실채권매입(non-performing loan purchase)은 정부가 법률이 정한 바에 따라 금융기관이 보유하고 있는 자산과 부실채권을 매입하는 방식이다. 자산과 부실채권의 매

2003). 금융기관의 청산 및 파산의 경우 주로 출연과 예금대지급 방식으로 공적자금이 지원되며, 경영정상화의 가능성이 높은 금융기관의 경우 출자나 자산매입 방식을 통해 공적자금이 지원된다. 이와 같은 다양한 지원방식 가운데 특히 출자는 정부가 실질적으로 해당 금융기관 주주로서의 권리와 의무를 획득하는 방식이다. 이에 반해 출연이나 예금대지급 혹은 자산과 부실채권 매입은 일시적인 유동성 지원일 뿐 해당 금융기관에 대한 정부의 직접적 지배권을 확보하는 방식은 아니다.

그렇다면 이와 같이 다양한 투입 방식 가운데 어떤 방식을 선택할 것인가는 누가 결정하는가. 이 문제에 관한 판단은 재정경제부 장관과 호선된 민간위원 한 사람이 공동으로 위원장을 맡는 정부의 '공적자금위원회'[97]라는 기구가 절대적 영향력을 행사하였다. 공적자금의 투입 여부는 물론 투입 방식의 선택은 해당 금융기관이 시장에서 계속 생존할 수 있는가의 문제를 결정하는 즉 생사 여부를 결정하는 핵심 쟁점이다. 이런 맥락에서 정부는 금융자본에 대해 공적자금을 수단으로 거의 절대적인 자율성을 행사할 수 있었다.

그러므로 공적자금의 조성과 집행은 결국 금융자본과 국회를 포함한 다양한 세력들의 간섭으로부터 정부가 독자적으로 행동할 수 있는 가능성, 즉 정부의 자율성을 재정적으로 뒷받침해주는 자원이었다. 나아가서 공적자금은 정부가 자신의 선호에 따라 관련 정책을 입안하고 이에 필요한 재원을 최대한 자유롭게 사용할 수 있는 자원이기도 했다. 그런 의미에서 엄청난 규모의 공적 자금은 정부의 대내적 자율성이 엄청나게 상승하고 있음

입가격은 부실채권의 담보물건 또는 비업무용 자산에 대하여 한국감정원 등 감정평가업자가 감정평가한 가격 등을 참고하여 시가에 매입하게 된다.

97) 공적자금관리위원회의 구성과 역할에 대한 설명은 이 장의 3~1절 및 [그림 2] 참고.

을 적나라하게 드러내 준다. 그렇다면 국가의 재량에 맡겨진 공적 자금이라는 금융자원의 절대적 및 상대적 규모는 과연 어느 정도였는가? 아래 [표 7.2]에 정리된 바와 같이 1997년 외환위기를 시작으로 투입된 공적자금의 전체 규모는 2006년 현재까지 총 168.3조원에 이르렀다. 투입액은 연도 별로 편차를 보인다. 외환위기 초반 4년간에 투입이 집중되어 있고, 2002년 이후 감소하여 2006년이 되면 신규투입이 거의 없다는 사실을 확인할 수 있다.

[표 7.2] 공적자금의 국가재정에 대한 비율 (1998~2006).

단위: 조원

	1998*	1999	2000	2001	2002	2003	2004	2005	2006	합계
공적자금 (A)(%)	55.6	35.5	37.1	27.1	3.7	2.1	3.9	2.9	0.3	168.3
중앙정부재정	(33.0)	(21.1)	(22.0)	(16.1)	(2.2)	(1.2)	(2.3)	(1.7)	(0.2)	(100.0)
(일반회계) (B)	73.2	73.2	80.5	98.7	108.9	117.2	118.2	135.2	144.8	949.9
A/B (%)	76.0	48.5	46.1	27.5	3.4	1.8	3.3	2.1	0.2	17.7

자료: 기획예산처/재정경제부, 2002, "공적자금관리위원회 보도자료"(2012. 12. 28), 5쪽.
*1998년 투입액은 1997년 11월 이후 두 달간 투입된 공적 자금을 포함.

공적자금의 규모를 일반회계 재정 규모와 비교해 보면 공적자금이 국민경제에서 차지하는 비중을 확인할 수 있다. 위의 표에서 보듯이 1998년부터 2000년까지 매년 국가재정의 약 절반에 해당하는 막대한 규모의 공적자금이 정부의 재량 하에 금융권에 투입되었다. 이러한 막대한 규모의 공적자금 투입은 말할 것도 없이 금융자본에 대한 정부의 자율성이 그만큼 확대되어 왔음을 보여준다. 특히 외환위기로 인해 대외신인도가 하락한 당시 상황에서 공적자금은 금융권이 확보할 수 있는 유일한 재원이었으므로 공적자금은 금융자본에 대한 생명줄이나 마찬가지였다.

2.2. 공적자금을 통한 금융자본 재편

[표 7.3] 금융권 구조조정 현황, 1997 및 2006.

(2006. 6월말 현재, 단위: 개, %)

금융권별		'97년말 총기관수 (A)	구조조정현황				신설 등 (C)	현재 기관수 (A-B+C)
			인가취소	합병	해산·파산·영업이전 등	계 (B)		
은행*		33	5	11	–	16	1	18
비은행금융권	종합금융사	30	22	7	–	29	1	2
	증권회사	36	5	7	3	15	19	40
	보험회사	50	10	6	4	20	21	51
	투자신탁회사	32	7	5	–	12	28	49
	상호저축은행	231	107	28	1	136	15	110
	신용협동조합	1,666	2	116	524	642	13	1,025
	리스	25	11	2	1	14	9	20
	소계	2,070	164	171	533	868	106	1,308
합계		2,103	169	182	533	884	107	1,326

자료: 재정경제부.공적자금관리위원회 (2006: 360).

* 은행의 합병 상황은 다음과 같다. 하나=[(하나+보람)+서울], 조흥=(조흥+충북+강원), 농협=(농협+축협), 우리=[한빛(상업+한일)+평화]

** 은행의 신설 상황은 다음과 같다. 국민=[국민(국민+장기신용)+주택], 신한=(신한+조흥)

국가의 공적자금 투입은 한국의 금융시장에 어떠한 변화를 가져왔는가? 공적자금을 지원받은 금융기관은 정부와 양해각서를 체결하고 본격적인 구조조정에 착수해야 했다. 전체 금융권의 구조조정 현황과 공적자금 지원 현황은 [표 7.3] 및 [표 7.4]에 정리되어 있다. 구체적인 구조조정 과정은 해당 금융기관의 성격에 따라 변화를 보이는데, 특히 은행권과 비은행권이 서로 상반된 모습을 보인다. 은행권과 비은행권의 구조조정 과정을 비교하며 공적자금을 통한 금융개혁 과정의 효과를 살펴보도록 한다.

[표 7.4] 금융권별 공적자금 지원현황.

(2006 6월 말 현재, 단위: 조원)

금융권		출자	출연	예금대지급	자산매입 (대출 포함)	부실채권매입	계
은행 (%)		34.0 (20.2)	13.9 (8.3)	-	14.4 (8.6)	24.6 (14.6)	86.9 (51.6)
비은행금융권	종합금융사	2.7	0.7	18.3	-	1.5	23.2
	증권회사	-	-	-	-	-	-
	보험회사	15.9	3.1	-	0.3	1.8	21.2
	투자신탁회사	10.9	0.3	0.01	1.7	8.5	21.4
	상호저축은행	-	0.3	7.3	0.6	0.2	8.4
	신용협동조합	-	-	4.8	-	-	4.8
	소계 (%)	29.5 (17.5)	4.5 (2.7)	30.3 (18.0)	2.7 (1.7)	12.0 (7.1)	79.0 (46.9)
기타 (해외금융기관 및 리스 등)		-	-	-	-	2.4 (1.4)	2.4 (1.4)
합계 (%)		63.5 (37.7)	18.4 (11.0)	30.3 (18.0)	17.1 (10.3)	39.0 (23.1)	168.3 (100.0)

자료: 재정경제부·공적자금관리위원회 (2006: 258).

정부는 1998년 상반기부터 은행권에 대한 대대적인 구조조정을 시작했다. 그 결과 [표 7.3]에서 보듯이 외환위기 당시 33개에 이르던 은행의 수는 2006년 6월말 현재 18개로 감소했다. 또한 [표 7.4]에서 보듯이 규모면에서도 전체 공적자금의 51.6 %에 이르는 86.9 조원이 은행권에 지원되었다. 투입된 공적자금의 비중이 큰 만큼 은행권은 격심한 구조조정을 겪었다. 또한 지원방식에서도 비은행권과 비교해서 '출연'이나 '예금대지금'과 같이 해산 또는 파산으로 가는 방식이 아니라, '출자'의 방식을 많이 사용했다. 앞서 밝혔듯이 출자 방식은 국가가 해당 금융기관에 대해 직접적인 소유권을 가지게 됨을 의미한다. 이를 통해 국가는 은행권의 지배구조 및 경영에 직접적으로 개입할 수 있는 기반을 마련할 수 있었다.

공적자금 투입은 은행권의 지배구조에 격심한 변화를 불러왔다. 외환위기 이전까지 일반은행 가운데 정부가 지분을 소유하고 있던 은행은 '국민은행'과 '한국주택은행' 둘 뿐이었다(한국은행, 1998: 75).[98] 그러나 [표 7.5]에 정리된 바와 같이 공적자금이 투입된 이후 일반은행의 1998년 소유구조를 보면, 은행주식의 소유한도가 원칙적으로 4 %로 제한되어 있었음에도 불구하고 전반적인 정부소유의 집중도가 이를 훨씬 상회하는 수준임을 알 수 있다. 영업을 계속하고 있는 11개 시중은행[99] 가운데 정부가 소유에 참여하고 있는 은행은 모두 8개[100]이며, 은행주식 소유에 대한 제한을 받지 않는 정부 및 예금보험공사의 은행주식 소유비중이 대단히 높다.

공적자금의 투입과 구조조정이 거의 완료된 2003년이 되면 정부가 보유한 은행주식은 이미 상당한 수준에 이르고 있었다. 정부의 여러 기구가 영업을 하고 있는 8개의 시중은행 가운데 4개의 은행의 지분을 가지고 있으며, 조흥과 국민 두 은행에서만 정부의 지분이 감소하였을 뿐이다. 즉 공적자금 투입과 금융권 구조조정이 진행되면서 민간자본의 일반은행 소유지분은 급락하였으며, 그 반대로 정부의 소유지분은 급증하였다.

---

98) 일반은행은 동일인 주식 소유한도가 엄격히 규제되고 있다. 이는 은행이 산업자본에 의해 사금고화되는 것을 방지하고자 한 데서 출발한 것이다. 동일인의 은행 주식 소유한도에 대한 규제는 1982년 12월 처음 도입된 이후 점차 강화되었다. 현재는 동 소유한도가 1998년 1월 개정된 은행법에 따라 원칙적으로 의결권 있는 발행주식 총수의 4% 이내로 되어있다(한국은행, 1999: 73).

99) 11개 시중은행은 한빛, 제일, 서울, 외환, 국민, 주택, 신한, 한미, 하나, 평화 은행이다.

100) 8개 은행은 한빛, 조흥, 제일, 국민, 주택, 하나 은행이다.

[표 7.5] 은행에 대한 정부의 주식 소유현황

		1996	1997	1998	1999	2000	2001	2002	2003
시중 은행	우리						신설	예보(87.7)	예보(86.8)
	한빛	0	0	예보(94.8)	예보(74.7)	예보(100.0)	예보(100.0)	합병	
	상업	-	-	합병					
	조흥	0	0	예보(91.1)	예보(80.1)	예보(80.1)	예보(80.1)	예보(80.0)	0
	제일	0	0	재경(46.9), 예보(46.9)	예보(96.9)	예보(45.9)	예보(45.9)	예보(45.9)	예보(48.5)
	서울	-	-	-	정부(46.9), 예보(46.9)	합병			
	외환	한국은행 (47.9)	한국은행 (47.9)	한국은행 (33.6)	수출입은행 (18.2), 한국은행 (17.8)	수출입은행 (18.2) 한국은행 (17.8)	수출입은행 (18.2), 한국은행 (17.8)	수출입은행 (18.2), 한국은행 (17.8)	수출입은행 (14.6), 한국은행 (6.4)
	국민	정부 (17.1)	정부 (15.2)	정부(8.2)	정부(6.5)	정부(6.5)	정부(9.6)	정부(9.3)	0
	주택	정부 (46.8)	정부 (22.4)	정부(16.1)	정부(14.5)	정부(14.5)	합병		
	신한	0	0	0	0	0	0	0	0
	한미	0	0	0	0	0	0	0	0
	하나	0	재경 (46.9)	재경(46.9), 예보(46.9)	예보(97.8)	예보(100.0)	예보(100.0)	예보(27.8)	예보(21.7)
	평화	0	0	0	0	예보(100.0)	합병		
	대동	0	0	파산					
	동남	0	0	파산					
	동화	0	0	파산					
	보람	0	0	합병					
	장기 신용	0	0	합병					
	한일	0	0	합병					
지방 은행	대구	0	0	0	0	0	0	0	0
	부산	0	0	0	0	0	0	0	0
	광주	0	0	0	0	예보(100.0)	우리(99.0)	우리(99.0)	-
	충청	0	0	파산					
	경기	0	0	파산					
	충북	0	0	0	합병				
	강원	0	0	0	합병				
	제주	0	0	0	0	예보(97.7)	예보(44.7)	예보(32.0)	예보(31.9)
	전북	0	0	0	0	0	0	0	0
	경남	0	0	0	0	예보(100.0)	우리(99.99)	우리(100.0)	-
특수 은행	산업은행, 수출입은행, 기업은행, 농협중앙회, 수협중앙회, 한국은행								

자료: 한국상장회사협의회 홈페이지 (www.kica.or.kr 2006 12 1 검색).

주1) * "예보"는 "예금보험공사," "재경"은 "재정경제부", "우리"는 "우리금융지주회사"를 각각 의미함. 우리금융지주회사는 예금보험공사가 87.7%의 지분을 확보하고 있는 금융사로, 사실상 국영화된 상태라 할 수 있기에 정부 자본에 포함시켰다.

주2) ** "-"는 자료를 수집할 수 없는 경우.

결국 공적자금을 통해서 국가는 1980년대 이후 민영화되었던 시중은행을 다시 국가의 통제 아래에 둘 수 있게 되었다. 1980년대 이후 지속적인 민영화를 통해 은행권의 자율성이 확보되어 가던 시점에서, 국가는 1997년 외환위기를 계기로 은행권에 대한 직접적인 지배권을 다시 확보한 셈이다. 물론 이러한 정부의 지분 보유가 명목적인 현상으로 사실상 최대주주임에도 불구하고 은행의 경영에는 참여하지 않고 자율적으로 구조조정을 유도해 나가는 과정에 일시적으로 등장한 현상이라면, 이러한 지표들이 금융자본에 대한 국가의 자율성을 드러내 주는 근거가 된다고 말할 수 없다. 그러나 당시 은행권의 구조조정이 정부의 개입 없이 시장원리에 기초하여 은행들 간에 자율적으로 이루어진 결과라고 말하는 사람은 아무도 없다. 분명 이는 정부의 개입에 따른 결과이다.

예컨대 1999년 7월 대우사태가 발생했을 때 정부는 각 은행들에게 대우채를 사도록 유도했으며, 이로 인해 유동성 위기에 직면했던 평화은행은 결정적 타격을 입고 이후 우리은행에 합병되었다(국회사무처, 2001, 217회 6차: 19).[101] 평화은행의 사례 외에도 하나은행, 국민은행, 조흥은행 등 은행권의 대대적인 합병은 자율적으로 진행되었다기보다는 정부의 강요에 의해 이루어졌다는 평가가 공적자금 투입 초기부터 지속적으로 유지되어 왔다(국회사무처, 2000b, 216회 3차).

101) 국가의 은행경영에 관한 직접적 개입 문제는 다음의 공적자금관련 청문회의 일문일답에서도 단적으로 드러난다(국회사무처, 217회 6차: 35). 안택수 의원: "한국 정부가 제일은행의 경영권을 가지고 있는 독자적인 미국인 회사의 행장에게 현대전자 회사채를 사 달라, 말아 달라 이런 얘기를 할 수 있는 것은 상식적으로 외국인 입장에서 볼 때 어떻게 생각하십니까?" 제일은행장 Wilfred y. Horie: "금융감독원과 문제가 되었던 것은 저희가 볼 때는 약하다고 보이는 여러 대기업, 몇몇 대기업의 채권을 사들이는, 한꺼번에 모든 은행들이 다 따라야하는 그런 요청이었습니다. 그래서 그때 제가 말한 것은 거기에 참가를 하든 안하든 그것은 독자적으로 결정할 수 있도록 그렇게 허락하기를 바란다는 것이었습니다."

또한 정부는 한일은행과 상업은행의 합병에도 막대한 규모의 공적자금을 투입하여 한빛은행이라는 초대형 국유은행을 만들었다. 애초에 국유화는 경영정상화 이후 민영화를 전제로 한 것이었는데, 두 대형 부실은행의 합병은 오히려 민영화를 더욱 어렵게 만들었다. 대형은행을 인수하는 데 필요한 자금이 천문학적으로 증가함에 따라 능력과 의사를 갖춘 투자가를 찾기가 더욱 어려워졌고 잠재적 투자가에게는 위험이 보다 증가한 투자대상이 되었기 때문이다(이인실 외, 2002: 183).

이러한 정부의 정책으로 인해 금융부분에 대한 민간자본의 참여는 더욱 배제되었으며, 이는 결국 은행권의 민영화가 더욱 힘들어지는 결과를 가져왔다. 종합적으로 볼 때 공적 자금을 투입한 결과 국가는 금융자본에 대한 지배와 통제를 강화할 수 있었다. 또한 그것이 경영정상화와 함께 은행권의 민영화와 자율성을 유도하는 방향으로 이루어졌기보다는, 국가에 의한 금융자원에 대한 통제를 장기적으로 구조화시키는 방향으로 이루어졌다.

그렇다면 은행권을 제외한 나머지 비은행권 금융기관에 투입된 공적자금과 그에 수반된 구조조정 과정은 어떻게 진행되었는가? 비은행권 금융기관은 종합금융사(이하 종금사), 증권회사, 보험회사, 투자신탁회사(이하 투신사), 상호저축은행, 신용협동조합(이후 신협) 등으로 나누어진다. 이들 소위 제2금융권이 겪는 구조조정의 방식은 각각의 금융기관 형태별로 산업자본과 맺고 있는 관계 그리고 각각의 금융기관별로 차별적인 자본유동성에 따라 달라진다. 공적자금을 통한 비은행권 금융기관의 구조조정을 이해하기 위해서는 먼저 한국 금융시장의 구조를 이해해야 한다.

한국 기업에 대한 많은 연구들은 재벌로 대표되는 한국 대기업집단의 팽창과 기업다각화가 적극적인 차입경영 특히 단기금융 차입을 통해 가능했다고 지적하고 있다(Ahn, 2001). [표 7.6]의 차입금 상황에서 알 수 있듯이, 기업들은 외환위기까지 단기금융에 대한 의존도가 매우 높았다. 기업의 입장에서는 증권이나 채권과 같은 장기적인 금융수단은 그 발행조건이 까다롭고 또한 발행할 수 있는 규모가 제한되어 있었기 때문에,[102] 직접 대출이나 어음을 재할인하는 방식의 단기적인 금융수단 활용에 의존하지 않을 수 없었다. 그런 만큼 기업은 단기금융을 제공해주는 제2금융권에 의지하지 않을 수 없었다.

[표 7.6] 30대 기업집단의 연도별 차입금 구성, 1991~2000.

단위: % (십억 원)

	단기차입금 (%)	유동성 장기부채 (%)	장기차입금 (%)	회사채 (%)	차입금 합계 (%) (총액)
1991	38.0	13.7	27.78	20.6	100.0 (70,001)
1992	41.8	16.3	24.9	17.0	100.0 (84,798)
1993	42.5	14.5	23.9	19.1	100.0 (92,413)
1994	41.7	13.8	23.5	21.0	100.0 (105,338)
1995	42.8	14.7	21.2	21.3	100.0 (129,870)
1996	41.7	14.0	22.0	22.3	100.0 (166,112)
1997	41.7	13.9	22.8	21.6	100.0 (228,851)
1998	31.4	16.8	18.4	33.4	100.0 (240,882)
1999	26.5	22.6	20.6	30.3	100.0 (170,986)
2000	27.0	30.3	17.3	25.3	100.0 (144,426)

자료: 한국신용평가 홈페이지 (www.kisline.co.kr 검색 2003. 12. 1)

물론 기업 입장에서는 이러한 단기금융을 제공하는 금융기관을 직접 소유하는 것이 가장 바람직한 선택이다. 그러나 이른바 '금산분리'라는 금융

102) 회사채 발행규모는 회사가 현재 보유하고 있는 순자산액의 4배 이내로 제한되어 있다. 주식시장에 주식을 발행하기 위해서는 설립 후 3년 이상 경과하여야 하고, 계속적으로 영업을 하고 있어야 하며, 자본금 50억 원, 자기자본 100억 원 이상 이어야 하며, 최근 3년간 평균 매출액과 최근연도 매출액이 각각 150억원 및 200억 원 이상 이어야 한다. 이 외에 주식분산비율, 소액주주의 수 등 까다로운 요건을 충족시켜야 한다(한국은행, 1999).

자본과 산업자본을 분리한다는 기본적인 원칙을 국가가 고수하고 있었기 때문에, 기업이 금융기관을 소유하기 위해서는 엄격한 조건을 충족시켜야 했다. 그리하여 기업 입장에서는 상대적으로 규제가 까다롭지 않은 제2금융권의 금융회사를 직접 소유하여 단기금융 수요를 충당하려 했다. 그 결과 [표 7]이 보여주듯이 산업자본의 주식참여에 대한 규제가 까다로운 생명보험사를 제외한 나머지 종류의 금융사에 대한 산업자본의 소유비율은 전반적으로 높아지지 않을 수 없었다.[103)]

그러나 외환위기가 발생하자 이러한 단기금융을 통한 무리한 차입경영 그리고 이를 뒷받침하고 있던 산업자본의 금융자본 진출이 위기의 주범으로 지목되었다. 이에 따라 산업자본의 소유 비중이 높은 금융권일수록 그리고 산업자본에 높은 자본유동성을 제공한 금융권일수록, 강도 높은 금융구조조정의 대상이 되었다. 한국의 금융시장에서 이러한 역할을 해왔던 가장 대표적인 금융 업종은 다름 아닌 종합금융 업종이다.

특히 종합금융사는 기업에 유동성이 높은 단기금융을 제공하는 일을 주요 업무로 취급하여 왔다.[104)] 종합금융사에 비해 투자신탁회사나 증권회사

103) 생명보험회사의 소유규제는, 5대 재벌이 신규로 생명보험업에 진입하는 것을 2003년 3월말까지 한시적으로 제한하였다. 생명보험업에 대한 대기업의 신규참여제한은 1989년에 처음 시작되었다. 1989년 규제 도입시 15대 재벌은 1988년 2월 이후 설립된 생명보험회사의 주식을 소유하지 못하도록 하였으며 16~30대 재벌에 대해서는 지분율을 50% 미만으로 제한하였다. 그러다가 1996년 5월 주식소유 금지대상을 5대 재벌로, 지분율 50% 미만의 규제대상을 6~10대 재벌로 각각 축소, 조정하였다. 1988년 2월 이전에 설립된 기존의 6개 회사에 대해서는 이와 같은 규제가 없기 때문에 형평성 문제가 제기되었다. 이에 따라 1997년 8월 5대 재벌에 대해서는 부실 생명보험회사를 인수하는 경우 진입을 허용하였으며 아울러 6-10대 재벌에 대한 지분 규제를 철폐하였다. 1999년 7월부터는 5대 재벌에 대한 규제가 다시 강화되어 2개 부실 생명보험회사를 인수, 합병시에만 신규진입을 허용하였다. 아울러 인수합병 이후 시장점유율이 5%를 초과하는 경우에는 지배적 경영권을 갖지 않는 조건으로 외국인과 합작하거나 재무구조 개선약정을 준수하고 차입금이 아닌 자기자금으로 부실 생명보험회사를 인수하는 경우에만 가능하도록 제한하고 있다(한국은행, 1999: 156).

104) 우리나라의 금융시장은 크게 단기금융시장과 자본시장으로 나누어 볼 수 있다. 단기금융시장은 보

혹은 보험회사는 영업업무의 성격상 유가증권에 대한 투자를 중심으로 자산을 운용하기 때문에 단기금융의 비중이 상대적으로 제한되어 있다. 또한 금융기관에 대한 소유규제의 측면에서도 산업자본의 직접적인 소유가 가장 용이했던 기관 역시 종합금융사였다(왕혜숙, 2004; 한국은행, 1999). 결국 공적자금을 통한 비은행권 금융기관 구조조정의 결과로 가장 위축된 부문은 종합금융이다. [표 7.3]에서 보았듯이 1997년 말 30개에 이르던 종합금융사는 2006년 현재 불과 2개만 남아 영업을 계속하고 있을 뿐이다.

이러한 금융권의 구조조정은 외환위기의 한 원인으로 지적되었던 기업의 높은 부채비율과 차입에 의존한 무리한 경영, 그리고 그로 인한 금융권의 위험을 완화하는 것을 본래의 목적으로 한다. 그러므로 기업의 입장에서 가장 접근이 용이하고 높은 유동성을 제공해 주던 금융권일수록 강도 높은 구조 개혁과 정리 작업의 대상이 되지 않을 수 없었다. 1998년 8·15 경축사에서 대통령이 "대기업의 금융지배 차단"이라는 새로운 구조조정의 원칙을 천명한 것도 이러한 정치경제적 맥락에서 비롯된 일이다. 그 결과 대규모 기업집단 즉 재벌의 금융자본에 대한 지분참여와 단기금융 의존성이 제한되면서 산업자본의 금융자원에 대한 직접적 지배는 거의 차단되었다.

그러나 앞의 [표7. 3]은 동시에 대부분의 금융기관 수가 구조조정 이후 감소한 것과는 대조적으로 기업이 발행하는 채권과 유가증권의 거래를 주된 업무로 하는 투자신탁회사와 증권회사의 수가 오히려 증가하였음을 보여주고 있다.[105] 채권과 유가증권의 발행 조건이 중소기업보다는 대기업에

통 만기 1년 이내의 금융자산이 거래되는 금융시장이며, 자본시장은 만기 1년 이상의 장기채권이나 만기가 없는 주식이 거래되는 시장을 의미한다. 단기금융시장에서는 콜, 기업어음, 양도성예금증서, 환매조건부채권, 표지어음, 통화안정증권 등이 거래되며, 자본시장에서는 주식, 국채, 회사채 및 금융채가 거래된다(한국은행, 2001).

105) 특히 투신사와 종금사에 대한 공적자금 지원과 구조조정 방식을 비교해 보면, 금융구조조정의 원래

게 일반적으로 유리하다는 사실을 고려하면,[106] 구조조정 과정이 오히려 대기업들에게 유리하게 전개된 역설적 결과를 가져왔다. 한편 일반 서민경제나 지역경제와 관련이 많은 신용협동조합이나 상호저축은행 등의 규모도 현저히 감소했다. 이는 공적자금의 투입에 따른 금융권의 구조조정이 본래의 의도와 상관없이, 금융시장을 산업자본 특히 대기업에게 유리하게 재편한 측면이 있음을 확인해 주는 사실이다.

2.3. 금융자본의 산업자본 재편

그렇다면 공적자금 투입에 따른 금융자본의 구조변화는 산업자본에 어떤 영향을 미쳤는가? 아래의 [표 7.7]은 1997년부터 2002년까지 전체 기업부문의 금융부채 내역을 정리한 결과다.[107] 이 표에서 보듯이 전체 부채에서 큰 비중을 차지하는 내역은 대출금, 장기채권, 정부융자, 출자지분 등이다. 이 네 가지 가운데 대출금을 제외한 나머지 세 항목은 상대적으로 유동성이 작은 직접금융에 해당하므로, 기업 입장에서는 부담이 적은 항목이다. 이에 비해, 대출금(A)은 높은 유동성을 지니고 있으며 실질적인 거래량도 월등히 많기 때문에 기업의 경영상황과 직결된다.

의 의도에서 벗어난 것을 알 수 있다. 기업의 무리한 차입경영과 잠재적 부실해소를 목적으로 종금사에 대해서는 퇴출을 전제로 하여 공적자금을 지원하고, 대다수의 종금사를 정리하였다. 그러나 금융시장에서 유사한 역할을 한다고 볼 수 있는 투신사에 대해서는 그 규모가 비은행권에서 가장 큼에도 불구하고, 공적자금을 통해 오히려 그 영업력을 확대시켰다고 볼 수 있다. 이는 결국 기존의 종금사의 역할을 투신사에 그대로 이전함으로써, 금융구조조정 원래의 목적을 퇴색시켰다고 볼 수 있다(왕혜숙, 2004).

106) 각주 18 참고.

107) 공적자금의 실질적 투입은 2001년도에 마무리된다(전체 공적자금의 92.2%). 따라서 기업부문의 금융부채 상황은 시차를 고려하여 2002년까지 정리하였다.

[표 7.7] 기업부문 연도별 금융부채 상황, 1977-2002.

단위: 십억 (%)

		1997	1998	1999	2000	2001	2002
대출금	한은 (%)	0.0 (0.0)	0.4 (0.1)	0.4 (0.1)	0.4 (0.1)	0.6 (0.2)	1.0 (0.3)
	예금은행 (B) (%)	161.1 (48.0)	156.3 (50.1)	170.7 (54.6)	185.0 (56.6)	188.8 (57.6)	242.7 (62.4)
	보험 (%)	26.5 (7.9)	20.8 (6.6)	21.0 (6.7)	22.2 (6.8)	20.7 (6.3)	21.4 (5.6)
	단자 (%)	18.3 (5.5)	12.1 (3.9)	10.8 (3.4)	4.9 (1.5)	3.9 (1.2)	2.8 (0.7)
	기타 (%)	129.8 (38.7)	122.6 (39.3)	109.7 (35.1)	98.7 (30.2)	97.3 (29.7)	103.3 (26.6)
	여신전문 기관(%)	0.0 (0.0)	0.0 (0.0)	0.0 (0.0)	15.7 (4.8)	16.6 (5.1)	18.0 (4.6)
	합계 (A) (100.0)	335.8 (100.0)	312.3 (100.0)	312.6 (100.0)	326.8 (100.0)	327.9 (100.0)	389.0 (100.0)
장기채권		173.9	216.4	213.1	200.4	218.5	209.9
정부융자		7.3	8.2	9.9	14.7	15.3	16.8
출자지분		25.1	26.3	28.9	33.6	39.6	42.5
기타부채		390.6	375.3	409.4	458.1	490.3	538.1
부채 합계		932.6	938.4	973.8	1033.7	1091.6	1197.3

자료: 한국은행 홈페이지(www.bok.or.kr 2003. 12. 1 검색)

[표 7.7]에서 볼 수 있듯이, 전체 기업의 부채 가운데 대출금은 그 비중이나 규모가 전반적으로 감소하고 있다. 그러나 대출금의 세부 항목 가운데 예금은행으로부터의 대출금(B) 비중은 1997년 48.0 %에서 지속적으로 증가하여 2002년에는 60.9 %에 이른다. 미미한 증가를 보여주는 일부 항목을 제외하고는 금융부채가 대부분 감소하고 있는 상황에서 유일하게 상대적으로 큰 증가세를 보이고 있는 항목이 바로 예금은행 대출금 항목이다.

이는 은행예금에 대한 기업의 의존성이 심화되고 있음을 말해준다. 특히 앞에서 살펴보았듯이 금융권의 전반적인 파산과 정리작업을 통해 예금은행을 제외한 비은행권의 단기대출은 제한되지 않을 수 없었고 이에 따라 기업의 입장에서는 더욱 더 예금은행으로부터의 대출에 대한 의존이 심화될 수밖에 없는 상황이었다. 물론 이러한 상황은 금융구조조정의 예고된 결과였다.[108] 기업의 예금은행에 대한 의존 심화는 시중은행에 대해 실질적인 지배력을 증대시키고 있던 정부가 간접적인 방식을 통해 산업자본에 대한 통제력을 높이는 통로가 되었다. 즉 산업자본에 대한 국가의 자율성이 높아졌음을 의미한다.

이러한 상황은 과거 발전국가 모형이 전혀 변하지 않고 있음을 보여 준다. 공적자금의 금융권 투입, 그리고 금융권 특히 예금은행에 대한 기업들의 종속 심화는 발전국가 모델의 전형이라고 할 수 있는 '정부의 금융지배 그리고 이를 통한 산업자본 지배' 모형이 재수립 되고 있는 모습을 보여 주기 때문이다. 특히 공적자금의 투입을 통해 시도한 금융개혁의 결과로 발전국가 모형의 전형적 특징인 경제력 집중 현상이 재현되고 있음은 주목할 필요가 있다. 아래 [표 7.8]이 보여 주듯이, 1997년 위기에도 불구하고 상위 50대 및 상위 100대 기업의 자산과 매출은 절대 액에서는 물론이고 GDP 대비한 비율에서도 급격히 상승하고 있다. 위기가 불러 온 국가개입의 간접적 효과이다. 상위 기업의 매출과 자산이 GDP에서 차지하는 비율이 증가하고 있는 사실은 분명 소수의 대기업에 경제력이 집중되고 있음을 말하고 있기 때문이다.

이는 공적자금을 투입하여 각 금융권이 보유하고 있던 부실기업의 채권과 부채를 국가가 대신 해결해 준 결과이지만, 금융권 구조조정 과정에서 자금조달 기준과 절차가 까다로워지면서 금융기관들은 투자와 대출에 위험이 따르는 중소기업보다 대기업을 선호하게 되었다. 그 결과 경제력은 대기

---

108) 비은행권으로부터의 단기대출금 동원이 제한됨에 따라 기업 입장에서 취할 수 있는 대안은 두 가지로 보인다. 첫 번째는 예금은행으로부터의 대출이며 두 번째는 채권발행이다. 그러나 채권 발행의 경우 한도가 정해져 있기 때문에 1998년 일시적으로 증가한 이후 추가적인 증가는 보이지 않았다.

업에 더욱 집중되는 효과를 가져 왔다. 중소기업은 금융권 구조조정의 기준에서 투자와 대출을 새로이 제공하기엔 위험부담이 너무 컸기 때문이다.

[표 7.8] 상위 50대 및 200대 기업의 자산 및 매출 현황

		1991	1996	2001	2006
자산	Top 50 Top 200	125.4 (55.5) 190.1 (84.1)	277.4 (61.8) 428 (95.4)	422.2 (67.9) 629.8 (101.2)	549.5 (64.8) 799.9 (94.3)
매출	Top 50 Top 200	86.6 (38.3) 159.2 (70.5)	220.3 (49.1) 352.3 (78.5)	338.3 (54.4) 538.0 (86.5)	482.7 (56.9) 703.3 (82.9)

Source: 김상조 (2008: 69).

* ( ) 속은 GDP에 대한 비율.

Unit: Trillion Korean won (billion US$),at exchange rate of 1 $US=1,000 KW(as of 2007).

공적자금은 1997년에 닥친 당장의 금융권 유동성 위기를 해결하기 위해 투입된 것만은 아니었다. 보다 근본적으로는 1997년 위기의 핵심 원인이라고 비판 받아왔던 대규모 기업집단, 즉 재벌의 차입금에 의존한 무리한 경영과 높은 채무비율을 해결함으로써 제도적으로 재벌의 경제력 집중을 막고, 한국경제를 개혁하는 것이 공적자금의 보다 거시적인 투입 목적이었다. 그렇다면 이러한 목적의 공적자금이 투입된 결과, 오히려 한국경제의 문제점으로 지적 받아왔던 재벌의 경제력 집중이라는 특성이 다시 나타나는 현상을 어떻게 받아들여야 하는가?

이는 공적자금 관련 정책은 물론 이를 포함한 전반적인 한국 사회의 구조적 개혁이 실패한 결과라는 해석으로 연결될 수 있다. 그러나 이는 동시에 공적자금이라는 금융자원을 통해 국가가 산업자본에 대한 간접적인 통제력과 지배력을 확보해 나가는 과정 즉 국가가 증대된 대내적 자율성을 기반으로 시장에 강하게 개입하여 국가의 정책적 선호와 우위에 따라 금융지원이 수혜대상을 소수의 기업으로 한정하는 발전국가 모델의 경로의존성이 재강화되는 과정이라고 해석할 수도 있다.

그렇다면 외환위기 이후 재등장한 국가의 금융자본에 대한 자율성과 통제는 위기 이전의 발전국가와 같은 수준의 효율성을 가져왔는가. 만약 외환위기 이후의 시장개입 결과가 발전국가 시대와 극명하게 다르게 나타난다면 그 이유는 어떻게 설명할 수 있는가. 다시 말해 외환위기 이후 공적자금의 투입을 통해 발전국가 모델에서의 '국가-금융-산업자본'이라는 연합구도가 재구축되었음에도 불구하고, 산업 전반의 효율성이 확보되지 않았던 이유는 어디에서 찾아야 하는가. 공적자금의 회수과정에서 확인할 수 있는 국가 역량의 문제가 이 질문에 대한 해답의 실마리를 제공한다.

3. 공적자금의 감독과 회수: 국가 역량 약화

3.1. 국가의 내적 역량: 관료적 응집성의 결여

공적자금의 운용 및 그와 관련된 금융과 기업 부문의 구조조정을 담당한 정부의 여러 기구 간에 권력의 배분과 집중 그리고 관료적 응집성이 어떻게 관리되고 있었는가를 살펴보는 작업은 국가의 역량 특히 내부의 역량을 확인해 보는 작업이다. 치버(Chibber, 2002)는 권력 배분의 차등적 제도화는 정부 내부에 한정된 자원을 둘러싸고 발생할 수 있는 부처 간 혹은 기구 간 갈등과 비효율을 최소화시킴으로써, 관료적 응집성을 유지하면서 일관되게 정부가 설정한 정책이 실행될 수 있도록 하는 역할을 한다고 설명한다.

이를 위해 분석의 시기를 두 부문으로 나눌 필요가 있다. 왜냐하면 2000년 12월 공적자금관리특별법 제정을 기준으로 이전과 이후에 공적자금의 전반적인 운용과정과 관리주체가 불연속적이기 때문이다. 그렇다면 각각의 시기에 나타나는 정책집행의 주체는 누구이며, 또한 이와 관련된 기구의 제도적 배열과 관료적 응집성은 어떠했는가.

공적자금관리특별법 제정 이전의 공적자금 운용체계는 당장의 위기에 대처하기 위한 임기응변적 과도기 체계였다. 그렇기 때문에 전반적이고 장기적인 운용의 가이드라인은 물론 이를 뒷받침하는 법적 기준과 담당 주체가 분명하지 않았다. 당시 갑자기 찾아 온 미증유의 국난에 대처하기 위해 정부는 새로운 기구를 설치하고 공적자금을 포함한 여러 가지 경제문제에 관한 해법을 찾았다. 재정경제원 장관 겸 경제부총리가 주재하던 경제장관회의를 폐지하고, 1998년 3월 정부는 청와대에 대통령이 직접 주재하는 '경제대책조정회의'를 설치하였다.[109] 이는 경제정책을 종합적으로 조율하는 역할을 대통령이 직접 맡음으로써 경제문제와 관련한 청와대 직할체제가 구축됐음을 의미한다.

대통령을 의장으로 하는 이 기구는 재정경제부·산업자원부·노동부 장관, 기획예산위원장, 금융감독위원장, 한국은행 총재, 청와대 정책기획수석 및 경제수석, 그리고 대통령이 지명하는 두 명의 전문 민간위원으로 구성되었다(한겨레21, 1998년 3월 19일, 제199호). 이 회의는 그 때 그 때 현안이 되는 여러 가지 경제문제에 대해서 각계의 전문가들을 모아 토론한 후 정책방향을 제안하는 협의체 성격의 모임으로, 법적으로 권한이 보장되어 있는 기구가 아니었다. 그렇기 때문에 공식적인 회의록 작성 같은 의무도 명시된 바가 없다.

그러나 외환위기 초기의 대응과 대책을 주도한 김대중 정부의 중요한 정책구상들은 모두 이 회의를 통해서 결정되었다. 경제대책조정회의를 통해 결정된 정책들은 사후에 재정경제부가 국무회의에 정식으로 절차를 밟아서 상정하고 국회에 이송하여 동의를 받는 과정을 따랐다. [그림 7.1]은 경

109) 미국 클린턴 행정부의 국가경제위원회(National Economic Council)를 본 따 만든 기구이다.

제대책조정회의를 포함하여 당시 공적자금과 관련된 정부 기구들의 위계 및 제도적 배열을 정리한 결과다. 그림에서 보듯이 관련 정책의 입안은 경제대책조정회의, 재정경제부, 금융감독위원회 등이 담당하였고, 정책의 집행은 금융감독원 및 자산관리공사와 예금보험공사가 맡는 식으로 역할과 권한이 분산되어 있다.

[그림 7.1] 2000년 특별법 제정 이전 공적자금 관련 국가기구들의 제도적 배열

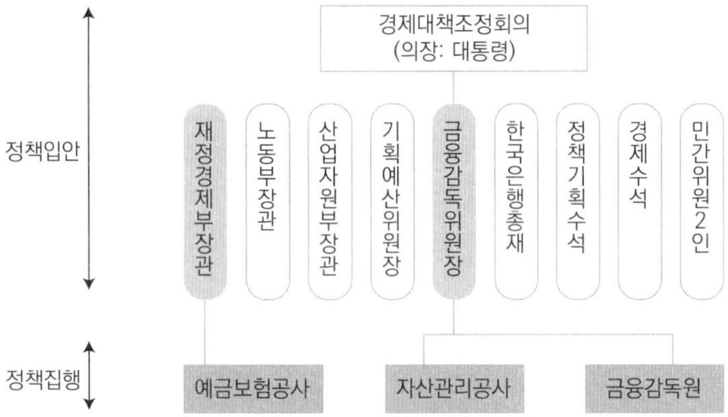

자료: 재정경제부·공적자금관리위원회(2001)

이 시기 정부 기구의 제도적 배열에서 가장 큰 문제는 공적자금과 관련된 정부 정책의 결정과 집행을 책임질 공식 기구가 부재했다는 사실이다. 가장 큰 권위를 가지고 있는 청와대의 경제대책조정회의는 공적자금과 관련된 정책 외에도 경제 현안에 대한 포괄적인 정책의 기본 방향을 논의하는 회의체였기 때문에, 공적자금이라는 하나의 정책에 전념하는 역할을 할 수 없었다. 또한 당시 공적자금의 운용은 금융산업구조개선에 관한 법률, 자산관리공사법, 예금자보호법 등 외환위기 이전부터 존재해 온 정부 각 기구의 설치 근거 법령에 따라 이루어진 것이었다. 즉 공적자금을 전체적

으로 통괄하는 체계는 전혀 마련되어 있지 않았다.

또한 경제대책조정회의가 정책 결정의 가장 중요한 행위자였음에도 불구하고 비공식 협의체라는 위상 때문에 공적자금의 운영 결과를 관리 및 감독할 방법이 없었다. 이와 같은 책임 기구 부재의 문제는 여러 가지 형태로 현실화되었다. 청와대 직속의 비공식 협의체가 공적자금 관리에 참여하게 됨으로써, 정부의 자의적인 판단과 개입이 여과 없이 정책에 반영되는 결과를 가져왔고 이는 이후 정책의 혼선이 등장하는 원인으로 작용하였다. 예컨대 1999년 말 발생한 대우 부실 처리의 경우 회사채 처리가 시장원리의 철저한 적용이 요구되는 사안이었음에도 불구하고, 소위 금융대란설에 따른 청와대의 정치논리가 개입하여 한국경제에 크나큰 주름살을 남겼다.

한편 2000년 총선을 앞두고 김대중 정부는 낙관론자들의 정치논리에 떠밀려 구조조정과 관련된 공적자금의 투입원칙을 포기하였다(권영준, 2002). 결국 자금시장은 신뢰를 잃은 구조조정 정책으로 경색되고, 2000년 내내 금융시장은 실패한 기업구조조정으로 표류하였다. 이와 같은 초기 공적자금 운용의 실패는 말할 것도 없이 정책의 우선성에 맞게 책임과 의무를 담당할 핵심기구(nodal agency)의 부재에서 비롯된 문제였다. 그리고 이 사실은 공적자금과 관련한 정부의 제도적 완결성이 전혀 갖추어지지 않았음을 웅변하고 있다.

이와 같은 혼란은 이후 보다 공식화된 기구를 신설하고 이를 통하여 투명하고 객관적으로 의사결정이 이루어지는 체계를 마련할 필요성을 대두시켰다. 또한, 공적자금의 운영을 일일이 국회가 점검할 수 없다는 현실 때문에 정부로부터 독립적이고 객관적인 평가를 할 수 있는 기구에서 정부의 공적자금 운용을 관리 및 감독할 필요가 있다는 지적을 낳기도 했다(재정경제부·공적자금관리위원회, 2001).

[그림 7.2] 2000년 특별법 제정 이후 공적자금 관련 국가기구들의 제도적 배열

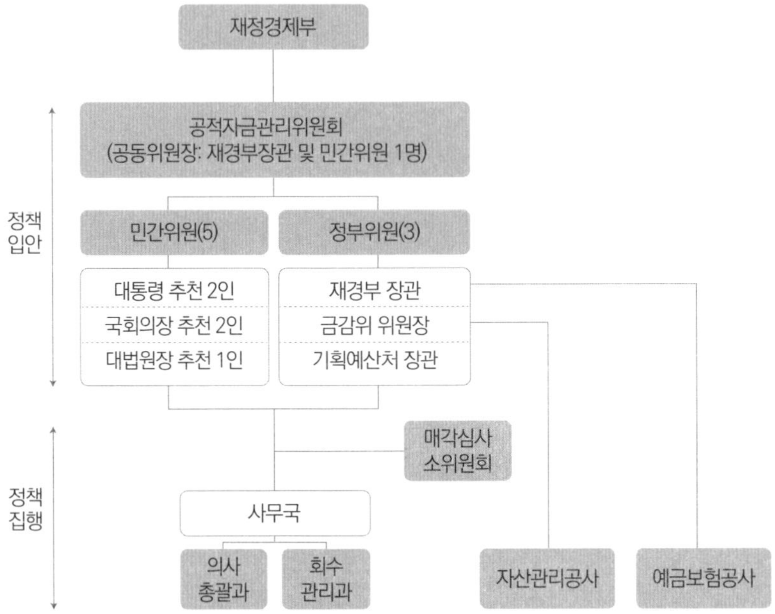

자료: 재정경제부.공적자금관리위원회(2001)

이와 같은 문제를 보완하기 위해 2000년 12월 마침내 공적자금관리특별법이 제정되었다. 이를 계기로 이전에 산재되어 있던 공적자금에 대한 지원, 부실산정, 회수 등에 관한 전반적인 책임과 권한이 [그림 7.2]와 같이 새로 신설된 "공적자금관리위원회"로 통합되었다. 이 위원회가 출판한 공적자금관리백서는 공적자금관리위원회와 관련한 역할분담 및 협력체계를 다음과 같이 기술하여 관련 기구 간에 권한과 역할이 차등적으로 배분되는 동시에 각 기구들을 통괄하는 핵심기구(nodal agency)가 공적자금관리위원회임을 분명히 밝히고 있다. 즉 "공적자금의 조성과 전반적인 관리는 재정경제부가 담당하지만, 금융감독위원회 등과 상호 협의 하에 결정하고, 구체

적인 투입결정과 집행은 금융감독위원회, 자산관리공사, 예금보험공사에서 법령에 따라 이루어지고 있다”(재정경제부·공적자금관리위원회, 2001).

그러나 법 제정 이전과 이후의 구체적 관리 모습을 비교하면 공적자금과 관련된 정책의 책임과 권한이 집중되기보다는 오히려 수평적으로 분산되고 있음을 확인할 수 있다. 우선 재경부 장관과 민간위원 1명이 위원회를 공동으로 책임지도록 하고 있어 권위의 분산을 구조화하고 있다. 한편 위원회의 구성 또한 정부위원 3명(재정경제부 장관, 기획예산처장, 금융감독위원회 위원장)과 민간위원 5명(대통령 추천 2인, 국회의장 추천 2인, 대법원장 추천 1인)으로 나누어져 있어 의견 수렴이 보장되기 어려운 구조이다.

이와 같은 구성은 정책의 수립과 집행에 범국민적 의견 수렴이 필요하다는 맥락에서 장점을 갖지만, 동시에 전문성과 일관성이 전제되어야 한다는 차원에서는 단점을 갖지 않을 수 없다. 정부쪽의 3인과 대통령이 추천하는 2인의 경우는 어느 정도 정책의 방향과 내용을 공유할 가능성이 있다고 하더라도, 국회 특히 야당이 추천하는 경우와 대법원이 추천하는 위원의 경우는 다른 위원들과 정책적 지향이 전혀 다를 가능성이 있기 때문이다. 관료적 응집성이라는 기준에서 볼 때 이와 같은 권위와 책임의 분산은 관련부처 간 갈등의 가능성이라는 문제를 노출시켜 효율적인 정책실행에 한계를 드러낼 여지를 만들었다.

한편 정책의 집행과 관련해서 자산관리공사는 금융감독위원회에 그리고 예금보험공사는 재정경제부에 각각 소속되어 있어 여전히 집행기관 간의 이해상충 문제가 발생할 소지가 남아 있다. 또한 동시에 관료적 전문성을 지닌 자산관리공사와 예금보험공사의 결정 권한이 법제정 이후 크게 약화되어 단순한 정책의 집행기구로 전락하고 말았다. 특별법 제정 이후 공적자금의 조성·투입·회수 등과 같이 각 단계마다 분산되어 있던 책임과 권한이 공적자금관리위원회라는 하나의 기구에 통합된 것은 사실이다. 그러나 이 위원회는 내부적인 구성이 지나치게 폭이 넓어 정책적 지향이 서로 다른 문제로 인한 비효율이 발생시키는 문제를 피할 수 없었다. 그렇기 때문에 또한 공적자금의 운용실패가 발생할 경우 책임을 물을 수 있는 권한의 소재가 불분명한 문제도 드러낸다.

이러한 문제는 해외투자펀드인 론스타(Lone Star)의 외환은행 헐값 매각 사태에서 극명히 드러난다.[110] 재경부 고위 관료가 외환은행의 건전성 지표를 고의적으로 낮추어 외국투자펀드에게 헐값으로 넘긴 것으로 밝혀진 이 사건은 단순한 일부 관료의 개인 비리나 도덕적 해이 문제가 아니다. 오히려 이와 같은 사태를 가능하게 했던 당시 공적자금 관련 정부기구들의 구조적 배열 문제를 적나라하게 드러내 주는 사건이다.

매각과 관련하여 관료적 전문성을 갖춘 자산관리공사 및 예금보험공사가 단순한 집행기구로 전락한 상태에서, 매각은 재정경제부의 독자적 판단에 의해 결정되었다. 매각과 관련된 회의가 계속되었던 5개월 동안의 정책입안 기간 내내 재경부의 매각 의사에 책임을 가지고 논의한 주체는 찾아볼 수 없다. 이들은 모두 문제가 된 금융기관과의 협조를 통해 경영정상화 노력을 기울이는 장기적인 해결 방식보다는, 투기성 해외자본이라는 의혹이 있더라도 문제가 있는 금융기관을 하루라도 빨리 매각하여 공적자금의 단기적 회수 실적을 올리는 손쉬운 방식을 선호했다. 이들에게는 금융기관의 장기적 경영정상화보다는 당장의 책임을 회피하는 문제가 더 중요했다.

110) 이 사건은 당시 재정경제부 금융정책국장(변양호)와 외환은행장(이강원) 등 일부 인물이 공모하여 2003년 외환은행의 자기자본 비율(BIS)을 기준치(8.0 %) 보다 의도적으로 낮게 설정하여(6.16 %), 장기적인 투자의향과 전문성이 확인되지 않은 투기성 해외자본 '론스타'에 외환은행을 헐값으로 매각한 사건을 말한다(서울신문, 2006년 4월 25일; 국민일보, 2006년 6월 20일; 한겨레, 2006년 12월 11일).

외환은행 헐값매각 문제가 공론화되자, 의사결정을 담당했던 주체들 간에 권위가 파편화되었던 만큼 책임 역시 분산되어 나타났다. 공적자금위원회의 책임자들은 모두 구체적인 개입을 하지 않았으며, 당시 사건과 무관함을 주장하는 태도로 일관했다. 이러한 헐값매각 논란은 외환은행뿐 아니라 조흥은행, 제일은행 등 외환위기 당시 국가가 공적자금 투입을 통해 지분을 확보한 다음 이를 다시 민영화하는 과정을 겪은 은행들 대다수에서 나타나는 문제이다.[111] 결국 파편화된 권위와 책임 구조는 엄청난 국부 유출사태를 불러왔다.

공적자금과 관련된 정부기구들의 구조에서 볼 때 국가가 설정한 정책 우선성의 방향에 맞게 다른 여타 경제 기구들은 물론 시장의 이해관계까지도 조정할 수 있는 권위의 우위를 제도적으로 배분받은 기구는 찾아보기 힘들다. 특별법 이후 이러한 기구로서 공적자금위원회가 설립되었으나 관련 기구들 간의 낮은 관료적 응집력 문제를 극복하지 못하여 결국에는 전반적인 대내적 국가역량의 결여라는 문제를 드러내고 말았다.

3.2. 국가의 외적 역량: 규율의 결여

공적자금의 투입에 앞서 부실금융기관에 대한 정확한 실사 및 이를 토대로 한 합리적 지원방식의 선택, 지원받은 기업에 대한 경영정상화 이행약정 관리, 그리고 부실금융기관에 대한 책임 추궁과 같은 감독능력은 공적자금 관련 정책이 실질적으로 성과를 거두기 위해 반드시 필요한 핵심적인

111) 조흥은행과 제일은행의 헐값매각에 대한 언론보도는 동아일보(2002년 11월 6일)와 경향신문(2004년 9월 4일), 한국일보(2005년 1월 7일)를 참조. 또한 투기자본감시센터 (http://www.specwatch.or.kr) 창립토론회 (2004년 8월) 자료집 참조.

기능들이다. 이와 같은 기능 즉 공적 자금의 회수 문제는 금융자본과 산업자본에 대한 국가의 규율 능력을 확인할 수 있다는 차원에서 국가 관료제 외부 즉 시장에 대한 국가의 관리 능력을 드러내는 지표이다.

공적 자금의 회수는 국가가 금융자본에 어떠한 방식으로 자금을 지원하였는가 하는 문제와 직결되어 있다. 출연이나 예금대지급 방식으로 지원된 공적자금은 부실에 따른 손실을 보전해주고 또한 금융기관의 정리를 전제로 기존 예금자들의 예금을 보전하는 것을 목적으로 지원되기 때문에 상당부분 회수가 곤란하다. 이 경우 회수는 파산배당으로 제한되어 있다. 그러므로 이와 같은 방식은 지원 이후 국가의 관리나 감독과 직접적인 상관은 없다. 또한 자산과 부실채권 매입으로 사용된 공적자금 역시 부실기업으로부터 인수한 기업의 자산이나 보유채권을 매각하여 생긴 이익금으로 자금을 회수하여야 한다. 그렇기 때문에 이 경우 역시 회수가 해당 자산이나 채권의 시장가격에 의존하게 되어 국가와 기업의 경영정상화 노력과는 별 관계가 없다.

반면 출자의 경우는 투자의 형식으로 공적자금이 지원되기 때문에, 기업효율성 제고와 경영의 정상화를 위한 기업과 국가의 협력 및 국가의 지속적인 관리감독에 따라 회수율이 달라질 수 있다. 이런 의미에서, 출자부문의 회수실적은 기업에 대한 국가의 관리와 감독, 즉 규율과 지도의 능력을 평가할 수 있는 근거가 된다. 이런 맥락에서 출자부문의 회수실적은 국가의 역량을 보여주는 유의미한 지표이다.

그러나 전반적인 공적자금 회수상황을 정리한 [표 11]을 보면, 경영정상화의 지표라고 할 수 있는 출자금 회수가 상대적으로 가장 저조한 사실을 확인할 수 있다. 앞의 [표 4]에서 보았듯이 가장 큰 비중의 공적자금은 출자의 형태(63.5조원, 전체 공적자금의 37.7 %)로 지원되었다. 그러나 예금보험공사와 정부의 출자금 회수분의 합은 14.7조원으로 전체 회수액의 18.4 %에 불과하다. 오히려 대부분의 공적자금회수는 자산매각(39.8 %, 예금보험공사 및 자산관리공사 각각 6.6 % 와 33.2 %)과 파산배당(20.5 %)을 통하여 이루어졌음을 알 수 있다. 앞서 밝혔듯이 이 두 회수방식은 금융기관의 경영성과나 국가의 관리기능과 상관없는 방식으로 금융기관을 시장으로부터 퇴출시키는 방식이다.

[표 7.9] 공적자금 회수상황, 2006년 6월 현재.

단위: 조원

금융권	지원금액 (A)	회수형태			계	
		출자금 회수	파산배당	자산매각	회수총액 (B)	회수율 (A/B, %)
계 (%)	168.3 (%)	14.5 (18.2)	16.3 (20.5)	48.8 (61.3)	79.6 (100.0)	47.3

자료: 재정경제부.공적자금관리위원회 (2006: 266),

금융권별로 회수상황을 살펴보면, 은행권의 회수율이 가장 높게 나타나고 있는 현상은 주목할 만하다. 그러나 이 역시 구체적으로 살펴보면 경영정상화와 부채해소의 결과로 볼 수 있는 출자금 회수보다는, 주로 금융기관의 자산을 매각하는 방식으로 공적자금을 회수하여 왔음을 알 수 있다. 이는 결국 출자부문의 공적자금에 대한 전반적인 관리와 감독 능력이 부실하였음을 말해 준다.

출자부문의 저조한 회수실적은 두 가지로 해석될 수 있다. 공적자금의 지원에 앞서 당국은 금융권의 부실상황에 대한 정확한 실사와 조사능력을 발휘해야 한다. 만약 이러한 능력이 없다면 국가가 회생가능성이 없는 대상에게 출자방식으로 공적자금을 지원하여 조기에 퇴출되어야 할 기업의 영업을 연장하여 금융시장의 비효율을 가져온 뿐이다. 또는 회생가능성이 있는 기업에 출자 형식의 공적자금이 지원되었다고 할 경우, 회수율이 낮다는 사실은 지속적으로 경영정상화를 위해 기업을 관리하고 감독하는 규율의 역할을 국가가 제대로 수행하지 않았다고 볼 수 있다. 이 두 가지 해석 모두 궁극적으로는 국가의 대외적 역량이 부족함을 의미한다.

4. 맺는말: 발전국가 유산의 재평가

외환위기에 대처한 김대중 정권의 구조조정은 극명한 이중성을 보여 준다(김균·박순성, 1998). 한편으로는 발전시대와 마찬가지로 국가의 정책과 선호에 따라 자원을 금융 및 기업에 배분하는 동시에, 다른 한편으로는 배분된 자원을 금융 및 기업이 전용하는 부문에 관해서는 본질적으로 불완전한 또는 일시적으로 실패한 시장 메커니즘에 이를 맡겨야 한다며 국가의 철수를 주장하였기 때문이다(김명수, 1998; 2004). 다시 말해 국가는 적극적으로 그리고 일정한 의도와 정책적 선호를 가지고 금융과 기업에 지원을 제공함으로서 강하게 시장에 개입하는 동시에, 이러한 지원을 받은 금융기관과 기업에 대한 관리·감독과 규율, 그리고 이를 통한 경제적 효율성 확보에 대해서는 상대적으로 약한 개입 혹은 방치를 선택하였다(류석춘·장상철, 2001). 이는 "지원에 따른 규율"이라는 기제를 활용하였던 과거 발전국가와 달리 "규율 없는 지원"이라는 새로운 형태의 실험이었다.

공적자금의 운용과정에서 이러한 특징은 더욱 극명하게 드러난다. 국가의 자율성과 역량이라는 관점에서 볼 때, 외환위기 이후의 한국 국가는 과거 발전국가와 마찬가지로 금융자원에 대한 통제권을 확보하고 이를 통해 산업자본에 대한 지배력을 강화하면서 지배계급에 대한 대내적 자율성을 증대시켜 나갔다. 그러나 위기 이전의 발전국가는 이러한 높은 대내적 자율성을 바탕으로 산업자본에 대한 직접적이고도 강력한 개입을 통해 시장을 규율하며 기업의 효율성을 관리해 나갔던 반면, 위기 이후의 국가는 높아진 대내적 자율성에도 불구하고 역량의 부족으로 공적 자금의 비효율적인 운영이라는 정책 실패를 초래했다.

이 논문은 국가 역량의 관점에서 이와 같은 실패가 나타난 까닭을 크게 두 가지로 지적하고 있다. 하나는 국가 내부의 측면에서 관료제의 문제를 살펴본 결과 공적자금과 관련된 정책기구들 간의 응집력과 권위의 배열이 적절히 이루어지지 않았다는 사실이다. 다른 하나는 대외적 측면의 국가 역량에서 공적 자금을 지원해 준 기업에 대한 규율 능력이 부재했다는 사실이다. 종합하면 지원은 하되 규율은 하지 못하는 즉 자율성은 있으나 능력이 없는 국가의 개입 때문에 발생한 실패였다.

이와 같은 연구 결과는 최근 급증하는 세계화와 지구화의 흐름 속에서 대두되고 있는 국민 국가의 기능과 역할에 관한 논란에 일정한 함의를 제공한다. 세계화에도 불구하고 한편에서는 여전히 국민 국가의 적극적 역할이 중요하다는 주장이 제기되는 반면(Chang, 2002; 2006), 다른 한편에서는 이제는 국민 국가의 역할을 축소하고 시장기능을 활성화해야 한다고 강조하고 있다(이연호 외, 2002).

이 논문의 분석결과는 이 두 가지 견해 가운데 전자의 입장을 지지한다. 왜냐하면 세계화가 국민국가의 역할을 축소시킬 것이라는 주장은 하나의 신화일 뿐임이 드러났기 때문이다(Weiss, 1998; Wade, 1996). 특히 이 논문은 외환위기라는 대외적인 환경의 변화가 국가의 대내적 자율성을 높이는 기회가 되었음을 분명히 보여주고 있다. 또한 최근 진행되고 있는 자유무역협정(FTA) 협상에서도 드러났듯이 세계화에 따른 개방경제로의 적극적인 편입은 이 과정을 주도하는 국가의 역할에 관심을 두지 않을 수 없도록 하고 있다.

그러나 동시에 다른 한편으로 이 논문은 그러한 자율성을 효과적으로 행사할 수 있는 국가의 대내적 그리고 대외적 역량이 확보되지 못한다면, 이는 오히려 대외적 환경변화로 극대화된 자율성을 침식하는 위기의 요인이 될 수 있음도 보여주고 있다. 국가는 위기를 기회로 하여 금융권에 대한 지배력을 확보했음에도 불구하고, 관료적 응집성의 결여로 인하여 공적자금에 대한 관리를 전반적으로 부실하게 할 수밖에 없었다. 나아가서 금융권에 대한 지배력을 국가 스스로 해외 및 국내 자본에게 넘기는 결과를 초래하였다. 결국 금융자본에 대한 통제라는 발전국가의 자율성 포기는 해외자본의 압력 때문이라기보다는 국가 스스로의 역량 부족 때문이었다.

그렇다면 우리는 세계화에도 불구하고 국가의 자율성은 여전히 국민국가적 수준에서 국가의 역량에 따라 결정된다는 가설을 적극적으로 수용하지 않을 수 없다. 세계화의 진전과 함께 많은 학자들이 규제국가로의 경로전환이라는 기회비용과 발전국가적 특성의 유지라는 매몰비용 사이의 힘겨운 저울질을 시도해 왔다. 그러나 외환위기 이후 10년이 지난 지금 저울은 발전국가의 유지 쪽으로 기울고 있음이 드러나고 있다.

왜냐하면 세계화가 국민 국가의 역할을 반드시 축소시키지 않기 때문이다. 오히려 세계화는 더욱 적극적인 국가 개입에 대한 새로운 수요를 창출하고 있다. 발전국가는 해외시장의 개척이라는 세계화에만 효율적이었던 것이 아니라, 국내시장의 개방이라는 또 다른 세계화에도 효율적일 수 있다. 물론 이를 위해서는 국가 역량의 확보라는 전제 조건이 충족되어야 한다. 그리고 이는 결국 동아시아 발전국가 모델에 대한 보다 적극적인 재평가가 필요함을 의미한다.

결론

| 8장 |

연고가 신뢰와 사회자본에 미치는 영향: 발전의 도덕경제

제8장 | 연고가 신뢰와 사회자본에 미치는 영향: 발전의 도덕경제

이 책은 대한민국이 경제발전을 이룩하는 길고도 복잡한 과정에서 문화적, 사회적, 그리고 정치적 차원이 서로 어떻게 결합하여 발전에 결정적인 역할을 하게 되었는지를 분석했다. 그러나 일부에서는 지구화가 점점 강화될 수밖에 없는 미래의 환경에서 과연 그러한 모델이 여전히 유효할 수 있을까 하는 의구심을 갖기도 한다. 점점 더 국제화되고 있는 경제적 상황에서 민족국가의 역할을 축소될 수밖에 없다고 생각하기 때문이다. 그러나 오바마 집권 당시의 미국이 깨닫게 되었듯이 월가로부터 시작된 시장의 실패는 역설적으로 국가의 자율성과 능력을 강화시키는 기회와 필요성을 강화했다. 그 결과 미국은 트럼프라는 새로운 리더십을 등장시켰다. 민족국가의 종말이 불가피하다는 일부의 주장과는 달리 지구화의 증대는 오히려 국가의 효율적 개입에 대한 요구를 강화시키고 있다(Wade, 1996; Weiss, 1998; Shin J S, 2005b).

한국 모델을 다른 국가들이 따라 하면 과연 그것이 그 나라의 발전에 유효한 대안이 될 수 있는가 하는 문제는 일단 젖혀두더라도, 한국 모델을 과연 그대로 복제할 수 있는가 하는 문제부터 회의적인 사람들이 많다. 특정한 모델을 그 모델이 작동하는 맥락을 무시하고 가동시키는 일은 아무런 문제도 풀지 못한다. 이 책 전체를 통해 발전의 과정을 제대로 이해하기 위해서는 사회문화적인 맥락에 대한 고려가 반드시 필요함을 역설했다. 책의 마지막 장인 여기에서는 연고 네트워크를 사회자본과 신뢰의 시각에서 이론적으로 접근해 평가하는 작업을 통해 책을 마무리하고자 한다.

연고에 기초한 사회적 관계는 지구상의 모든 사회에 편재하는 것이 사실이고, 또한 그 효과에 관해서도 긍정·부정적인 평가가 동시에 존재한다(Bell & Hahm Chaihark 2004). 그러므로 중요한 것인 연고의 부정적인 효과를 최소화하는 동시에 긍정적인 효과를 어떻게 극대화하여 생산적으로 활용할 수 있는가 하는 문제다. 다시 말해 각 사회에 존재하는 연고를 주어진 역사적 맥락에서 어떻게 긍정적으로 즉 사회자본으로 활용할 수 있는가 하는 문제에 해답을 찾는 일이 중요하다. 연고의 부정적인 효과에만 주목해 이를 해체해야 한다고 주장하는 일은 가능하지도 않을뿐더러, 역사적으로 물려받은 사회문화적 자원을 낭비하고 파괴하는 잘못을 저지르는 일이기도 하다.

오페는 신뢰를 구축하는데 '소속감(sense of belonging)'의 중요성을 강조한다(Offe 1999: 63~4). 그는 공동체의 상징으로부터 혹은 구체적인 사람들 사이의 친밀한 인간관계로부터 신뢰가 발생한다고 설명한다. 특정한 공동체에 같이 소속되어 있다는 소속감 그리고 그러한 공유된 소속감으로부터 비롯되는 독특한 역사적 경험 즉 정체성을 공유하면 바로 그것이 신뢰를 갖는 사회적 관계로 발전할 수 있다고 설명한다. 여기에서 오페가 말하는 공동체란 확대가족, 종교집단, 지역집단, 학교, 군생활, 국가 등 매우 다양한 집단을 포괄한다. 이 다양한 모습의 공동체야 말로 바로 이 책이 말하는 연고 네트워크와 다르지 않다. 그렇다면 이러한 연고에 의한 소속감이야말로 신뢰를 생산해서 사회자본을 축적시키는 역할을 할 수 있다는 설명이다.

그렇기 때문에 연고를 시민사회의 결사체 혹은 이익집단과 비교해 무조건 무엇이 더 좋다 혹은 더 나쁘다고 평가할 수 없다. 다만 연고를 가동시키는 독특한 메커니즘의 속성을 이해하는 작업이 중요할 뿐이다. 대표적인 연고인 가족 그리고 친족 관계는 다른 무엇보다 가장 근본적인 형태의 사회자본이다. 울스너는 이로부터 한 걸음 더 나아가 신뢰를 만들어 나가는 과정에서 가족 경험이 젊은이들에게 미치는 영향을 특히 강조한다. 왜냐하면 젊은이들의 근본적인 삶에 대한 태도와 가치가 낙관적으로 혹은 비관적으로 형성되는 이유는 바로 가족관계로부터 비롯되기 때문이다(Uslaner, 2008: 109).

신뢰는 익명성이 보장되지 않는 조건 즉 가족과 같은 관계에서 발생한다. "신뢰를 유지시키는 최적의 조건은 가족이나 친족 집단과 같이 상대적으로 제한된 범위의 사람들을 상대로 한 사회적 활동과 상호작용을 통해 원초적이고 대면적인 기준이 작동하는 경우이다"(Offe, 1999: 55). 이러한 집단 가운데서도 가족은 일반화된 호혜성의 규범을 내면화시킨 가장 대표적 집단이다. 왜냐하면 가족은 세대 간 그리고 세대 내 자원의 이전을 실천해야 하기 때문이다. 그렇다면 문제는 제한된 사람들 사이에서 원초적으로 작동하는 연고를 어떻게 바깥에 있는 사람들에게 확대할 수 있는가 하는 문제가 중요하다(Offe 1999: 55). 즉 어떻게 비도덕적 가족주의를 극복하고 바깥에 있는 사람들과의 연계를 넓혀 나갈 수 있는가 하는 문제다(Woolcock 1998).

이 문제에 대해 제도주의자들은 신뢰를 생산하는 제도의 역할을 강조한다. 주커는 미국 자본주의 발전의 초기 단계에서 사회 질서가 붕괴된 와중에 공증이나 보험과 같은 제도적 장치들이 어떻게 신뢰의 생산에 기여했는지를 보여 주었다(Zucker 1986). 그녀는 사기나 계약위반 등과 같이 비도덕적 행동에 의해 발생하는 예기치 못한 손실은 최악의 상황에 대비하는 제도적 장치에 의해서 그 위험이나 불확실성을 감소시킬 수 있다고 설명한다. 제도주의자들은 모두 튼튼하고 믿을 수 있는 제도의 구축이야말로 신뢰의 전제조건이라고 입을 모은다. 이들은 이러한 신뢰를 '제도 기반 신뢰(institution-based trust)' 혹은 '제도 매개 신뢰(institution-mediated trust)'라 부르며 그 중요성을 강조한다.

그러나 신뢰를 생산하는 제도가 만들어 내는 신뢰가 과연 진정한 의미의 신뢰인지 따져 볼 필요가 있다. 여러 학자들이 지적했듯이 신뢰라는 개념이 성립하기 위해서는 위험과 사회적 불확실성이 전제되어야 한다(Uslaner, 2008: 102; 박찬웅, 2006; 야마기시, 2001; 이재혁, 2006). 다시 말해 위험과 사회적 불확실성을 고려할 필요가 없는 상황에서 신뢰는 필요하지 않다. 오페의 지적대로 "당연한 것으로 받아들여지는 것은 신뢰를 필요로 하지 않는다"(Offe, 1999: 66).

야마기시(2001: 190)가 말하는 '신뢰의 첫 번째 모순'은 바로 이 역설을 꼬집는 개념이다. 사회적 불확실성이 커서 신뢰가 형성되기 어려운 상황에서야말로 신뢰가 가장 필요한 상황이다. 이와 반대로 가족관계 혹은 자연현상과 같이 의심의 여지가 없는 상황에는 신뢰라는 개념이 적용될 필요가 없다. 야마기시는 이러한 상황을 신뢰와 구별하여 '안심(assurance)'이라고 정의한다. 이렇게 볼 때 제도가 만들어내는 신뢰는 오히려 안심이라고 보는 것이 적절하다.

여기에 더해 제도주의자들이 강조하는 신뢰에는 보다 근본적인 문제가 있다. 제도가 신뢰를 생산하기 위해서는 그것이 신뢰를 생산할 것이라는 믿음과 기대가 애초에 존재해야 하기 때문이다(류석춘·왕혜숙·박소연, 2008). 다시 말해 특정한 제도가 처음 만들어질 때 그것을 만들기 위한 노력에 필요한 최소한의 신뢰는 어디에서 구할 수 있는가? 왜냐하면 제도는 스스로 만들어지는 것이 아니기 때문이다.

그러므로 제도를 만들어내는 집합행동에 참여하는 행위자들은 모두 신뢰와 관련된 집합행동의 딜레마에 직면하지 않을 수 없다(Demsetz, 1967; Oberschall & Leifer, 1986; Ostrom, 1990).[112] 신뢰를 생산하는 장치와 제도들은 공공재적 특성을 가지므로 생산에 참여하지 않더라도 제도가 일단 확립되면 누구라도 그로부터 혜택을 누릴 수 있다. 이러한 상황 때문에 무임승차라는 기회주의적 선택이 나타날 수밖에 없고, 이는 결국 신뢰 생산장치의 생산이 실패하는 결과로 이어질 가능성이 높다. 결국 신뢰 생산장치의 생산에서 나타나는 집합행동의 딜레마를 해결하기 위해서는 선결조건으로 행위자들 간에 신뢰가 절대적으로 필요하다.

더구나 제도 자체가 존재한다고 해서 그것이 보편적인 신뢰를 보장해 주지도 않는다. 주커(Zucker, 1986: 65)가 말한 신뢰생산의 장치 예컨대 회계 감사, 제3자 기탁, 주식시장이나 부동산시장의 중개사, 보험료 등과 같은 제도적 장치들은 이러한 장치에 대한 신뢰가 이미 존재할 때에만 신뢰를 만들어 낼 수 있다. 만약 그러한 장치들이 특정한 사람들에게 유리하도록 조작될 가능성이 있다고 의심받거나, 공정성, 능력, 일관성 등의 문제에서 제도의 질이 문제가 되면 그 제도는 보편적인 신뢰를 보장하지 못한다.

112) 팝킨(Popkin, 1979)이 관찰한 농민경제의 사례는 제도라는 것이 아무리 효율적이고 필요하다고 해도 자동적으로 그리고 자연스럽게 나타나는 것이 아님을 보여준다(Oberschall & Leifer, 1986). 여러 농가가 농경용 가축을 공유하는 것이 각 농가가 가축을 개별적으로 소유하는 것보다 더욱 효율적임에도 농민경제에서는 가축의 공동소유가 좀처럼 발생하지 않는다. 가축을 공유하게 될 때 상대방이 가축을 얼마나 부려먹을지 또는 공유하게 될 가축의 건강 상태가 어떠한지에 대한 정보가 부족하기 때문에, 이들은 쉽게 가축을 공유하지 않고 비싼 비용이 들더라도 개인 소유의 가축을 유지할 수밖에 없기 때문이다. 이러한 현상은 농민 경제의 문화적 특질 때문이 아니라, 거래에서 가장 중요한 정보를 수집하는 데에서 비롯되는 어려움 그로 인한 신뢰의 부족에 대한 농민들의 합리적 대응인 셈이다.

또한 국가가 공인하는 자격증, 공증제도, 보험제도, 구제장치 등은 국가에 대한 신뢰가 전제되어야만 신뢰를 낳는 제도로서 작동할 수 있다. 국가가 특정 집단에게 불리하거나 유리하게 제도를 만들지 않을 것이라는 즉 제도가 공정할 것이라는 신뢰가 없다면, 제도는 결코 신뢰를 생산하는 기능을 할 수 없다. 따라서 주커가 신뢰를 생산하는 기능을 담당한다고 본 제도는 이미 존재하는 국가에 대한 신뢰의 결과물이지 신뢰를 생산하는 기제가 아니다.

그렇다면 제도에 의존하는 신뢰의 확보 문제는 고전적인 홉스의 문제와 하등 다를 것이 없다. 즉 제3자에 의한 강요의 문제이고, 불편부당하다는 제도 자체는 바로 그 제도가 해결하고자 하는 딜레마를 그대로 안고 있는 공공재일 뿐이다. 그러므로 제도는 그러한 제도를 만든 정부나 관료제 혹은 국가에 대한 사전적(ex-ante) 신뢰의 결과물일 뿐이다. 다시 말해 제도는 신뢰의 결과물이지, 그 역은 성립하지 않는다. 코헨이 지적한데로 "신뢰와 일반화된 호혜성은 애초에 제도를 만들기 위해 전제된 것이다.… 제도는 그것이 만들어질 때 이미 사회적 신뢰를 필요로 하기 때문에 제도를 사회적 신뢰로 보는 것은 타당하지 않다"(Cohen, 1999: 218-9).

정의적 네트워크 즉 연고는 바로 위에서 설명한 문제를 해결하는 단초를 제공한다. 다른 사람에 대한 신뢰는 물론이고 사람들을 하나로 묶는 연대를 포함한 긍정적 가치를 가진 공동체는 일반화된 호혜성이라는 규범을 지배적인 규범으로 삼는다. 이러한 신뢰와 가치는 개인의 이기적인 관심을 넘어서는 참여를 유도한다. 이러한 지향은 나를 다른 사람이 따를지 그렇지 않을지 모르는 상황에 처했을 때 배신의 경험보다는 협력의 긍정적 결과를 중시하게 만든다(Ulsaner, 1999: 122). 연고집단에는 바로 이와 같은 상황과 논리가 적용된다. 그러므로 연고집단은 구성원으로 하여금 타인에 대한 신뢰 그리고 일반화된 호혜성을 시험하고 또 학습하는 기회를 제공하는 역할을 한다.

누구나 타인을 신뢰하는 문제에는 매우 조심스럽다. 왜냐하면 누군가를 신뢰하면 거기에는 반드시 위험 혹은 이익이 동반되기 때문이다(류석춘·왕혜숙·박소연, 2008). 다른 사람을 신뢰하는 사람은 그 신뢰 관계가 깨졌을 때 겪어야 할 부담에 대해서도 생각하지 않을 수 없다. 그렇기 때문에 신뢰를 유지할 수 있는 자원을 많이 가진 사람은 신뢰가 깨졌을 경우에 대비하는 대안적 수단도 많다. 바로 이러한 이유로 돈과 권력 그리고 정보를 많이 가진 사람들이 신뢰를 더욱 감당할 수 있다. 다른 말로 하면 풍요로운 사람일수록 신뢰를 쉽게 할 수 있고 또한 그로부터 이익을 얻을 가능성도 높다. 거꾸로 어려운 사람일수록 신뢰를 쉽게 할 수 없고 동시에 그로부터 이익을 얻을 가능성도 낮다. 바로 이 대목에서 "신뢰가 가장 필요한 사람은 그 신뢰가 가져다 줄 수 있는 위험을 감당할 능력이 없고, 신뢰가 전혀 필요 없는 사람은 위험도 감당할 이유가 없다"는 신뢰의 역설이 발생한다(Offe, 1999: 53).

그러나 원초적이고 어디에나 존재하는 연고관계는 사람들이 잘못된 신뢰로 상처받고 또한 일반화된 호혜성으로부터 배제되더라도 신뢰의 마지막 보루로서 사람들에게 도덕적인 자원을 제공한다. 이런 의미에서 연고네트워크는 타인 일반(others in general)과 협조적이고 긍정적인 관계를 만들어 나가는 디딤돌 역할을 한다. 이와 같은 마지막 보루로서의 연고의 역할이 없다면 제도주의자들이 비인격적 제도를 통해 혹은 불신의 제도화를 통해 구현하려는 신뢰의 확산이 이루어 질 수 없다. 이런 맥락에서 일반화된 호혜성은 구체적인 사람들 사이의 인격적인 관계로부터 출발해 확산되는 학습의 결과라고 이해해야 한다. 연고는 바로 그러한 인격적이고 대면적인 관계로 구성된 가장 전형적인 관계이고, 그로부터 출발해 학습된 신뢰는 일반화된 호혜성이라는 규범으로 발전할 수 있다.

이와 같은 신뢰의 역설은 다음과 같은 보다 공격적인 질문 즉 "시장과 민주주의가 더욱 잘 기능하도록 하는 것은 과연 보편적 신뢰(universal trust)인가?"로 연결될 수 있다. 그라노베터(Granovetter, 1985)는 배태(embeddedness)라는 개념을 통해 행위자를 둘러싼 구체적인 인간관계 즉 인격적인 관계가 신뢰를 만들어 시장에서의 기회주의적 행동을 방지할 수 있음을 설명한 바 있다.[113] 그라노베타의 주장은 배태는 일반화된 도덕성(generalized morality)의 규범을 내면화한 즉 과잉사회화된 인간을 통해 신뢰의 문제를 해결하자는 주장이 아니다.

오히려 그라노베타의 주장은 구체적인 '개인 간 관계(interpersonal relations)' 즉 인격적인 관계와 그것이 만들어 내는 사회구조가 이기적 개인에 신뢰를 제공하여 기회주의적 행동을 억제하는 역할을 할 수 있음을 강조하는 개념이다. 다시 말해 시장 외적인 인격적인 사회관계가 경제적 거래를 가능하게 하는 신뢰를 제공하고 있음을 지적하는 개념이다. 그렇다면 시장을 움직이는 것은 보편적 신뢰라기보다는 행위자와의 구체적인 관계 속에 배태된 제한적 신뢰인 셈이다. 개인적 관계로부터 유리된 몰인격적인 시장은 신화에 불과하다(류석춘, 2002a).

같은 맥락에서 민주주의의 발전과 관련하여 퍼트남이 시민적 참여(civic engagement)의 모태로 보았던 이탈리아 북부의 활발한 자발적 결사의 실체 또한 분명히 이해할 필요가 있다(Putnam 1993a). 퍼트남이 강조하는 시민적

113) 그라노베터(Granovetter, 1985)의 연구는 인간의 '제한적 합리성'과 '기회주의'를 인정하는 가운데 이를 어떻게 극복하여 경제생활에 질서를 만들어 낼 수 있는가 하는 문제에 대해 신제도주의 경제학 특히 윌리암슨(Williamson, 1975)이 제시한 해법 즉 '시장과 위계(market and hierarchy)'를 비판한 연구이다. 그라노베터는 윌리암슨의 해법이 과소사회화 및 과잉사회화에 의지하고 있다고 비판하며 '구체적인 사회관계에 배태된 인간의 선택'이 이에 대한 대안이라고 주장한다.

전통의 기반은 빈번한 면대면 접촉을 일상적으로 공유하는 마을 주민 사이의 인격적인 관계이기 때문이다. 예컨대 성가대, 독서 클럽, 뜨개질 모임, 스포츠 동호회 등이다. 그러므로 퍼트남의 시민적 결사는 신뢰의 대상이 제한적인 집단들이다. 이러한 단체들은 모두 상당한 기간 동안 서로 알고 지내면서 매우 구체적인 상호작용을 주고받아 형성된 면식을 통해 인격적인 신뢰를 쌓아 자발적 참여와 협동을 만들어 내는 단체들이다(Offe, 1999: 50; Yamagishi & Yamagishi, 1994).

그러므로 자발적 참여와 적극적인 협동을 만들어 내는 것은 상호면식이 있는 인격적인 신뢰 그리고 그로부터 비롯되는 학습의 과정이라고 보아야 한다. 그렇다면 민주주의라는 제도의 작동을 도와주는 것은 제도에 기초한 비인격적인 보편적 신뢰가 아니라 구체적인 인간관계 속에서 공유된 인격적 신뢰이다. 그렇지 않고서야 퍼트남이 면대면 접촉을 만들어내는 자발적 결사체의 감소를 두고 '혼자 볼링하기'라는 냉소적 표현을 하며 미국 민주주의의 쇠퇴를 한탄할 이유가 없다(Putnam, 1995). 코헨 역시 퍼트남이 본 자발적 결사의 모습은 '면대면 관계에 기초한 개인 간의 인격적 신뢰(interpersonal trust generated in face-to-face relationships)'에 가까우며, 이는 보편적 신뢰와 구분되어야 한다고 주장했다(Cohen, 1999: 221).

이상의 논의는 다음과 같이 요약할 수 있다. 제도에 의해 만들어진 보편적 신뢰는 위험과 사회적 불확실성을 동반하는 '신뢰'가 아니라 '안심'이다. 신뢰를 생산하는 제도를 만들기 위해서는 그러한 제도가 필요하다고 믿는 사람들 사이에 혹은 그 제도를 만드는 정부에 대한 신뢰가 먼저 존재해야 한다. 그러므로 제도에 의한 보편적 신뢰가 불가능한 것은 아니지만, 보편적 신뢰를 만들기 위해서는 우선 면식을 통한 인격적 신뢰가 존재하고 그로부터 일반화된 신뢰를 발전시키는 확산 혹은 학습의 과정이 필요하다.

따라서 민주주의 혹은 시장을 더욱 잘 작동시키는 것은 연고와 같이 면대면 관계에 기초한 인격적 관계이지 제도에 의해 매개되어 만들어진 보편적 신뢰가 아니다.

저발전 국가의 전근대 경제 혹은 도덕 경제는 흔히 측근 자본주의, 후원/수혜 관계, 보스주의, 족벌체제, 혹은 연고주의라 불리며 경제적 합리성 혹은 효율성과는 거리가 먼 경제 방식으로 비난받아 왔다. 이러한 용어들은 전통적인 인격적 관계가 정치적으로 또한 경제적으로 효율적인 시스템을 발전시키는데 걸림돌이 되어 왔음을 명백하게 혹은 암묵적으로 전제하고 있음을 보여준다. 그러나 이 책에서 살펴보았듯이 그러한 전제는 한국의 기적과도 같은 성공에 적용될 수 없다. 한국은 전통적인 유교문화 그리고 그에 기초한 연고라는 사회관계를 제거하기는커녕 활용하면서 발전을 이루었기 때문이다. 따라서 한국의 경우를 설명하기 위해서는 도덕경제에 대한 보다 심층적인 이해가 필요하다.

발전을 위한 계획을 수립하면서 정치적이고 경제적인 필요에 따라 제도를 만들어 나가야 한다는 전략과 정책에만 의지한다면 그러한 정책과 전략이 작동하는 역사적 맥락의 중요성을 간과하기 쉽다. 제도의 역할을 강조하는 학자들은 대부분 문화의 역할을 소홀히 생각한다. 이들은 익명에 숨어 움직이는 시장 혹은 탈인격화된 시민사회를 전제하기 때문에 각 사회가 역사로부터 물려받은 사회문화적 차이에 주목하지 않는다. 그러나 한국의 경우가 바로 그렇지 않다는 사실을 증명하는 시금석이다. 한국은 전통적인 유교문화와 그에 기초한 사회적 관계인 연고를 근대적인 경제적 및 정치적 제도와 적절히 조합해 성공을 만들 수 있었다. 유교문화와 연고관계가 개인을 서로 협동하게 만들었다는 사실을 확인할 수 있었기 때문이다 (Ringmar, 2005).

따라서 전통문화에 기초한 연고 네트워크는 위계적인 국가 혹은 비인격적인 시장의 요구에 대응하는 제3의 대안이 될 수 있다. 전통적 가족 조직 방식을 따라 경제활동을 하면서도 경쟁적인 해외시장에서 수출에 두각을 나타낸 재벌기업이야말로 문화적 전통과 근대적 경제가 접합해 성공한 대표적 경우다. 대통령 선거 때마다 지역 간의 대립을 표출하면서 정치적으로 민주화에 성공한 한국의 정치 또한 지연이라는 연고가 생산적으로 활용되면서 제도화된 또 다른 경우다. 그러한 성공적 결합은 결코 정치나 경제의 영역에 국한되어 나타나는 현상 또한 아니다. 예컨대 교육이나 복지의 영역에서도 가족 나아가서 연고에 기초한 네트워크는 매우 중요한 역할을 수행하면서 근대적 제도를 발전시켜 왔다(Wang, 2017).

시장이나 국가의 영역에서 시행되는 각종 제도적 장치의 부족한 부분을 메워 줄 수 있는 전통 문화의 잠재력을 확인하기 위해서는 다양한 실험이 필요하다. 개인주의적이고 원자화되어 있는 현대 사회의 문제는 우리를 서로 묶어 줄 수 있는 수단으로 다시 연고에 관심을 기울일 것을 요구하고 있다. 집단을 구성하는 성원으로서의 공동체에 대한 책임, 개인의 이기심에 대한 도덕적 경계, 개인과 집단의 이익을 조화시키려는 노력 등에 대한 필요성이 바로 전통 문화에 대한 우리의 관심을 다시 불러오고 있다. 오늘날 세계에 존재하는 모든 사회는 그러한 전통을 역사로부터 물려받아 가지고 있기 때문이다.

도덕경제는 주로 전근대 사회의 독특한 모습을 설명하기 위해 활용되어 왔다. 모스(Mauss, 1990 [1925])가 관찰한 선물을 주고받는 행위, 그리고 스콧(Scott, 1976)이 관찰한 비합리적 농민과 인자한 지주 등이 그 예다. 그러한 사회는 모두 민주적 국가가 없고 또한 자본주의적 시장도 작동하지 않는 전근대 사회, 비서구 사회였다(Wilk & Cliggett 2007). 그렇기 때문에 도덕경제는 미시적인 수준에서 특정한 사람이 스스로의 이해에 반하는 비합리적 행동을 하는 이유를 설명하기 위해(Geertz, 1973), 그리고 거시적인 수준에서는 근대적 정당성과 합리성이 없는 전통적 혹은 카리스마적 권위가 지속적으로 존재하는 이유를 설명하기 위해(Weber, 1946) 창안되었다.

일부 독자들은 도덕경제가 적용될 수 있는 이러한 모습들은 단지 비합리적이고 비효율적인 문제일 뿐이라고 단순하게 생각할 수 있다. 그렇기 때문에 그들은 자본주의적 시장과 합리적인 관료제와 같은 근대적인 장치들이 만들어지고 확산되면 도덕경제는 결국 조만간에 사라질 운명이라고 생각한다. 그러나 한국의 사례가 그러한 예측이 틀렸음을 보여주고 있다. 한국의 성공은 전통을 부정한 것이 아니라 활용했기 때문에 가능했다. 한국은 국가와 시장을 통해 전통적인 도덕경제를 조직적으로 활성화시키면서 산업화와 민주화를 이룩했다. 한국의 이러한 성공 과정은 보통의 국가 이론이나 일반적인 자유주의 경제 이론으로 설명되지 않는다. 한국의 성공은 일반화된 호혜성에 입각해 규율적 윤리를 활용한 도덕경제적 시각을 가져야만 비로서 설명이 가능하다.

그렇다면 이러한 설명을 다른 국가의 경우로도 확대할 수 있는 것인가 아니면 한국이라는 특수한 상황에서만 적용이 가능한 것인가? 나아가서 도덕경제라는 것을 근대 사회에 여전히 적용할 수 있는 것인가? 막스 베버의 청교도적 합리성에 관한 연구 그리고 애덤 스미스의 도덕감정론에 대한 연구 이래 수많은 학자들이 근대 자본주의 사회에서도 도덕경제가 여전히 중요한 역할을 수행하고 있음을 확인하고 있다(Zelizer, 2005; Gintis, Bowles, Boyd & Fehr, 2005; Zak, 2008). 도덕적 원칙은 서구사회의 발전 과정에서 지금까지 매우 중요한 역할을 수행해 왔고 또한 앞으로도 그럴 것이다. 그러므로 우리는 연고관계에 기초한 일반화된 호혜성이 '시장과 위계(Williamson, 1973)'

혹은 '교환과 재분배(Polanyi, 2001[1944])'라는 선택에 대한 제3의 대안으로 인정하지 않을 수 없다(Ostrom, 1990).

분명 이 책에서 기술한 한국 도덕경제의 특성이 모든 나라에 똑 같이 보편적으로 적용될 수는 없을 것이다. 그럼에도 불구하고 모든 저발전 국가는 한국과 엇비슷한 사회적 관계를 역사로부터 물려받아 내장하고 있다. 한국의 사례를 설명한 이 책의 작업이 다른 국가들이 자신의 발전을 위한 처방전을 스스로의 역사적 맥락으로부터 찾아 나가는데 참고가 되기를 바랄 뿐이다. 다른 한편 한국인 스스로도 이 책을 읽고 우리의 전통 문화 나아가서 전통적 사회관계가 오늘날의 사회를 보다 좋은 사회로 변화시키는데 필요한 자원으로 재활용될 수 있는 가능성을 열어 두길 바랄 뿐이기도 하다.

보론

| 9장 |

수강생 서평 (강신욱)

제9장 | 수강생 서평

강신욱
(2018년 봄 '대한민국의 산업화와 민주화' 수강, 생활디자인 2014학번)

우리 집안 어른들의 삶

류석춘 교수의 영문 책 *The Korean Economic Developmental Path*의 국문 번역본 원고를 읽고 있을 때 홍콩대를 다니는 사촌동생이 한국을 방문했다. 나의 엄마의 남동생, 즉 작은 외삼촌의 딸이다. 외삼촌은 금융업에 종사하는데 굉장히 성실하고 책임감이 강한 멋진 대한민국의 가장이다. 현재는 비록 동남아이긴 하지만 3층짜리 주택에 기사, 가정부 딸린 집에 사는 소위 출세를 하신 분이다.

하지만 우리 집안 어른들의 유년 시절은 궁핍했다. 할머니는 5남매를 홀로 키우셨다. 공부를 잘 했었던 삼촌은 전북 김제였던 집을 떠나 전주에 있는 고등학교를 다녔는데 할머니께서는 아들 뒷바라지하랴 일하시랴 고생이 이만저만이 아니었다고 들었다. 더군다나 삼촌을 대학을 보내기 위해 고등학교에서 중대장 즉 학생회장이었던 어머니가 대학을 포기하고 취업전선에 뛰어들게 되었다.[114] 학생이었던 다른 이모들도 마찬가지였다. 다행

114) 유신정권에서는 학생회를 학도호국단이라 불렀으며, 그 편제는 군대조직을 따랐기 때문에 지금의

히 삼촌은 한국외대에 입학하였고, 졸업하자마자 은행에 입사했다.

간혹 엄마가 술을 좀 드시고 나면 당시 공부를 삼촌보다 더 잘했던 본인이 대학을 못가고 남동생들을 위해 취업을 해야만 했다는 것에 대해 할머니에게 서운함을 크게 표현하시곤 한다. 그래서인지 엄마는 우리 삼 남매의 교육에 전력을 다하셨고 우리 삼 남매는 모두 좋은 대학에 합격하여 엄마의 어린 시절의 한을 조금이나마 풀어줄 수 있었다.

이 책을 통해 류 교수는 유교 윤리와 자본주의에 대해 분석하였는데, 사실 그의 분석은 우리 집안 어른들의 삶과 너무나도 닮아 있었다. 그의 논문을 읽는 내내 집안 어른들의 삶의 무게와 성공에 대한 절절한 열망을 느끼며 읽어 내려갔다. 책의 도움을 받아 우리 집안 어른들이 왜 그런 선택을 하였고, 왜 그런 삶을 살아갔는지 분석을 해 보고자 한다.

혈연으로 취업한 삼촌

우리 아버지와 어머니는 1991년에 결혼을 했고 그 해에 누나를 낳았다. 아버지는 그 몇 년 후 컴퓨터 유통업체를 인수하셨는데 직원으로 작은 삼촌과 이모를 실장 직함을 주며 고용했다. 지금의 내 나이인 당시 삼촌한테 실장 직함을 준 것은 대단한 파격이었다. 그러나 삼촌은 사장인 매형의 '비호' 속에서 열심히 영업을 했다. 류석춘 교수의 논문에 따르면 유교적 가족주의의 전형인 셈이다. 경험 없는 20대 초중반 남자를 단순히 혈연으로 고용한다는 것은 지금의 생각으로는 옳지 않다고 생각하기 쉽다. 왜냐하면 연고주의는 비효율적이고 부패를 초래한다는 인식 때문이다.

하지만 류 교수는 혈연, 지연 등의 순기능에 대해 이렇게 말하였다. "누

학생회장에 해당하는 직책을 중대장이라 불렀다고 들었다.

군가의 소개로 고용된 이는 그 소개해 준 당사자의 체면 때문에 더 성실하게 일하는 경향을 가진다." 과연 막내 삼촌은 성실히 일하였을까? 당시를 회상하는 아버지의 말씀에 따르면 삼촌은 본인이 보기에도 청춘이 아깝다고 생각될 정도로 일에 몰두하였다고 증언한다. 삼촌에게 그 이유를 묻자 결국 류석춘 교수와 같은 대답이 돌아왔다 "누나한테 욕먹지 않기 위해 열심히 살았다."

아버지의 집합적 재현

아버지는 사업이 번창해 가자 은행에 다니는 큰 외삼촌을 제외하고 외가 식구 전체를 사업에 끌어들였다. 이모들과 막내 외삼촌이 각각 직함을 달고 사업을 꾸리셨다. 가족사업을 한 셈이다.

어른들은 간혹 형제들이 수준이 비슷해야 한다는 말씀을 한다. 즉 누구 하나 모자라는 사람이 있으면 안 된다는 뜻이다. 누구 하나 모자라 형제 간에 경제적 차이가 생겨나는 것 자체가 불효라고 생각하기 때문이다. 아버지가 사업을 할 때, 가족들을 사업의 파트너를 정한 이유가 여러 가지 일 수 있겠지만, 그 중 하나는 우리 '형제 모두가 같이 잘되어야 한다'는 생각 때문일 것이다. 류석춘 교수의 말을 인용하면 '집합적 재현'인 셈이다. 되짚어 보면 그 집합적 재현의 긍정적 기능들이 아버지의 사업을 번창하게 만드는 이유였다.

집안 어른들은 자신의 경제적 몰락이 서로에게 도미노 현상으로 이어진다는 점을 잘 알았다. 더욱이 가족사업을 하는 입장에서 이는 더 크게 다가왔을 것이고, 어른들의 근로의지와 책임감은 서로를 긴장시키고 동시에 격려해 주었을 것이다. 결국 2000년 대 초반 닷컴 붐, 즉 IT 산업의 발진과 맞

물리면서 사업은 번창하였고, 집안 어른들은 그토록 바라던 '발전적 재현'과 '집합적 재현' 모두를 이룰 수 있게 되었다.

한국외대 학연

한국의 연고주의는 그 힘이 막강하다. 예를 들어 고려대 교우회, 해병대 전우회, 호남 향우회가 대표적이다. 더욱이 외국에서의 연고는 서로의 생존의 문제와 직결되어 그 결속력이 더욱 강해진다.

큰 외삼촌은 2000년대 중반 그의 인생이 바뀌는 중요한 제안을 하나 받는다. 당신께서는 당시 은행을 다니셨는데 막 부상하기 시작하는 베트남투자를 위해 베트남 호치민 지점으로 발령을 받게 되었기 때문이다. 그리고 얼마 후 숙모와 두 딸을 모두 이끌고 베트남 호치민으로 이민을 가게 되었다. 그런데 베트남 한인회는 주류가 한국외대 베트남학과 출신들로 이루어져 있었고, 마침 삼촌도 한국외대 베트남학과 출신이었다. 한국외대 베트남학과 출신이라는 사실과 그의 능력이 시너지 작용을 일으켜 그는 베트남에서 승승장구 할 수 있었다. 이것이 소위 말하는 학연의 순기능이다.

류석춘 교수는 학연, 지연, 혈연 등 연고주의에 대해 말하기를 social network를 수행하는 가장 기초적인 수단이라고 말한다. 또한 그는 학연, 지연, 혈연은 가치중립적이며 그것을 어떻게 사용하느냐 하는 문제는 사용하는 사람에 달렸다고 분석한다. 삼촌의 경우는 연고주의를 긍정적으로 활용한 케이스이다. 머나먼 베트남에서 한국 사람들이 사용한 혈연(한국사람), 학연(한국외대 베트남학과)의 social network는 서로 간에 사회적 불안감을 낮추어 주었다. 연고는 구성원 간의 신뢰관계를 구축하는데 도움을 주었고, 그 구성원간의 결속력을 빠르게 높혀 주었다. 해외라는 환경은 일반적으로 사람 간의 관계를 구축하는 데 더 큰 거래비용을 필요로 하지만, 학연이라는 전략적 선택으로 거래비용과 환경의 불확실성을 낮출 수 있었다.

외할아버지 제사

우리 외할아버지는 외도를 하여 이혼하였다. 나는 외할아버지를 실제로 뵌 적이 없고 돌아가셨을 때 상가에서 영정 사진으로만 그 분을 뵈었다. 당연히 외할머니는 바람을 피우고 이혼한 외할아버지 때문에 오 남매를 힘들게 키우셨다. 그러나 여기에 놀라운 일이 있다. 그렇게 미운 외할아버지의 제사를 외할머니는 꼬박꼬박 빠짐없이 지내신다는 것이다. 그것도 제사 절차를 완전히 준수하시면서 지내신다. 나는 머리가 커질 만큼 커진 나이에 할머니의 행동이 궁금하여 엄마에게 그 이유를 물었더니 다음과 같은 대답이 돌아왔다. "하늘에 계신 할아버지를 섭섭하게 하면 할아버지가 자식들 앞길을 막을 것 같아 할머니는 자식들을 위해서 제사를 지낸단다."

류석춘 교수는 제사를 기억의 연속성을 보존하는 과정이라고 해석한다. 제사를 함으로서 인간은 죽음이라는 단절을 극복하고 기억 속에서 영원히 이어진다고 설명하였다. 그것이 유교 문화권인 우리나라에서 더욱 강력하고 중요하게 남아있게 된다. 할머니의 행동은 어떻게 해석할 수 있을까?

첫째는 유교적 당위성이다. 즉 아무리 자식들과 외할머니에게 좋지 않은 기억으로 남더라도 외할아버지 제사를 지내지 않는 것은 불효라고 생각하는 유교 문화 때문이다. 둘째는 할머니의 토속적 믿음과 유교문화가 혼합된 결과일 것이다. 할아버지의 혼이 실제 살아있다는 믿음과 유교적 제례가 혼합된 결과이다. 셋째는 '발전적 재현'의 압력이다.

발전적 재현을 류 교수는 선대보다 더 나은 삶을 살아야 한다는 압력을 받은 결과라고 설명한다. 일반적인 상황에서 발전적 재현이란 자신의 선대에게 자신의 성공을 보여주어 효를 다하는 것이다. 그러나 우리 집안의 특수한 상황에서 발전적 재현이란 자식들의 성공을 보여주어 외할아버지에 대한 원한을 승화시키는 과정처럼 느껴졌다. 제사는 결국 외할머니의 효에 대한 실천이었고 자식들에게 발전의 당위성을 일깨워 주는 과정이었다.

결론

우리 집안은 부유하지 않았다. 우리 아버지 어머니와 같은 세대의 대부분은 아마도 비슷한 가정환경을 가졌을 것이다. 많은 이 땅의 어머니들은 자신들을 희생하여 남자 형제들을 대학에 보냈을 것이고, 자신보다 자식이 잘 살기를 바라며 자식들의 교육에 전념하였을 것이다. 가족들은 서로와 서로의 부조관계 속에서 발전해 나갔고, 그 울타리 안에서 부모들의 효와 복지를 책임졌다. 타국에 나가 있는 우리의 아버지 어머니들은 외국에서 생존의 위협을 마주하면서 학연과 혈연이라는 network를 활용하여 서로를 보호하였다.

그 동안 유교적 관념은 국가 관료(state bureaucrat)들에게 애국심을 세워 잘 살아 보게 하는 원동력을 제공하였다고 알려져 왔지만 류 교수 책에서는 국민 개개인에게도 선대보다 발전해야 한다는 원동력을 제공하였다는 점을 새롭게 밝혀낸다. 유교적 관념은 남존여비, 고리타분 등의 고정관념 속에서 평가를 받지 못하였다. 그러나 대한민국의 전례 없는 근대화는 유교윤리의 효과에 대한 설명 없이는 해석이 불가하다. 우리 집안 어른들의 성장 원동력은 사실 이러한 유교적 원리에 의해 발전했다.

이제 집안 어른들이 은퇴를 준비하시는 나이에 이르렀다. 외할머니를 대한민국의 1세대라고 한다면 나는 대한민국의 발전의 3세대이다. 우리는 1세대, 2세대 어른들의 발전상을 목격하였고, 그 과정 속에서 유교적 관습의 장점과 단점을 동시에 목도하였다. 결국 우리에게 남은 과제는 장점을 발전시키고 단점을 지양하는 것이다. 그리고 부모세대의 유산을 보존, 발전시키는 것이다. 류 교수의 책을 통해 그 동안 유교 잔재라고만 알고 있었던 문화에 대한 고정관념을 깨는 계기를 가지게 되었고 내가 어떤 선택을 통해 부모세대의 유산을 보존하며 살아갈지 고민해보는 과정을 가지게 되었다.

국문 참고문헌

감사원. 2003. 『공적자금감사백서』 감사원.

강문구. 1995. "변혁지향 시민사회 운동의 가능성과 한계" 유팔무·김호기 『시민사회와 시민운동』 한울.

경향신문. 2004년 9월 4일.

고병익. 1996. 『동아시아의 전통과 변용』. 문학과지성사.

공병호. 1993. 『한국기업 흥망사』 명진출판.

국민일보. 2006년 6월 20일.

국민호. 1988. "정부와 기업: 1980년대 초 경제자율화조치 후의 변화와 그 한계점" 『한국사회학』 22권 1호.

국민호. 1995. 『동아시아 신흥공업국의 정치제도와 경제성공』 전남대학교 출판부.

국민호. 1997. "동아시아 경제발전과 유교" 『한국사회학』 31집 봄호. pp. 29~60, 한국사회학회.

국민호. 1999. 『동아시아 국가주도 산업화와 유교』 전남대학교 출판부.

국회사무처. 2000a. 『제216회 국회 공적자금의 운용실태 규명을 위한 국정조사특별위원회록』.

국회사무처. 2000b. 『제216회 국회 국회본회의회의록』.

국회사무처. 2001. 『제217회 국회 공적자금의 운용실태 규명을 위한 국정조사특별위원회록』.

국회사무처. 2002a. 『제234회 국회 공적자금국정조사특별위원회회의록』.

국회사무처. 2002b. 『제234회 국회 재정경제위원회회의록』.

국회사무처. 2003. 『2003년도 국정감사 정무위원회회의록』.

권영준. 2002. "공적자금 관리 및 감독의 효율성 제고 방안" 이인실·박승록·최두열 외, 『공적자금 투입의 중간평가와 과제』 한국경제연구원.

금장태. 1992. "유교의 천상제관" 윤사순 편, 『공자 사상의 발견』 민음사. pp. 211~230.

금장태. 2000. 『유교의 사상과 의례』 예문서원.

기딘스 (Giddens). 1997. 『좌파와 우파를 넘어서』 한울.

기획예산처/재정경제부. 2012 "공적자금관리위원회 보도자료" (2012년 12월 28일), 5쪽.

김균·박순성. 1998. "김대중 정부의 경제정책과 신자유주의" 이병천·김균 편, 『위기, 그리고 대전환』 당대.

김대호. 2009. "쌍용자동차 사태를 통탄한다" http://www.goodpol.net/inquiry/statistics.board/entry/56 (2009년 11월 20일 검색).

김덕균. 2004. "효의 관점에서 바라본 선진 유교의 사생관과 제사 의식의 실제" 『효학연구』 1권. pp. 290~303, 한국효학회.

김동노. 1997. "국가의 정당성 결여와 생활세계 왜곡" 『현상과인식』 21 (1): 71~96.

김명수. 1998. “시장의 신화와 국가의 오해” 한국비교사회연구회 편, 『동아시아의 성공과 좌절: 새로운 발전 모델의 모색』 전통과현대.
김문조. 1993. “지역주의의 형성과정과 특성” 임희섭·박길성 『오늘의 한국사회』 나남.
김상조. 2008. “경제력 집중 심화와 한국경제의 다이나믹스 II” 『기업지배구조연구』 10: 67~82.
김상준. 2001. “조선 시대의 예송과 모랄폴리틱” 『한국사회학』 35 (2): 205~238.
김석근. 1999. “유교윤리와 자본주의정신?-‘베버테제’의 재음미” 『동양사회사상』 2집. pp. 197~228.
김선업. 1993. “연줄망과 연고주의” 임희섭·박길성 『오늘의 한국사회』 나남.
김성국. 1999. “한국 시민사회의 구조적 불안정성과 시민권력의 형성: 신사회운동을 중심으로” 김일철 편 『한국 사회의 구조적 이해』 대우학술총서. 아르케.
김성국·석현호·임현진·류석춘. 2004, 『우리에게 연고는 무엇인가』, 전통과현대.
김성동. 2002, “인물연구: 1960년대 전설적인 새마을운동 지도자 하사용씨” 『월간조선』 3월호.
김성진 편. 1994, 『박정희 시대: 그것은 우리에게 무엇이었는가』 조선일보사.
김성진. 2006, 『박정희를 말하다: 그의 개혁 정치, 그리고 과잉충성』, 삶과꿈.
김영래. 1996. 『이익집단 정치와 이익갈등』 한울.
김용학. 2003a. 『사회연결망 이론』 박영사.
김용학. 2003b. 『사회연결망 분석』 박영사.
김용학. 1996. “연결망과 거래비용” 『사회비평』 14: 86~118.
김윤태. 1999. “동아시아 발전국가와 지구화” 『한국사회학』 33권 1호.
김은미·장덕진·그라노베타(Granovetter). 2005, 『경제위기의 사회학: 개발국가의 전환과 기업집단 연결망』 서울대학교 출판부.
김인춘. 2007. “자본주의의 다양성과 한국의 새로운 발전모델: 민주적 코포라티즘의 조건” 『한국사회학』 41집 4호
김일곤. 2004. 『동아시아의 경제발전과 유교문화』 한울아카데미.
김일영. 2004, 『건국과 부국: 현대 한국 정치사 강의』 생각의나무.
김정렴. 1997. 『아, 박정희』중앙M&B.
김정렴. 2006. 『최빈국에서 선진국 문턱까지』 랜덤하우스.
김지희 편. 2007, 『신뢰 사회를 향하여』, 한림과학원총서 121, 소화.
김창호. 2000. 중앙일보 2월 1일 기사.
김태은. 1999. 『고려의 지방통치구조로 본 전근대 국가의 성립원리』 연세대 석사학위논문.
김형아. 2005. 『유신과 중화학 공업: 박정희의 양날의 선택』. 일조각.
김호기. 1992. “동아시아 자본주의발전과 유교의 역할”. 유석춘 편. 『막스 베버와 동양사회』. 나남. pp.335~357.
남영신. 1992. 『지역 패권주의 연구』 학민사.

내무부. 1980. 『새마을운동 10년사: 자료』 서울.
다나카(田中明) 저. 1995. 『한국 정치를 투시한다』 윤학준 역. 길안사.
동아일보. 2000년 2월 8일.
동아일보. 2002년 11월 6일.
동아일보. 2006년 9월 1일. 머리기사.
로저 자넬리·임돈희 공저. 김성철 역. 2000. 『조상의례와 한국사회』 일조각.
류석진 [유석진]. 2005. "금융자유화와 정치: 1980년대 한국사회를 중심으로" 『동아연구』 49집. 서강대 동아연구소.
류석춘 [유석춘] 편. 1992. 『막스 베버와 동양사회』 나남.
류석춘 [유석춘]. 1997a. "동아시아 '유교자본주의' 재해석" 『전통과현대』 겨울호. pp. 124~145.
류석춘 [유석춘]. 1997b. "유교자본주의의 가능성과 한계" 『전통과현대』 여름호. pp. 74~93.
류석춘 [유석춘]. 1998. "유교 자본주의와 IMF 개입" 『전통과현대』 가을호 (통권 6권).
류석춘 [유석춘]. 2001. "한국의 사회자본: 연고집단" 『현대 한국사회 성격논쟁: 식민지, 계급, 인격윤리』 전통과현대. pp. 189~207.
류석춘 [유석춘]. 2002a. 『한국의 사회발전: 변혁운동과 지역주의』 전통과현대.
류석춘 [유석춘]. 2002b. 『한국의 시민사회, 연고 집단, 사회자본』 자유기업원.
류석춘 [유석춘]. 2006. "발전국가 한국의 지배구조와 자본축적: 박정희 시대와 이승만 시대 비교" 김용서 외. 『박정희 시대의 재조명』 전통과현대.
류석춘 [유석춘]. 2018. 『박정희는 노동자를 착취했는가』 기파랑.
류석춘 [유석춘]. 2019. "만주와 이승만·박정희, 김일성" 『월간조선』 9월호.
류석춘 [유석춘]·국민호. 1992. "베버의 지배 유형과 제이콥스의 동양사회 유형." 류석춘 [유석춘] 편. 『막스베버와 동양사회』 나남. pp. 311~333.
류석춘 [유석춘]·김용민. 2000. "한국 시민사회의 목적 전치: 경실련과 참여연대를 중심으로" 『동서연구』 12 (2): 5~38.
류석춘 [유석춘]·김태은. 2002. "중국 향진기업의 발전과 가(家)의 재구조화" 『전통과현대』 봄호 (19호): 170~205.
류석춘 [유석춘]·심재범. 1990. "한국사회 변혁운동의 두 가지 기반: 계급의식과 지역차별의식" 한국사회학회 편, 『한국의 지역주의와 지역차별』 성원사. pp. 217~252.
류석춘 [유석춘]·왕혜숙. 2006. 『참여연대 보고서』 자유기업원.
류석춘 [유석춘]·왕혜숙. 2007. "외환위기는 발전국가를 변화시켰는가: 공적 자금을 중심으로" 『한국사회학』41 (5): 64~97.
류석춘 [유석춘]·왕혜숙·박소연, 2008, "연고 집단과 자발적 결사체의 신뢰 비교 연구: 동창회와 시민 단체를 중심으로" 『동양사회사상』 17집.
류석춘 [유석춘]·왕혜숙·백용훈. 2011. "베트남 북부와 남부의 사회자본 비교: 퍼트남의 이탈리아 해석에 대한 도전” 「동남아시아연구」 한국동남아학회 21권 3호: 43~103.
류석춘 [유석춘]·유광호, 2015, “유교와 민족주의: 아산의 기업관과 자본주의 정신” 류석춘 외 3인 공저 『아산, 그 새로운 울림: 미래를 위한 성찰, 살림과 일』 푸른숲.
류석춘 [유석춘]·이우영·장덕진, 2002, “한국전쟁과 남한사회의 구조화” 류석춘 [유석춘] 편저, 『한국의 사회발전: 변혁운동과 지역주의』 전통과현대.
류석춘 [유석춘]·장미혜. 2002a. “한국의 비영리『비정부 영역과 사회발전” 류석춘 [유석춘] 편저, 『한국의 시민사회, 연고집단, 사회자본』 자유기업원.
류석춘 [유석춘]·장미혜. 2002b, “사회자본과 한국사회, 류석춘 [유석춘] 편저, 『한국의 시민사회, 연고집단, 사회자본』 자유기업원.
류석춘 [유석춘]·장미혜·김태은, 2002, “동아시아의 연고집단과 세계화” 류석춘 [유석춘] 편저, 『한국의 시민사회, 연고집단, 사회자본』 자유기업원. pp. 1091~46.
류석춘 [유석춘]·장미혜·배영. 2002. “사회자본과 신뢰: 한국, 일본, 덴마크, 스웨덴 비교연구” 류석춘 [유석춘] 편, 『한국의 시민사회, 연고집단, 사회자본』. 자유기업원. pp. 215~255.
류석춘 [유석춘]·장미혜·정병은·배영. 2003. [사회자본: 이론과 쟁점] 그린
류석춘 [유석춘]·장미혜·전상인·정병은·최우영·최종렬. 2008. 『한국의 사회자본: 역사와 현실』 백산.
류석춘 [유석춘]·장상철. 2001. “재벌정치의 정치경제: 개발국가와 규제국가, 그리고 유교 자본주의” 김유남 편. 『한국 정치연구의 쟁점과 과제』 한울. pp. 299~320.
류석춘 [유석춘]·최우영·왕혜숙. 2005. ”유교윤리와 한국 자본주의 정신“ 『한국사회학』 39 (6): 52~86.
미야지마 히로시 (宮島博史). 1996. 『양반: 역사적 실체를 찾아서』. 강.
박근혜. 2006. “한국 새마을운동의 경험과 한중 공영의 과제” 중국 중앙 공산당학교 연설문 11월 27일.
박성환. 1994. “한국의 종교발전과 문화적 변용: 막스 베버의 ‘한국연구’를 중심으로” 『한국사회학』 28집 겨울호. pp.53~84.
박영신. 1983. “한국 전통사회의 구조적 인식” 『현대사회의 구조와 이론』 일지사. pp.119~146.
박정희. 1961, 『지도자 도: 혁명과정에 처하여』 국가재건최고회의
박정희. 1962. 『우리 민족의 나갈 길』 동아출판사.
박정희. 2017 [1963]. 『국가와 혁명과 나』 박정희탄생100돌기념사업추진위원회, 기파랑.
박진도·한도현. 1999. “새마을운동과 유신체제” 『역사비평』 47: 37~88.
박진환. 1987. 『경제발전과 농촌 경제』 박영사.
박찬웅. 2006. 『시장과 사회적 자본』, 그린.
박충석·박영신·차성환·진덕규. 1993. 『동아시아의 전통적 가치체계와 자본주의 연구』 이화여자대학교 한국문화연구원 연구보고서.

박태규. 1995. “공익재단 관련 정부의 규제환경” 동서문제연구소 편, 『한국 공익재단의 환경변화와 발전 방향』 연세대학교 출판부.

박희. 1992. “한국 대기업의 조직관리와 노사관계에 관한 연구”연세대학교 대학원 사회학과 박사학위논문.

배영. 1993. 『한국의 국가자율성과 외자도입: 1962~1991』 연세대학교 대학원 석사논문.

베버 (Weber). 1985 [1923]. 『사회경제사』 조기준 역. 삼성출판사.

베버 (Weber). 1987 [1920]. 『프로테스탄티즘의 윤리와 자본주의 정신』 박종선 역. 세계.

베버 (Weber). 1991 [1920]. 『유교와 도교』 이상률 옮김. 문예출판사.

브란트. 1980. “가치관 및 태도의 변화와 새마을운동” 『새마을운동의 이념과 실제』 서울대학교 새마을운동종합연구소.

서울신문. 2006년 4월 25일.

손호철. 1993. 『전환기의 한국정치』 창작과비평사.

손호철. 1995. “국가-시민 사회론: 한국정치의 대안인가” 『해방 50년의 한국정치』 새길, pp. 19~50.

손호철. 1998. “국가론의 시각에서 본 IMF 개혁: 김대중 정권의 재벌개혁을 중심으로” 『한국과 국제정치』 14권 1호.

송복. 1997. 『한국사회의 갈등구조』 경문사.

송복. 1999. 『동양적 가치란 무엇인가』 미래인력연구센터.

스콧 (Scott). 2004. 『농민의 도덕경제』 김춘동 옮김. 아카넷.

신광영 외 편. 2000. “민주주의와 전통적 가치에 관한 의식조사 한국사회과학자료원. data#A1-2000-0003), http://www.kossda.or.kr (2010년 9월 24일 검색).

신유근. 1993. ”한국기업의 사회참여와 기업재단의 역할“ 전국경제인연합회 편, 『한국기업재단총람』 전국경제인연합회. pp. 5~21.

야마기시(山岸俊男). 2001. 『신뢰의 구조』 김의철·박영신·이상미 옮김. 교육과학사.

양상우·조성곤. 1999. “시민단체 설문조사: 토호들이 춤춘다” 『한계레 21』 5월 27일, pp. 12~23.

엄태석. 1997. “뿌리가 있는 한국인의 정치의식” 『포름21』 가을호: 91~118.

왕혜숙. 2004. “1997년 외환위기 이후 국가 자율성과 국가 역량의 변화”. 연세대학교 대학원 사회학과 석사학위논문.

왕혜숙·류석춘 [유석춘], 2013, “국가복지의 (탈)가족화 효과: 한국과 대만의 의료보험 피부양자 제도 비교연구” 「사회과학연구」 서강대학교 사회과학연구소, 제21집 2호: 38~87.

위스 (Weiss), 2002, 『국가몰락의 신화: 세계화 시대의 경제운용』 박형준·김형준 옮김, 일신사.

유초하. 1994. 『한국사상사의 인식』 한길사.

유팔무·김호기. 1995. 『시민사회와 시민운동』 한울

윤상우. 2002. “기로에 선 동아시아 발전모델: 한국과 대만 비교 연구” 『한국과 국제정치』 18 (3).

응웬 팜투 흐엉. 2013. "유교전통 국가의 비공식적 공동체 복지 비교: 한국과 베트남을 중심으로" 연세대 석사 논문.
이갑윤. 1998. 『한국의 선거와 지역주의』 오름.
이근·서석홍. 1996. "중국의 모택동과 등소평의 경제발전모델의 비교검토" 『경제발전연구』 2호. 한국경제발전학회.
이기준. 2005, "국가 경제정책의 제도적 기반" 조이제·카터 에커트 편저, 『한국 근대화, 기적의 과정』 월간조선사.
이병천·김균 편. 1998. 『위기, 그리고 대전환』 당대,
이병천 엮음. 2003. 『개발독재와 박정희 시대』 당대.
이상철. 2003. "박정희 시대의 산업정책" 이병천 엮음, 『개발독재와 박정희 시대』 당대.
이숙인. 2001. "가족에 관한 유교적 상상" 『현상과인식』 가을호. 25 (3). pp. 30~48.
이승연. 2008. "초·중등학교 전통예절 교육에 관한 소고" 『초등도덕교육』 28: 216~238.
이승환. 1998. 『유가사상의 사회철학적 재조명』 고려대학교 출판부.
이연호·임유진·정석규. 2002. "한국에서 규제국가의 등장과 정부-기업관계" 『한국정치학회보』 36(3).
이영훈. 2016. 『한국경제사』 I, II. 일조각.
이인실 외. 2002. 『공적자금 투입의 중간평가와 과제』 한국경제연구원.
이재열. 1998. "민주주의, 사회적 신뢰, 사회적 자본" 『계간 사상』 37호 (여름호): 65~93.
이재열. 2001. "의리인가 계약인가?: 인격주의와 개인주의의 갈등적 공존과 한국 사회의 제문제" 석현호·류석춘 공편, 『현대 한국사회 성격논쟁: 식민지, 계급, 인격윤리』 전통과현대.
이재혁. 1999a. "동태적 구조이론의 가능성: 행위와 구조의 되먹임" 김일철 외, 『한국 사회의 구조론적 이해』 대우학술총서, 아르케. pp. 17~64.
이재혁. 1999b. "사회적 통제의 정치경제학-규범과 관습, 그리고 교환" 김일철 외, 『한국 사회의 구조론적 이해』 대우학술총서, 아르케. pp. 199~251.
이재혁. 2003. "문화발전주의의 논리적 문제점과 유교자본주의" 『한국사회발전연구』 나남출판. pp. 45~67.
이재혁. 2006. "신뢰와 시민사회" 『한국사회학』 40 (5): 61~98.
이재혁. 2007. "시민사회와 시민적 자본" 『사회와이론』 10: 213~261.
이해준. 1991. "조선후기 서원연구와 향촌사회사" 『한국사론 21: 조선후기의 향촌사회』. 국사편찬위원회. pp. 3~28.
이혜경. 1995. 『공공부문과 민간부문의 연계: 한국적 복지모형의 정립과 정책방향』 한국보건사회연구원.
임현진. 1999. "국가와 지배구조: 중심지향적 사회의 세" 김일철 외, 『한국 사회의 구조론적 이해』 대우학술총서, 아르케. pp. 411~445.

장상철. 1999. “한국의 개발국가, 1961~1992: 성장의 역설과 국가-기업관계의 변화”. 연세대학교 대학원 사회학과 박사학위논문.

장세진. 2003.『외환위기와 한국 기업집단의 변화: 재벌의 흥망』박영사.

장하준. 2000 [1998]. “세계화, 초국적 기업, 그리고 경제 발전: 개발도상국은 글로벌 세계 경제에서 전략적 산업정책을 추진할 수 있는가?”『강요된 신화』새물결.

재정경제부 공적자금관리위원회. 2001.『공적자금관리백서』.

재정경제부 공적자금관리위원회. 2002.『공적자금관리백서』.

재정경제부 공적자금관리위원회. 2003.『공적자금관리백서』.

재정경제부 공적자금관리위원회. 2006.『공적자금관리백서』.

전상인. 2008. “조선 시대의 사회자본: 양반의 연대, 연계, 연줄” 류석춘 등 편,『한국의 사회자본: 역사와 현실』백산. pp. 75~104.

전종한. 2002. “종족집단의 거주지 이동과 종족촌락의 기원에 관한 연구”『사회와 역사』61집. 문학과지성사. pp. 87~12.

정근식. 1997. “불평등 발전과 지역주의 그리고 지역 담론의 변화” 한국사회사학회,『한국 현대사와 사회변동』문학과지성사. pp. 285~315.

정병은. 2007. “향우회 사회자본과 지역주의: 재경 안동향우회의 사례를 중심으로”『사회과학연구』3 (3): 1~28.

정병은·장충권. 2006, “‘노가다’의 사회자본 형성과 한계: 건설일용직 근로자의 연결망, 신뢰, 호혜성”『사회연구』12: 9~37.

정복미·정해옥·김은실. 2004. “부산 지역과 전남 지역 주부들의 차례의식 조사 연구”『한국조리학회지』10 (3): 135~154.

정재영·장정호, 2007, “교회내 사회자본의 형성과 축적: S 교회를 중심으로”『현대사회와 문화』제1집 1호: 49~79.

정재은. 2007, “아파트 주거공동체를 통해서 본 상층계급의 사회자본 축적과정: 방배동 L 아파트를 중심으로” 연세대학교 사회학과 석사학위논문.

정진영. 1991. “조선 후기 동성마을의 형성과 사회적 기능” 국사편찬위원회『조선 후기의 향촌 사회』민족문화사. pp. 29~68.

정창권. 2003.『미암일기: 홀로 벼슬하며 그대를 생각하노라』사계절.

조갑제. 2007.『박정희 전집』전13권. 조갑제닷컴.

조동성 외. 2003.『한국 자본주의의 개척자들』월간조선사.

조선일보. 1963년 3월 5일.

조선일보. 2001년 7월 13일.

조선일보. 2004년 10월 19일.

조선일보. 2010년 9월 15일.

조은. 2014. “일본의 2000년대 의료보험제도 개혁과 ‘일본형’ 복지” 연세대 석사 논문.
조이제·에커트. 2005. 『한국 근대화, 기적의 과정』 월간조선사.
조혜인. 1993. “조선 향촌질서의 특징과 그 정착과정” 『유교적 전통사회의 구조와 특성』 한국정신문화연구원. pp.149~184.
조혜인. 1998. “유교와 한국자본주의: 냉정한 선택을 위한 당위적 고찰” 『사회와 역사』 53집. 문학과지성사. pp. 93~121.
좌승희. 2015, 『박정희 살아있는 경제학』 백년동안.
중앙일보. 2006년 9월 2일 사설.
차성환. 1992. “신유교와 사적 윤리” 『한국종교사상의 사회학적 이해』 문학과지성사. pp. 44~110.
참여연대, 2005, 『삼성보고서 1: 삼성의 인적 네트워크를 해부한다』
www.samsungreport.org
채소린, 2012, “중국의 ‘관시’가 사회적 약자에게 제공하는 복지: 신세대 농민공을 중심으로” 연세대 석사 논문.
최배근. 1998. “유교자본주의(론)의 위기와 상상력의 빈곤” 『경제와사회』 39호. pp.8~36.
최봉영. 1999. “성리학적 인간관과 인본주의” 『동양사회사상』 2집. pp. 31~77.
최석만. 1999. “유교 사상과 민주주의의 접합을 위한 이론구성 및 방법론” 『동양사회사상』 2집: 5~29.
최우석. 2017. “문재인 인사 및 80년대 운동권 계보 정밀분석” 『월간조선』 7월호.
최우영. 2003. “긴장과 갈등의 유교: 유교적 갈등의 역사적, 존재론적 기원” 『동양사회사상』 7집. pp. 97~130.
최우영. 2006a. “종친회의 역사·문화와 현실: ‘기억’과 ‘재현’의 논리를 중심으로” 『동양사회사상』 13 (5): 307~346.
최우영. 2006b. “사회자본의 관점에서 본 전통사회의 농민조직: 향도, 두레, 계를 중심으로” 『정신문화연구』 102호.
최장집. 1988. “한국 정치경제의 위기, 대안, 모색: 민주적 시장경제를 중심으로” 『한국 정치경제의 위기와 대응』 한국정치학회 특별학술회의 발표논문.
최장집. 1991. 『지역감정연구』 학민사
최장집. 1996. 『한국 민주주의의 조건과 전망』 나남.
최장집. 2002. 『민주화 이후의 민주주의: 한국 민주주의의 보수적 기원과 위기』 후마니타스.
최재석. 1975. 『한국 농촌사회연구』 개문사.
최재석. 1989 [1965]. 『한국인의 사회적 성격』 개문사.
최종렬, 2004, “신뢰와 호혜성의 통합의 관점에서 바라본 사회자본” 『한국사회학』 38 (6): 97~132.
최종렬·황보명화·정병은. 2006. “일반화된 너무나 일반화된 호혜성: 울산 주전동 어촌계의 사회자본” 『한국사회학』 40 (4): 48 ~ 97.

통계청. 2008.『한국의 사회지표』.
투기자본감시센터. 2004.『창립토론회 자료집』(2004년 8월) http://www.specwatch.or.kr.
퍼트남 (Putnam). 2002. "번영하는 공동체: 사회자본과 공공생활" 류석춘 외 편저,『사회자본: 이론과 쟁점』 그린.
퍼트남 (Putnam). 2006.『사회적 자본과 민주주의』 안청시 외 옮김. 박영사
펑유란 (馮友蘭) 1993.『중국철학사』 정인재 역. 형설출판사.
한겨레21. 1998년 03월 19일. 제199호.
한겨레신문. 1998년 4월 11일.
한겨레신문. 2006년 12월 11일.
한국금융연구원. 2001.『한국 금융산업의 과거·현재·미래』 한국금융연구원.
한국은행. 1998.『우리나라의 금융제도』 서울.
한국은행. 1999.『우리나라의 금융제도』 서울,
한국은행. 2001.『우리나라의 금융시장』 서울.
한국일보. 1998년 6월 14일 2면.
한국일보. 2005년 1월 7일.
한국정신문화연구원 편, 1999,『1960년대 한국의 공업화와 경제구조』 백산서당.
한국정신문화연구원 편. 2001.『근대화전략과 새마을운동』 백산서당.
함병춘. 1969. "한국 정치사상"『동방학지』 제 10호. 이 글은 함병춘, 1993,『한국의 문화전통과 법』(한국학술연구원), pp. 295~334 에 재수록 되어 있다.
함병춘. 1993.『한국의 문화전통과 법』 한국학술연구원.
함재봉. 1998. "근대사상의 해체와 통일 한국의 정치이상"『탈근대와 유교』 나남출판. pp. 215~276.
함재봉. 2000.『유교 자본주의 민주주의』 전통과현대.
함재봉. 2001. "군자론"『민주주의와 동아시아 전통』. 유네스코한국위원회. pp. 1~23.
핫또리 타미오 (服部民夫). 2007.『개발의 경제사회학: 한국의 경제발전과 사회변동』 류석춘·이사리 옮김. 전통과현대.
핸더슨 그레고리 (Henderson Gregory). 2005.『소용돌이의 한국정치』 박행웅·이종삼 역. 한울아카데미.
홍승직. 1969.『한국인의 가치관연구』 고려대학교 출판부.
홍훈. 1998. "한국의 경제위기와 IMF 프로그램." 이병천·김균 편,『위기, 그리고 대전환』 당대.
황태연. 1997.『지역 패권의 나라』 무당미디어.
후쿠야마 (Fukuyama). 1996,『트러스트: 사회도덕과 번영의 창조』 구승회 역. 한국경제신문사.
KBS·연세대학교. 1996.『한중일 국민의식조사』 연세대학교 사회발전연구소.

영문 참고문헌

Ahn, Chung Young. 2001. "Financial and Corporate Sector Reform in South Korea: Toward a New Development Paradigm" Unpublished paper prepared for the MDT Workshop at Tokyo University.

Ames, Roger T. 1988. "Rites as Rights: The Confucian Alternative," in Leroy Rouner (ed), *Human Rights and the World's Religions*. Notre Dame: University of Notre Dame Press.

Amsden, Alice H. and Yoon Dae Euh. 1993. "South Korea's 1980s Financial Reforms: Good-bye Financial Repression (maybe), Hello New Institutional Restraints," *World Development* 21(3): 379-390.

Amsden, Alice. 1989. *Asia's Next Giant: South Korea and Late Industrialization*. New York: Oxford University Press.

Amsden, Alice. 2000. The Rise of *"The Rest": Challenges to West from Late-Industrializing Economies*. New York and London: Oxford University Press.

Anderson, Perry. 1974. *Lineages of the Absolutist State*. London: NLB.

Aoki, Masahiko, Hyung-Ki Kim, and Masahiro Okuno-Fujiwara. 1997. The Role of Government in East Asian Economic Development. Oxford: Clarendon Press.

Appelbaum, Richard P. and Jeffrey Henderson (eds.). 1992. *States and Development in the Asian Pacific Rim*. London and Newbury Park: Sage Publications.

Arneil, Barbara. 2006. *Diverse Communities: The Problem with Social Capital*. New York: Cambridge University Press.

Aspalter, C (ed.). 2002. *Discovering the Welfare State in East Asia*. Praeger.

Balassa, Bela et al.. 1981. *The Newly Industrializing Countries in the World Economy*. New York: Pergamon Press.

Bank of Korea. 2010. *The Bank of Korea: A Sixty-Year History*. Seoul: Jeon-Kwang Printing Imposition.

Barette, Richard and Martin King Whyte. 1982. "Dependency Theory and Taiwan: Analysis of a Deviant Case" *American Journal of Sociology* 87 (5): 1064-89.

Bell, Daniel A.. 1996. "The East Asian Challenge to Human Rights: Reflections on an East West Dialogue" *Human Rights Quarterly* 18(3): 641-667.

Bell, Daniel A.. 2008. *Confucian Political Ethics*. Princeton: Princeton University Press.

Bell, Daniel and Chaibong Hahm (eds.). 2003. *Confucianism for the Modern World*. Cambridge and New York: Cambridge University Press.

Bell, Daniel & Hahm, Chaihark 2004. The Politics of Affective Relations: East Asia and Beyond. Lexington Books

Bellah, Robert. 1957. *Tokugawa Religion: the Cultural Root of Modern Japanese Capitalism*. New York: Free Press.

Berger, Mark and Douglas Borer. 1997. *The Rise of East Asia*. London: Routeledge.

Berger, Peter. 1983. "Securality: East and West" in Cultural Identity and Modernization in Asian Countries: Proceedings of Kokugakuin University. Centennial Symposium. Tokyo: Institute for Japanese Culture and Classics, Kokugakuin University.

Berger, Peter. 1988. "An East Asian Development Model?" in P. Berger and H.M. Hsiao (eds.), *In Search of an East Asian Development Model*. New Brunswick, New Jersey: Transaction Books.

Berry, Jeffrey M.. 1989. *The Interest Group Society*. Boston: Scott, Foresman/Little Brown.

Booth, Anne. 1999. "Initial Conditions and Miraculous Growth: Why is South East Asia Different from Taiwan and South Korea?" *World Development* 27(2): 301-321.

Bourdieu. Pierre. 1986. "The Forms of Capital," pp. 241-258 in J. G. Richardson (ed), Handbook of *Theory and Research for Sociology of Education*. New York: Greenwood.

Brandt, Vincent. 1971. *A Korean Village Between Farm and Sea*. Cambridge, Mass.: Harvard University Press.

Buchanan, James, Robert Tollison and Gordon Tullock (eds.). 1980. *Towards a Theory of the Rent-Seeking Society*. College Station: Texas A & M University Press.

Burgess, E. and H. Locke. 1945. *The Family, from Institution to Companionship*. American Book Co.

Burt, R., 1992, *Structural Holes*, Harvard University Press.

Callahan, William A. 1998. "Comparing the Discourse of Popular Politics in Korea and China" *Korea Journal* 38(1): 292-322.

Chan, Joseph. 1997. "An Alternative View" *Journal of Democracy* 8(2): 35-48.

Chan, Joseph. 1999. "A Confucian Perspective on Human Rights for Contemporary China," pp. 212-237 in J. R. Bauer & D. A. Bell (eds.), *The East Asian Challenge for Human Rights*. New York: Cambridge University Press.

Chang, Ha-Joon. 1993. "The Political Economy of Industrial Policy in Korea," *Cambridge Journal of Economics* 17(2): 131-57.

Chang, Ha-Joon. 1994. *The Political Economy of Industrial Policy*. New York: St. Martin's Press.

Chang, Ha-Joon. 1998. "Korea: The Misunderstood Crisis," *World Development* 26(8): 1555-1561.

Chang, Ha-Joon. 2002. *Kicking Away the Ladder: Development Strategy in Historical Perspective*. London: Anthem Press.

Chang, Ha-Joon. 2006. *The East Asian Development Experience: The Miracle, the Crisis and the Future*. London and New York: Zed Books.

Chang, Ha-Joon (ed.). 2007. *Institutional Change and Economic Development*. New York: United Nations University Press.

Chang, Ha-Joon and Ilene Grabel. 2004. *Reclaiming Development: An Economic Policy Handbook for Activists and Policymakers*. London: Zed Books.

Chang, Ha-Joon, Gabriel Palma, and Hugh D Whittaker. 1998. "The Asian Crisis: Introduction," *Cambridge Journal of Economics* 22: 649-652.

Chang, Yun-Shik. 1980. "Changing Aspects of Hamlet Solidarity" pp. 315-336 in S. J. Park, T. Shin, and K. Z. Zo (eds.), *Economic Development and Social Change in Korea*. Frankfurt: Campus Verlag.

Chang, Yun-Shik. 1989a. "From Filial Piety to the Love of Children" pp. 77-94 in the Korean Christian Academy (ed.), *The World Community in Post-Industrial Society: Changing Families in the World Perspective*. Seoul: Wooseok Publishing Co..

Chang, Yun-Shik. 1989b. "Peasants Go to Town: The Rise of Commercial Farming in Korea" *Human Organization* 48(1): 236-261.

Chang, Yun-Shik. 1991. "The Personal Ethic and the Market in Korea" *Comparative Studies in Society and History* 33(1): 106-129.

Chang, Yun-Shik. 2003. "Mutual Help and Democracy in Korea," pp. 90-123 in D. E. Bell and C. Hahm (eds.), *Confucianism for the Modern World*. Cambridge: Cambridge University Press.

Chen, Albert H. 2003. "Mediation, Litigation, and Justice: Confucian Reflextions in a Modern Liberal Society," pp. 257- 287 in D. Bell & C. Hahm (eds.), *Confucianism for the Modern World*. Cambridge: Cambridge University Press.

Cherry, Judith. 2005. "Big Deal or Big Disappointment? The Continuing Evolution of the South Korean Developmental State," *The Pacific Review* 18(3): 327-354.

Chibber, Vivek. 1999. "Building a Developmental State: The South Korean Case Reconsidered" *Politics and Society* 27 (3): 327-354.

Chibber, Vivek. 2002. "Bureaucratic Rationality and the Developmental State" *American Journal of Sociology* 107 (4): 951-89.

Chibber, Vivek. 2003. *Locked in Place: State-Building a Late Industrialization in India*. Princeton: Princeton University Press.

Ching, Julia. 1977. *Confucianism and Christianity*. Tokyo: Kodansha International Ltd..

Cho, Hein. 1997. "The Historical Origins of Civil Society in Korea" *Korea Journal* 37 (2): 24-41.

Christie, Kenneth. 1997. "Liberal vs. Illiberal Democratization: The Case of Southeast Asia" PROSEA Occasional Paper No. 9. October.

Chung, Chullhee. 1997. "Social Movement Organizations and the June Uprising" *Korea Journal* 37 (1): 81-97.

Clegg, Stewart R., Winton Higgins, and Tony Spybey. 1990. "'Post-Confucianism,' Social Democracy, and Economic Culture" pp. 79-104 in S. R. Clegg and S. G. Redding (eds.), *Capitalism in Contrasting Cultures*. New York: Walter de Gruyter.

Coase, Ronald. 1988 [1937]. "The Nature of the Firm," Economica vol.4, reprinted in R. Coase, *The Firm, The Market, and the Law*, Chicago, IL: University of Chicago Press, pp. 33-55.

Cohen, Jean. 1999. "Trust, Voluntary Association and Workable Democracy: The Contemporary American Discourse of Civil Society." In Mark E.Warren (ed.), *Democracy and Trust*, London: Cambridge University Press. pp. 208-248.

Cohen, Jean and Andrew Arato. 1992. *Civil Society and Political Theory*. Cambridge: MIT Press.

Coleman, James. 1988. "Social Capital in the Creation of Human Capital," *American Journal of Sociology* 94: S95-120.

Collins, Randall. 1980. "Weber's Last Theory of Capitalism: A Systematization," *American Sociological Review* 45(6): 925-942.

Davis, Diane. 2004. *Discipline and Development: Middle Class and Prosperity in East Asia and Latin America*. Cambridge: Cambridge University Press.

de Bary, Theodore. 1998. *Asian Values and Human Rights: A Confucian Communitarian* Perspective. Cambridge: Harvard University Press.

de Bary, Theodore and Wei-Ming Tu. 1998. *Confucianism and Human Rights*. New York: Columbia University Press.

De Vos, George A. 1998. "Confucian Family Socialization: The Religion, Morality, and Aesthetics of Propriety," pp. 329-380 in W. Slote and G. De Vos (eds.), *Confucianism and the Family*. Albany: State University of New York Press.

Demsetz, Harold. 1967. "Toward a Theory of Property Rights." *The American Economic Review* 57(2): 347-359.

Deuchler, Martina. 1992. *The Confucian Transformation of Korea: A Study of Society and Ideology*. Cambridge: Harvard University Press.

Deyo, Frederic. 1989. *Beneath the Miracle: Labor Subordination in the New Asian Industrialism*. Berkeley: University of California Press.

Doner, Richard F., Bryan K. Ritchie, and Dan Slater. 2005. "Systematic Vulnerability and the Origins of Developmental States: Northeast and Southeast Asia in Comparative

Perspectives," *International Organization* 59 (Spring): 327-361.

Duncan, John. 1998. "The Problematic Modernity of Confucianism: The Question of 'Civil Society' in Chosôn Dynasty Korea," Preliminary draft.

Edwards, Bob and Michael Foley. 1998. "Civil Society and Social Capital beyond Putnam" The *American Behavioral Scientist* 42 (1): 124-139.

Ekert, Carter. 2016. *Park Chung Hee and Modern Korea*. The Belknap Press of Harvard University Press.

Eliade, Mircea. 1985. "Homo Faber and Homo Religious" pp. 1-12 in J. M. Kitagawa (ed.), *The History of Religions*. New York: Macmillan.

English JoongAng Ilbo. 2006. editorial "Are Civic Groups Fulfilling their Role?" September 01. http://joongangdaily.joins.com/article/view.asp?aid=2807315.

Esping-Anderson, G. 1990. *The Three Worlds of Welfare Capitalism*. Princeton University Press.

Evans, Peter, Dietrich Rueschmeyer, and Theda Skocpol. 1985. *Bringing the State Back In*. NY: Cambridge University Press.

Evans, Peter. 1995. *Embedded Autonomy: States and Industrial Transformation*. Princeton: Princeton University Press.

Evans, Peter. 1996. "Government Action, Social Capital and Development: Reviewing the Evidence on Synergy" *World Development* 24(6): 1119-1132.

Feenstra, Robert and Gary Hamilton. 2006. *Emergent Economies, Divergent Paths*. Cambridge, MA: Cambridge University Press.

Felker, Greg. 2008. "Southeast Asia and Globalization: The Political Economy of Illiberal Adaption" pp. 274-301 in E. M. Kuhonta, D. Slater, and T. Vu (eds.), *Southeast Asia in Political Science: Theory, Region, and Qualitative Analysis*. Stanford, California: Stanford University Press.

Fligstein, Neil. 1996. "Markets as Politics: A Political-Cultural Approach to Market Institutions" *American Sociological Review* 61: 656-673.

Fligstein, Neil. 2001. *The Architecture of Markets: The Economic Sociology of Twenty-First-Century Capitalist Societies*. Princeton, NJ: Princeton University Press.

Frankel, Jeffrey. 2000. "The Asian Model, the Miracle, the Crisis, and the Fund" pp. 327-337 in P. Krugman (ed.), *Currency Crises. Chicago*, IL: University of Chicago Press for National Bureau of Economic Research.

Fukuyama, Francis. 1995a. *Trust: The Social Virtues and the Creation of Prosperity*. New York: Free Press.

Fukuyama, Francis. 1995b. "Confucianism and Democracy" *Journal of Democracy* 6(2): 20-33.

Fukuyama, Francis. 1995c. "Social Capital and the Global Economy" *Foreign Affairs* 74(5): 89-103.

Fung, Yu-lan. 1952. *A History of Chinese Philosophy*. Princeton: Princeton University Press.

Geertz, Clifford. 1973. *The Interpretation of Cultures*. New York: Basic Nooks.

Gerschenkron, Alexander. 1962. Economic Backwardness in Historical Perspective. Havard University Press

Gintis, Herbert, Samuel Bowles, Robert T. Boyd, and Ernst Fehr. 2005. *Moral Sentiments and Material Interests: The Foundations of Cooperation in Economic Life (Economic Learning and Social Evolution)*. Cambridge: The MIT Press.

Gold, Thomas, Doug Guthrie, and Davis Wank. 2002. *Social Connections in China*. Cambridge: Cambridge University press.

Goodman, R., G. White and Kwon Huck-Ju (eds.). 1998. *The East Asian Welfare model: Welfare Orientalism and the State*. Routledge.

Gramsci, Antonio. 1971. *Selections from the Prison Notebooks*. New York: International Publishers.

Granovetter, Mark., 1973. "Strength of Weak Tie" *American Journal of Sociology* 78 (6): 1360~1380.

Granovetter, Mark. 1985. "Economic Action and Social Structure: The Problem of Embeddedness" *American Journal of Sociology* 91(3): 481-510.

Granovetter, Mark. 2005. "Business Groups and Social Organization," pp. 429-450 in N. Smelser and R. Swedberg (eds.), *The Handbook of Economic Sociology*, the Second Edition. Princeton: Princeton University Press.

Habermas, Jurgen. 1989. *The Structural Transformation of the Public Sphere*. Cambridge: MIT Press.

Haggard, Stephan. 1990. *Pathways from the Periphery: the Political Growth in the Newly Industrializing Countries*. Ithaca: Cornell University Press.

Haggard, Stephan and Chung-In Moon. 1993. "The State, Politics, and Economic Development in Postwar South Korea," pp. 51-94 in H. Koo (ed.), *State and Society in Contemporary Korea*. Ithaca: Cornell University Press.

Haggard, Stephan, Won Hyuk Lim, and Euy Sung Kim. 2003. *Economic Crisis and Corporate Restructuring in Korea: Reforming the Chaebol*. Cambridge: Cambridge University Press.

Hahm, Chaibong. 1999. "The Confucian Tradition and Economic Reform" in Jongrin Mo and Chung-In Moon (eds), *Democracy and the Korean Economy*. Hoover Institute Press.

Hahm, Chaibong. 2000. "Cultural Challenge to Individualism" *Journal of Democracy* 11(1): 127-34.

Hahm, Chaibong. 2003. "Family versus the Individual: the Politics of Marriage Laws in Korea," pp. 334-59 in D. Bell & C. Hahm (eds.), *Confucianism for the Modern World*. Cambridge: Cambridge University Press.

Hahm, Chaibong. 2004. "The Ironies of Confucianism" *Journal of Democracy* 15(3): 93-107.

Hahm, Joon Ho. 2003. "The Government, the Chaebol and Financial Institutions before the Economic Crisis" pp. 79-101 in S. Haggard, W. Lim, and E. Kim (eds.), *Economic Crisis and Corporate Restructuring in Korea: Reforming the Chaebol*. Cambridge: Cambridge University Press.

Hahm, Pyung-Choon. 1986. "The Affective Society: Values and Law in *Korea" pp. 282-317 in Korean Jurisprudence, Politics, and Culture*. *Seoul*: Yonsei University Press.

Hahn, Sung Joe. 1981. "The Political Philosophy of the Saemaul Movement," pp. 99-131 in Mangap Lee (ed.), *Toward a New Community*. Seoul: Seoul National University.

Hall, David and Roger Ames. 1987. *Thinking Through Confucius*. Albany: State University of New York Press.

Hall, John (ed). 1992. *Civil Society: Theory, History and Comparison*. Cambridge: Polity Press.

Hamilton, Clive. 1986. *Capitalist Industrialization in Korea*. Boulder, Colo.: Westview Press.

Hamilton, Gary. 1985. "Why No Capitalism in China? Negative Questions in Historical Comparative Research" *Journal of Developing Societies* 1(2): 187-211.

Hamilton, Gary. 1991. *Business Networks and Economic Developement in East and Southeast Asia*. Hong Kong: University of Hong Kong Press.

Hamilton, Gary and Nicole W. Biggart. 1988. "Market, Culture and Authority: A Comparative Analysis of Management and Organization in the Far East" *American Journal of Sociology* 94: 52-94.

Hamilton, Gary, William Zeile, and Wan-Jin Kim. 1990. "The Network Structure of East Asian Economics" pp. 105-29 in S. Clegg and G. Redding (eds.), *Capitalism in Contrasting Cultures*. Berlin: Walters de Gruter.

Han, Sang-Jin. 1997. "The Public Sphere and Democracy in Korea" *Korea Journal* 37.4: 78-97.

Harris, Christopher. 1979. "The Sociology of the Family: New Directions for Britain" pp. 74-112 in C. Harris (ed.), *Sociological Review Monograph* 28. Chester, England: Bemrose Press.

Hattori, Tamio and Tsuruyo Funatsu, 2003. "The Emergence of Asian Middle Classes and Their Characteristics" *The Developing Economies* 41(2): 140-60.

Hattori, Tamio. 1989. "Japanese Zaibatsu and Korean Chaebol" pp. 79-95 in K. H. Chung and H. C. Lee (eds.), *Korean Managerial Dynamics*. New York: Prager.

Hattori, Tamio, 1997, "Chaebol-Style Enterprise Development in Korea," *The Developing Economies* 35: 458-477.

Henderson, Gregory. 1968. *Korea: The Politics of the Vortex*. Cambridge: Harvard University Press.

Hill, Michael. 1973. *A Sociology of Religion*. London: Heinemann.

Ho, Yu In and Byung Hee Kim. 1981. "The Economic Plight of Korean Farmers" *Korean Scope* 2/4(September): 6-30.

Hofheinz, Roy Jr., and Kent E. Calder. 1982. *The East Asia Edge*. New York: Basic Books.

Holliday, I. & Paul Wilding (eds.). 2003. *Welfare Capitalism in East Asia: Social Policy in the Tiger Economics*. Palgrave Macmillan.

Hsu, Francis. 1967. *Under the Ancestor's Shadow*. New York: Anchor Books.

Huntington, Samuel. 1993. "The Clash of Civilization?" *Foreign Affairs* 72(3): 22-49.

Ikels, Charlotte (ed.). 2004. *Filial Piety*. Stanford: Stanford University Press.

Jacobs, Norman. 1958. *The Origin of Modern Capitalism and Eastern Asia*. Hong Kong: University of Hong Kong Press.

Jacobs, Norman. 1985. *The Korean Road to Modernization and Development*. Urbana: University of Illinois Press.

Janelli, Roger and Dawnhee Yim Janelli. 1982. *Ancestor Worship and Korean Society*. Stanford: Stanford University Press.

Janelli, Roger and Dawnhee Yim. 2004. "The Transformation of Filial Piety in Contemporary South Korea" pp. 128-152 in C. Ikels (ed.), *Filial Piety*. Stanford: Stanford University Press.

Janelli, Roger. 1993. *Making Capitalism: the Social and Cultural Construction of a South Korean Conglomerate*. Stanford: Stanford University Press.

Johnson, Charlmers. 1982. *MITI and the Japanese Miracle: The Growth of Industrial Policy, 1925-75*. Stanford: Stanford University Press.

Johnson, Charlmers. 1985. "Political Institutions and Economic Performance: the Government-Business Relationship in Japan, South Korea, and Taiwan" in R. A. Scalapino et al. (ed.), *Asian Economic Development: Present and Future*. Berkeley: Institute of East Asian Studies, University of California.

Jomo, Kwame Sundaram et al. (eds.). 1997. *Industrial Policy and Economic Development in Thailand, Malaysia and Indonesia*. Boulder: Westview Press.

Jomo, Kwame Sundaram (ed). 2001. *Southeast Asia's Industrialization: Industrial Policy, Capabilities and Sustainability*. Basingstoke: Palgrave.

Jomo, Kwame Sundaram 2003. *Southeast Asian Paper Tigers?: From Miracle to Debacle and Beyond*. London and New York: RoutledgeCurzon.

Jones, C. 1993. "The Pacific Challenge: Confucian Welfare State" in C. Jones (ed.). *New*

Perspectives on the Welfare State in Europe. Routledge.

Kahn, Herman. 1979. *World Development: 1979 and Beyond*. Boulder: Westview Press.

Kang, David. 2003. "Regional Politics and Democratic Consolidation in Korea" pp. 161-80 in S. Kim (ed.), *Korea's Democratization*. Cambridge: Cambridge University Press.

Keane, John. 1988. *Democracy and Civil Society*. London: Verso.

Kenworthy, L., 2001, "Social Capital, Cooperation, and Economic Performance" pp. 125 ~ 135 in *Beyond Tocqueville*, Tufts University.

Kim, Dae Jung. 1994. "Is Culture Destiny?: The Myth of Asia's Anti-Democratic Values" *Foreign Affairs* 73(6): 189-194.

Kim, Eun Mee. 1991. "Chaebol: The Victor and Villain of Korean Development," *Academic Studies Series: Joint Korea-U.S. Academic Symposium*. Vol 1. p. 136.

Kim, Eun Mee. 1997. *Big Business, Strong State: Collusion and Conflict in South Korean Development, 1960-1990*. Albany, New York: State University of New York Press.

Kim, Hyung-A. 2004. *Korea's Development under Park Chung-Hee: Rapid Industrialization, 1961-79*. New York: RoutledgeCurzon.

Kim, Joon Han and Seok-Choon Lew. 1995. "Recent Regime Transition and Political Successions in South Korea: From Authoritarianism to Democracy" pp. 181-212 in K. Jung, D. Kim, W. Gumpel, and Gottfried-Kinderman (eds.), *Economic Integration in Asia and Europe*. Seoul: Institute of East and West Studies, Yonsei University.

Kim, Sun-hyuk. 1998. "Civil Society and Democratization in South Korea" *Korea Journal* 38(2): 214-236.

Koh, Byung Ik. 1996. "Confucianism in Modern Korea," pp. 191-201 in W. Tu (ed.), *Confucian Traditions in East Asian Modernity: Moral Education and Economic Culture in Japan and Four Mini-Dragon*. Cambridge, Mass: Cambridge University Press.

Kohli, Atul. 2004. *State-Directed Development: Political Power and Industrialization in the Global Periphery*. New York: Cambridge University Press.

Kramer, Ralph. 1984. *Voluntary Agencies in the Welfare State*. Berkeley: University of California Press.

Krugman, Paul. 1994. "The Myth of Asia's Miracle" *Foreign Affairs* 73(6): 62-78.

Krugman, Paul. 1998. "What happened to Asia?" mimeo., Department of Economics, Mass. Institute of Technology.

Kuhonta, Erik Martinez. 2008. "Studying State in Southeast" pp. 30-54 in E. M. Kuhonta, D. Slater, and T. Vu (eds.), *Southeast Asia in Political Science: Theory, Region, and Qualitative Analysis*. Stanford, California: Stanford University Press.

Lee, Dong Gull. 2003. "The Restructuring of Daewoo" pp. 150-180 in S. Haggard, W. Lim, and E. Kim (eds.), *Economic Crisis and Corporate Restructuring in Korea: Reforming the Chaebol*. Cambridge: Cambridge University Press.

Lee, Jung Young (ed.). 1988. *Ancestor Worship and Christianity in Korea*. New York: the Edwin Mellon Press.

Lee, Keun and Byung-Yeon Kim. 2009. "Both Institutions and Policies Matter but Differently for Different Groups of Countries: Determinants of Long-run Economic Growth Revisited" *World Development* 37(3): 533-549.

Lee, Kwang-Kyu. 1986. "Confucian Tradition in the Contemporary Korean Family" pp. 3-22 in W. H. Slote (ed.), *The Psycho-Cultural Dynamics of the Confucian Family*. Seoul: International Cultural Society of Korea.

Lee, Kwang-Kyu. 1997. *Korean Family and Kinship*. Seoul: Jipmoondang.

Lee, Kwang-Kyu. 1998. "Confucian Tradition in the Contemporary Korean Family" pp. 249-266 in W. Slote and G. De Vos (eds.), *Confucianism and the Family*. Albany: State University of New York Press.

Lee, Seung-hwan. 1992. "Was There a Concept of Rights in Confucian Virtue-Based Morality" *Journal of Chinese Philosophy* 19: 241-261.

Lee, Yeon-ho. 2000. "The Failure of the Weak State in Economic Liberalization: Liberalization, Democratization and the Financial Crisis in South Korea" *The Pacific Review* 13(1): 115-131.

Lew, Seok-Choon. 1996. "Domination Structure and Capital Accumulation in Contemporary Korea" presented at the annual meeting of the American Sociological Association. New York.

Lew, Seok-Choon. 1999. "An Institutional Reinterpretation of 'Confucian Capitalism' in East Asia" *Korean Social Science Journal* 26(2): 117-34.

Lew, Seok-Choon. 2000a. "The Structure of Domination and Capital Accumulation in Modern Korea," in Chang, Yun-Shik, Donald L. Baker, Hur Nam Lin, and Ross King (eds.), *Korea between Tradition and Modernity: Selected Papers from the Fourth Pacific and Asian Conference on Korean Studies*. Institute for Asian Research, University of British Columbia.

Lew, Seok-Choon. 2000b. "'Confucian Capitalism' and the IMF Bailout in Korea," pp. 462-477 in ASEAN University Network & The Korean Association of Southeast Asian Studies (eds.), *Economic Crisis in Southeast Asia and Korea: Its Social, Political, and Cultural Impacts*. Bangkok & Seoul: Jontong-kwa-Hyundae.

Lew, Seok Choon. 2013. *The Korean Economic Developmental Path: Confucian Tradition, Affective Network*. NY: Palgrave.

Lew, Seok-Choon & Hye Suk Wang. 2010. "The Korean Development Model: Lessons for Southeast Asia" pp. 176-204 in D. Steinberg (ed.), *Korea's Changing Role in Southeast Asia: Expanding Influence and Relations*. Singapore: Institute of Southeast Asian Studies (ISEAS).

Lew, Seok-Choon and Tae-eun Kim. 2001. "Development of Township-Village Enterprises and the Re-Institutionalization of the Family in China" *Global Economic Review* 30(4): 83-111.

Lew, Seok-Choon, Woo-Young Choi & Hye Suk Wang. 2011. "Confucian Ethics and the Spirit of Capitalism in Korea: The Significance of Filial Piety" *Journal of East Asian Studies*, Volume 11 Number 2, Pp 171-196.

Leys, Colin. 1996. *The Rise and Fall of Developmental Theory*. Bloomington, IN: Indiana University Press.

Lie, Peter Ping & En Xie, 2019. "The Unique Research on the Informal Ties and Social Networks in East Asia: Diverse Perspectives and New Research Agenda" *Asia Pacific Journal of Management* 36: 305–319.

Lim, Won Hyuk. 2003. "The Emergence of the Chaebol and the Origin of the Problem" pp. 35-52 in S. Haggard, W. Lim, & E. Kim (eds.), *Economic Crisis and Corporate Restructuring in Korea: Reforming the Chaebol*. Cambridge: Cambridge University Press.

Lin, Justin and Ha-Joon Chang. 2009. "Should Industrial Policy in Developing Countries Conform to Comparative Advantage or Defy it? A Debate Between Justin Lin and Ha-Joon Chang," *Development Policy Review* 27(5): 483-502.

Lin, Nan. 2002. *Social Capital: A Theory of Social Structure and Action*. Cambridge University Press.

Lynn, Hyung Gu. 2005. "Book Review: State-Directed Development: Political Power and Industrialization in the Global Periphery," *Pacific Affairs* 78(2): 277-278.

MacFarquhar, Roderick. 1980. "The Post-Confucian Challenge," *The Economist,* February 9, Pp. 67- 72.

Maison, Edward, Manje Kim, Dwight Perkins, Kim Kwang Suk, and Dadid Cole (eds.). 1980. *The Economic and Social Modernization of the Republic of Korea*. Cambridge: Harvard University Press.

Mann, Michael. 1986. "The Autonomous Power of the State: Its Origins, Mechanism and Results," pp. 109-136 in J. A. Hall (ed.), States in History. Oxford. Basil Blackwell.

Mauss, Marcel, 1990 [1925]. *The Gift: The Form and Reason for Exchange in Archaic Societies*.

Translation by W. D. Halls. London; Routledge.

Mencius, 1998. *The Analects of Confucius* (translated by R. Ames and H. Rosemont, Jr.). New York: Ballantine Books.

Mencius, 2009 [1930]. *The Great Learning* (translated by J. Legge). New York: Dover Publication.

Metzger, Thomas. 1977. *Escape from Predicament: Neo-Confucianism and China's Evolving Political Culture*. New York: Columbia University Press.

Migdal, Joel. 1988. *Strong States and Weak States*. Princeton, NJ: Princeton University Press.

Mo, Jong Rin and Chung In Moon. 2003. "Business-government Relations under Kim Dae-jung" pp. 127-149 in S. Haggard, W. Lim, and E. Kim (eds.), *Economic Crisis and Corporate Restructuring in Korea: Reforming the Chaebol*. Cambridge: Cambridge University Press.

Moon, Sangseok. 2008. Mechanism of Mass Mobilization and Creating State Citizens during the Economic Development Period: a Case of South Korea. Ph D Dissertation, The University of Texas, Austin.

Morishima, Michio. 1981. *Why Has Japan 'Succeeded'?* London: Cambridge University Press.

North, Douglas and Robert Thomas. 1973. *The Rise of the Western World*. New York: Cambridge University Press.

Oberschall, Anthony and Eric Leifer. 1986. "Efficiency and Social Institutions: Uses and Misuses of Economic Reasoning in Sociology." *Annual Review of Sociology* 12: 233-253.

Ornatowski, Gregory K. 1996. "Confucian Ethic and Economic Development: A Study of the Adaptation of Confucian Values to Modern Japanese Economic Ideology and Institutions," *Journal of Socio-Economics* 25 (5): 571-590.

O'Connor, James. 1973. *The Fiscal Crisis of the State*. New York: St. Martin's Press.

Offe, Claus. 1999. "How Can We Trust Our Fellow Citizens?" pp. 42-87 in Mark E. Warren (ed.). *Democracy and Trust*. London: Cambridge University Press.

Orru, Marco, Nicole Woolsey Biggart & Gary Hamilton. 1991. "Organizational Isomorphism in East Asia" pp. 361-389 in W. W. Powell and P. J. DiMggio (eds.), *The New Institutionalism in Organizational Analysis*. Chicago: The University of Chicago Press.

Ostrom, Elinor. 1990. *Governing the Commons*. New York: Cambridge University Press.

Oxburn, Phillip. 1995. "From Controlled Inclusion to Coerced Marginalization: The Struggle for Civil Society in Latin America" pp. 250-277 in J Hall (ed.), *Civil Society: Theory, History and Comparison*. Cambridge: Polity Press.

Park, Kyung Suh. 2003. "Bank-led Corporate Restructuring" pp. 181-206 in S. Haggard, W. Lim, and E. Kim (eds.), *Economic Crisis and Corporate Restructuring in Korea: Reforming the Chaebol*. Cambridge: Cambridge University Press.

Platteau, Jean-Philippe. 1994a. "Behind the Market Stage Where Real Societies Exist –Part I: The Role of Public and Private Order Institutions" *Journal of Development Studies* 30(3): 533-577.

Platteau, Jean-Philippe. 1994b. "Behind the Market Stage Where Real Societies Exist –Part II: The Role of Moral Norms" *Journal of Development Studies* 30(4): 386-422.

Polanyi, Karl. 1957. "The Economy as Instituted Process," pp. 243-270 in K. Polanyi, C. M. Arsenberg and H. W. Pearson (eds.), *Trade and Market in the Early Empires: Economies in History and Theory*. Glencoe, IL: The Free Press.

Polanyi, Karl. 2001 [1944]. *The Great Transformation: The Political and Economic Origins of Our Time*. Boston: Beacon Press.

Portes, Alejandreo. 1995, "Economic Sociology and the Sociology of Immigration: A Conceptual Overview" in *The Economic Sociology of Immigration: Essays on Networks, Ethnicity and Entrepreneurship*, edited by Alejandro Portes, Russell Sage Foundation.

Portes, Alejandro. 1998. "Social Capital: Its Origins and Applications in Modern Sociology," *Annual Review of Sociology* 22: 1-24

Portes, Alejandro and J. Sensenbrenner. 1993. "Embeddedness and Immigration: Notes on the Social Determinants of Economic Action" *American of Sociological Journal* 98(6): 1320-50.

Putnam, Robert. 1993a. *Making Democracy Work: Civic Traditions in Modern Italy*. Princeton: Princeton University Press.

Putnam, Robert. 1993b. "The Prosperous Community: Social Capital and Public Life," *The American Prospect* 13 (spring): 35-42.

Putnam, Robert. 1995. "Bowling Alone: America's Declining Social Capital," *Journal of Democracy* 6(1): 65-78.

Pye, Lucian W. 1985. *Asian Power and Politics: The Cultural Dimensions of Authority*. Cambridge: Harvard University Press.

Pye, Lucian W. 1999. "Civility, Social Capital, and Civil Society: Three Powerful Concepts for Explaining Asia" *Journal of Interdisciplinary History* 29(4): 763-782.

Pye, Lucian W. 2000. "'Asian Values': From Dynamics to Dominoes?" pp. 244-255 in S. P. Huntington & L. E. Harrison (eds.), *Culture Matters: How Values Shape Human Progress*. New York: Basic Books.

Radelet, Steven and Jeffrey Sachs. 1998. "The Onset of the East Asian Financial Crisis" Manuscript. Harvard Institute for International Development. March.

Redding, Gordon. 1990. *The Spirit of Chinese Capitalism*. London: Walter de Gruyter.

Ringmar, Erik. 2005. *Surviving Capitalism: How We Learned to Live with the Market and Remained Almost Human*. Anthem Press.

Rodrik, Dani. 2007. *One Economics, Many Recipes: Globalization, Institutions, and Economic Growth*. Princeton: Princeton University Press.

Rosemont, Henry. 1988. "Why Take Rights Seriously? A Confucian Critique" pp. 176-182 in L. S. Rouner (ed.), *Human Rights and the World's Religions*. Notre Dame: University of Notre Dame Press.

Rozman. Gilbert. 1991. "The East Asian Region in Comparative perspective" pp. 3-42 in G. Rozman (ed.), *The East Asian Region: Confucian Heritage and its Modern Adaption*. Princeton: Princeton Univ. Press.

Rozman. Gilbert. 1992. "The Confucian Faces of Capitalism," pp. 310-22 in M. Borthwick (ed.), *Pacific Century*. Boulder: Westview press.

Rueschemeyer, D. and P. Evans. 1985. "The State and Economic Transformation: Toward and Analysis of the Conditions Underlying Effective Intervention", in *Bringing the State Back In*, Cambridge University Press.

Sahlins, Marshall D.. 1972. *Stone Age Economics*. Chicago: Aldine.

Salamon, Lester M. and Helmut K. Anheier. 1996. Social Origins of Civil Society: Explaining the Nonprofit Sector Cross-Nationally. Working Papers of Johns Hopkins (Comparative Non-profit Sector Project).

Schiff, M., 1999. "Labor Market Integration in the Presence of Social Capital", Volume 1. Policy Research Working Paper WPS 2222, World Bank.

Schutz, A., 1967. *The Phenomenology of the Social World*. Evanston, IL: Northwestern University Press.

Schwartz, Bentzamin. 1996. *China and Other Matters*. Cambridge: Harvard University Press.

Scott, James. 1976. *The Moral Economy of the Peasant: Rebellion and Subsistence in Southeast Asia*. New Haven, CT: Yale University Press.

Serrano, Isagani R. 1994. *Civil Society in the Asia-Pacific Region*. Washington DC: CIVICUS.

Shim, Jae-Hoon. 1984. "Phenomenon of the Cross," *Far Eastern Economic Review* Vol. 124. No. 16.

Shin, Doh Chull. 2011. *Confucianism and Democratization in East Asia*. Cambridge University Press.

Shin, Jang-Sup. 2005a. "Substituting and Complementing Models of Economic Development in East Asia" *Global Economic Review* 34(1): 99-118.

Shin, Jang-Sup. 2005b. "Globalization and Challenges to the Developmental State: A Comparison between South Korea and Singapore," *Global Economic Review* 34(4): 379-395.

Shin, Jang-Sup and Ha-Joon Chang. 2003. *Restructuring Korea Inc*. London: Routledge Curzon.

Skocpol, T., 1985, "Bringing the State Back In: Strategies of Analysis in Current Research" in *Bringing the State Back In*, Cambridge University Press.

Slote, Walter and George De Vos (ed.). 1998. *Confucianism and the Family*. Albany: State University of New York Press.

Song, Byung Nak, 1990, *The Rise of the Korean Economy*, London: Oxford University Press.

Sorensen, Clark and Sung-Chul Kim. 2004. "Filial Piety in Contemporary Urban Southeast Korea: Practices and Discourse" pp. 153-181 in C. Ikels (ed.), *Filial Piety*. Stanford: Stanford University Press.

Steinberg, David I.. 1997. "Civil Society and Human Rights in Korea: On Contemporary and Classical Orthodoxy and Ideology," *Korea Journal* 37(3): 145-165.

Steinberg, David I. (ed.). 2010. *Korea's Changing Role in Southeast Asia: Expanding Influence and Relations*. Singapore: Institute of Southeast Asian Studies (ISEAS).

Stubbs, Richard. 2009. "What Ever Happened to the East Asian Developmental State? The Unfolding Debate," *The Pacific Review* 22(1): 1-22.

Sung, Kyu-Taik. 2005. *Care and Respect for the Elderly in Korea*. Seoul: Jimoondang.

Tai, Hung-chao (ed.). 1989. *Confucianism and Economic Development: An Oriental Alternative?* Washington, DC: Washington Institute Press.

Taylor, Rodney. 1990. *The Religious Dimensions of Confucianism*. Albany, New York: State University of New York Press.

Thurbon, Elizabeth. 2001. "Two Paths to Financial Liberalization: South Korea and Taiwan" *The Pacific Review* 14(2): 241-267.

Tocqueville, Alexis. 1969. *Democracy in America* (translated by G. Lawrence). New York: Anchor Books.

Troeltsch, Ernst. 1958 [1912]. *Protestantism and Progress: A Historical Study of the Relation of Protestantism to the Modern World* (translated by W. Montgomery). Boston: Beacon Press.

Tu, Wei-Ming (ed.). 1991. *The Triadic Chord: Confucian Ethics, Industrial East Asia and Max Weber*. The Institute of East Asian Philosophies, National University of Singapore.

Tu, Wei-Ming. 1996. *Confucian Traditions in East Asian Modernity: Moral Education and Economic Culture in Japan and the Four Mini-Dragons*. Cambridge: Harvard University Press.

Uslaner, Eric M., 2008. "Trust as a Moral Value," pp. 101-121 in Dario Castiglione, Jan W. Van Deth, and Guglielmo (eds.). *The Handbook of Social Capital*. Oxford University Press.

Vogel, Ezra. 1991. *The Four Little Dragons*. Cambridge: Harvard University Press.

Wade, Robert. 1990. *Governing the Market: Economic Theory and the Role of Government in East Asian Industrialization*. Princeton: Princeton University Press.

Wade, Robert. 1996. "Globalization and its Limits: Reports on the Death of the National Economy are Greatly Exaggerated" pp. 60-88 in S. Berger and R. Dore (eds.), *National Diversity and Global Capitalism*. Ithaca, NY: Cornell University Press.

Wang, Hye Suk. 2017. *Familial Foundations of the Welfare State: Building the National Health Insurance Systems in South Korea and Taiwan*. New York: Palgrave Macmillan.

Wank, David. 1991. "Merchant Entrepreneurs and the Development of Civil Society: Some Social and Political Consequences of Private Sector Expansion in a Southeast Coastal City" Paper prepared for the Annual Meeting of the Association for Asian Studies, April, New Orleans.

Warren, Mark E.. 2008. "The Nature and Logic of Bad Social Capital" pp. 123-149 in D. Castiglione, J. W. Van Deth, and G. Wolleb (eds.), *The Handbook of Social Capital*. New York: Oxford University Press.

Weber, Max. 1930 [1920]. *The Protestant Ethic and the Spirit of Capitalism* (translated by T. Parsons). New York: Scribner.

Weber, Max. 1946. *Max Weber: Essays in Sociology*. Translated, edited and with an introduction by H. H. Gerth and C. W. Mills. New York: Oxford University Press.

Weber, Max. 1951 [1920]. *The Religion of China* (translated by H. H. Gerth). New York: Free Press.

Weber, Max. 1961 [1923]. *General Economic History* (translated by F. H. Knight). New York: Collier.

Weiss, G. Thomas and Leon Gordenker. 1996. *NGOs, the UN, and Global Governance*. Boulder: Lynne Rienner.

Weiss, Linda. 1998. *The Myth of the Powerless State*. Ithaca: Cornell University Press.

Wilk, Richard R and Lisa C. Cliggett, 2007. *Economies and Cultures: Foundations of Economic Anthropology*. Boulder, CO: Westview Press.

Williamson, Oliver. 1973. *Markets and Hierarchies: Analysis and Antitrust Implications*. New York: Free Press.

Williamson, Oliver. 1985. *The Economic Institution of Capitalism*. New York: Free Press.

Williamson, Oliver. 1989. "Transaction Cost Economics" pp.136-82 in R. Schmalensee and R. D. Willig (Eds.), *Handbook of Industrial Organization*, Vol.1, Amsterdam: North Holland.

Wolfe, Joel D. 1986. "Varieties of Participatory Democracy and Democratic Theory" *The Political Science Reviewer* Vol. 16: 1-38.

Wong, Siu-Iun. 1985. "The Chinese Family Firm: a Model" *British Journal of Sociological Review* 50: 58-72.

Woo-Cumings, Meredith J.-E. (ed.). 1999. *Developmental State*. Ithaca, NY: Cornell University Press.

Woolcock, Michael. 1998. "Social Capital and Economic Development: Toward a Theoretical Synthesis and Policy Framework" *Theory and Society* 27: 151-208.

Woolcock, Michael and Deepa Narayan. 2000. "Social Capital: Implications for Development Theory, Research, and Policy" *The World Bank Research Observer* 15(2): 225-49.

World Bank. 1991. *World Development Report 1991: The Challenge of Development*. Oxford: Oxford University Press.

World Bank. 1993. *The East Asian Miracle: Economic Growth and Public Policy*. New York: Oxford University Press.

Wuthnow, Robert. 1991. "The Voluntary Sector: Legacy of the Past, Hope for the Future?" pp. 288-308 in R. Wuthnow (ed.), *Between States and Markets: The Voluntary Sector in Comparative Perspective*. Princeton: Princeton University Press.

Yamagishi, Toshio and M. Yamagishi. 1994. "Trust and Commitment in the United States and Japan." *Motivation and Emotion* 18: 129-166.

Yao, Souchou. 2002. *Confucian Capitalism*. London: Routledge Curzon.

Yellen, Janet. 1998. "Lessons from the Asian Crisis" Speech Delivered at the Meeting of Council of Foreign Relations, as the Chair of Council of Economic Advisers, New York (15 April). http://www.stern.nyu.edu/globalmacro/ (accessed 1 December 2003).

Zak, Paul J.. 2008. *Moral Markets: The Critical Role of Values in the Economy*. Princenton: Princeton University Press.

Zakaria, Fareed. 1994. "Culture is Destiny: A Conversation with Lee Kuan Yew" *Foreign Affairs* 73(2): 109-126.

Zelizer, Viviana. 2005. *The Purchase of Intimacy*. Princeton: Princeton University Press.

Zuker, Lynne G. 1986. "Production of Trust: Institutional Sources of Economic Structure, 1840–1920." *Research in Organizational Behavior* 8: 53-111.

찾아보기

인명

유고와 연고
대한민국 발전의 사회·문화적 동력

초판 1쇄 인쇄 2020년 6월 15일
1쇄 발행 2020년 6월 20일

지은이 | 류석춘

펴낸곳 | 북앤피플
대 표 | 김진술
펴낸이 | 김혜숙
디자인 | 박원섭
마케팅 | 박광규

등 록 | 제2016-000006호(2012. 4. 13)
주 소 | 서울시 송파구 성내천로37길 37, 112-302
전 화 | 02-2277-0220
팩 스 | 02-2277-0280
이메일 | jujucc@naver.com

ISBN 978-89-97871-48-3 03330